영유아미술교육

이영주 · 곽아정 · 전효훈 · 장정윤

창지사

머·리·말

저희는 유아기의 창의성과 감성 발달에 중요한 역할을 하는 미술교육을 즐겁게 탐구하고자 하는 예비교사, 현직교사 그리고 저희 자신과 각 대학의 교수자들을 위해 이 책을 저술하게 되었습니다.

영유아기는 자신의 상상력과 표현력을 최대로 발휘할 수 있는 시기입니다. 영유아는 미술을 통해 언어처럼 자신의 감정을 표현하고 주변 세계를 탐구하며, 독창적인 아이디어를 형성할 수 있습니다. 그러므로 미술교육은 단순히 그림을 그리는 기술을 가르치는 이상의 의미가 있습니다. 영유아가 색채의 매력을 경험하고, 재료와 도구를 다루며, 자신의 작품을 통해 자존감을 형성하는 기회를 제공하고 또래 친구들과 어울리는 과정을 통해 아이들의 인지적·정서적·신체적 발달에도 긍정적인 영향을 미치기 때문입니다. 미술이 영유아들에게 이러한 힘을 기를 수 있도록 어떻게 교사가 지원할 수 있을지, 어떻게 놀이할 수 있을지에 대한 고민을 담아 아래의 순서로 『영유아미술교육』의 내용을 작성하였습니다.

이 책의 1장은 영유아미술교육의 개념과 목적을 설명하면서 그 중요성을 제시하고 있습니다. 더불어 미술교육 이론의 흐름에 대해 간략한 설명으로 교사들의 이해를 돕습니다. 2장의 영유아 미술능력의 발달에서는 영유아의 미술에 대한 발달 이론과 평면, 입체, 감상능력의 발달 단계를 설명하며 영유아 미술표현의 특징을 다양한 예시 그림을 통하여 제시하고 있습니다. 3장의 영유아미술교육과 교육과정에서는 표준보육과정, 개정 누리과정과 더불어 초등 저학년의 미술교육까지 이음교육의 개념으로 설명하고 있습니다. 4장에서는 영유아미술교육을 위한 미술이론의 기초로서 미술의 요소와 미술의 원리, 미술표현의 기초에 대한 설명으로 미술 형식과 표현에 대한 이해를 지원하고 있습니다. 5장은 영유아미술교육을 위한 미술사 이해 부분으로, 과거에서부터 현재까지 이어지는 사람들의 삶의 모습으로서의 미술사 흐름을 한국미술과 서양미술의 미술사로 나누어 설명하고 있습니다. 6장은 영유아미술교육을 위한 환경구성으로서 영유아의 일상적인 삶의 공간에서 미적 체험을 가능하게 하는 미술환경 구성과 전시 및 다양한 미술재료를 제시하고 있습니다. 7장은 영유아미술교육에서 놀이와 교사의 계획된 활동, 온라인 활동, STEAM으로 만나는 미술 접근방법을 사례를 통해 설명하였습니다. 8장은 영유아미술교육의 평가로 유아 발달이 어떻게 이루어지고 어떤 어려움이 있으며 어떻게 지원하는 것이 효과적인지 살펴볼 수 있는 방법을 제시하고 있습니다. 9장과 10장, 11장은 이 책의 가장 두드러지는 특징을 나타내는 실제 부분입니다. 탐색활동, 표현활동, 감상활동을 영아 그리고 유아와 어떻게 계획하고 실행해 나갈 수 있으며 이를 위한 교사의 역할은 무엇인지, 표준보육과정 및 누리과정과 연계하여 실제 영유아들과 어떻게 활동할 수 있을지에 대한 예시와 활동의 다양한 Tip이 제시되어 있습니다. 더불어 이 세 장은 서로 연계되어 탐색활동과 표현활동과 감상활동을 할 수 있는 내용들이 매 장의 앞부분에 제시되고 있어 통합적 미술활동 수행이 가능하도록 지원합니다.

이 책을 통해 영유아들과 창의적이고 즐거운 미술활동을 하면서 세상을 바라보는 시각을 넓히고 자신만의 특별한 세계를 발견하는 데 함께하고자 하는 예비영유아교사들과 현장의 교사들에게 도움이 되기를 바랍니다.

2025년 1월

저자 일동

목·차

CHAPTER **01**

영유아미술교육의 이해

1. 영유아미술교육의 개념

그림 그리는 방법을 배운다는 것은 사물을 정확히 보는 방법을 배우는 것과 같다는 말이 있다. 그림 그리기가 미술 전체를 나타내는 것은 아니지만 그림 그리기를 포함한 '미술'은 그 과정을 통해 세상을 알게 된다는 의미로도 해석된다. 그러므로 영유아에게 미술이란 세상을 알아나가는 발걸음과 같다고 할 수 있다.

'미술'은 공간 및 시각의 아름다움을 표현하는 예술로 그림, 조각, 건축, 공예, 서예 등을 말하며 공간예술, 조형예술로 정의된다(표준국어대사전). 또는 그림이나 조각처럼 '눈으로 볼 수 있는 아름다움을 표현한 예술'을 미술로 정의하기도 한다(한국어 기초사전). 이러한 '미술'이 형식에 따라서는 회화, 조소, 영화, 해프닝, 소묘, 판화, 콜라주, 건축, 사진, 도예, 보석세공, 공업디자인, 광고디자인, 실내디자인, 직조, 만화, 공예, 설치미술, 영상미술, 행위미술 등으로 나뉜다(이정환, 김희진, 2017). 로웬펠드(Lowenfeld, 1975)는 미술이 교육 중에서 가장 큰 생명력을 가진 것이며 영유아의 발달 특성을 이해하여 자연스럽게 표현하는 활동으로 정의하였다. 우리나라의 2019 개정 누리과정에서 미술은 '영유아가 재료와 도구를 가지고 알고 있는 것, 본 것, 느낀 것을 자유롭게 표현할 수 있는 기회를 제공하고, 표현과정에서 즐거움을 느끼며 만족감과 자신감을 경험하고 감각과 창의성을 발달시키는 활동'으로 정의하고 있다.

위의 내용을 정리하면 인간은 태어나면서부터 자신의 감각을 활용하여 주변을 탐색하고 창의적으로 표현하며 만족감을 느끼게 되므로 영유아미술교육은 '영유아를 대상으로 하여 아름다움을 표현하는 시각적인 예술'이라고 정의할 수 있다.

2. 영유아미술교육의 필요성과 목적

영유아에게 왜 미술교육이 필요한지에 대해서 이정욱과 임수진(2021)은 첫째, 미술이 우리 생활의 일부분으로서 삶을 풍요롭게 하므로 유아기부터 생활 속에서 미술의 역할을 알고 즐기고 활용할 수 있도록 지원하는 것이 필요하다고 하였다. 둘째, 미술은 자기표현이므로 유아가 자신을 표현하고자 하는 내적인 욕구를 충족시키는 중요한 수단이라고 설명하고 있다. 자신의 생각과 느낌을 언어적으로 표현하는 데 어려움을 느끼는 유아에게 미술은 색채와 시각적 이미지를 사용하여 자신을 표현할 수 있게 하는 역할을 하기 때문이다. 셋째, 미술이 유아의 전인적 성장을 지원하기 때문에 필요하다고 하였다. 유아교육을 포함한 우리나라 교육의 목적은 전인적 발달을 이루는 것이다. 미술의 시각적 상징은 직관적이고 감성적인 특성이 있어 유아에게 심미적 감흥을 일으켜 직관적 능력, 통찰능력, 감성적 능력을 길러 논리분석적 지식과 함께 조화로운 인성을 형성할 수 있도록 하기 때문이다.

이러한 필요성에 근거하여 영유아미술교육의 목적에 대한 학자들의 견해는 다음과 같다. 전성수와 정옥란(2001)은 21세기 문화 시대에 있어 유아미술교육은 미술품과 자연을 감상하고 시각적 요소와 그 관계를 이해하며, 삶 속에서 미술을 발견하고 적용하며 환경을 개선하는 미술 소비자를 기르는 것이 목적이 되어야 한다고 설명하고 있다. 이정욱과 임수진(2021)은 유아미술교육은 다양하고 풍부한 감각적 경험을 통해 유아의 지각능력을 신장시키고, 시각적 이미지를 사용하여 자신의 생각 및 느낌을 창의적으로 표현할 수 있도록 하는 것에 목적을 두어야 한다고 제시하고 있다. 이희진, 노지영, 박옥주, 전숙희(2022)는 미술활동을 통해 영유아가 창의성과 인성을 기르고 총체적인 인간을 위한 기초교육의 역할을 위한 것으로 인간 형성을 위한 근본 목적을 가진다고 설명하고 있다.

위의 내용을 정리하면 영유아미술교육의 목적은 다양한 감상과 시각적 활동을 통하여 유아의 전인적 발달을 이루는 것이다.

3. 영유아미술교육의 중요성과 유아의 발달

영유아미술교육은 다양한 감상과 시각적 활동을 통하여 유아의 전인적 발달을 이루는 것에 목적을 두고 있다. 이러한 목적에 근거하여 영유아가 전인적 발달을 이루기 위한 미술교육의 중요성을 살펴보면 다음과 같다.

1) 신체적 발달

영유아는 미술활동을 하면서 대근육과 소근육을 움직이고, 눈과 손의 협응력을 향상시키는 기회를 가지게 된다(이정환, 김희진, 2017). 예를 들어, 영유아가 손에 물감을 묻혀서 손바닥과 발바닥 찍기를 할 때 영유아는 팔 전체를 움직여 물감을 손에 찍고, 다리로 이동하며 발바닥을 찍게 되므로 대근육 활동을 하게 된다. 또한 점토를 두드리고, 주무르고, 가위로 잘라 보고 사람이나 동물을 만드는 과정에서 눈과 손의 협응활동이 활발하게 이루어진다. 종이를 찢어 콜라주를 만들 때에도 영유아는 손가락을 움직여 종이를 찢고 필요한 곳에 풀을 바르고 종이에 붙이는 소근육 활동을 하게 된다.

즉, 영유아는 미술활동을 진행하는 과정에서 대근육과 소근육, 눈과 손의 협응력 등 다양한 신체적 활동을 함께해 나가며 발달을 이루게 된다. 이러한 활동은 유아가 미술활동을 통해 신체활동을 즐기며 다양한 미술도구를 안전하게 사용하는 방법을 기를 수 있도록 지원한다.

눈에 손바닥 찍기

점토 활동

콜라주 활동

2) 언어 발달

영유아는 미술활동을 하면서 사용하는 재료, 도구 등의 이름을 익히게 된다. 더불어 친구가 하고 있는 활동이 무엇인지 물어보거나, 미술활동을 할 때 자신의 생각과 경험에 대해 이야기하고, 상황에 적절한 단어를 사용하여 말하며 바른 태도로 말하고 고운 말을 사용하게 된다(말하기), 친구나 교사가 미술활동에 대해 설명할 때 관심 있게 듣고(바른 태도로 듣기), 자기가 그린 그림 뒤에 자신의 이름을 적거나, 작품을 만들고 유아가 하는 설명을 교사가 적어 주고(자신의 생각을 글자와 비슷한 형태로 표현하기, 쓰기), 친구 작품에 적혀 있는 이름을 알고(읽기) 감상하는 활동을 하게 된다. 이처럼 미술활동은 일상생활에서 듣고 말하기를 즐기고, 읽기와 쓰기에 관심을 가지게 되고, 다양한 이야기를 통해 상상하기를 즐기는 언어적 발달을 지원한다.

친구의 설명 듣기

작품에 이름 적기

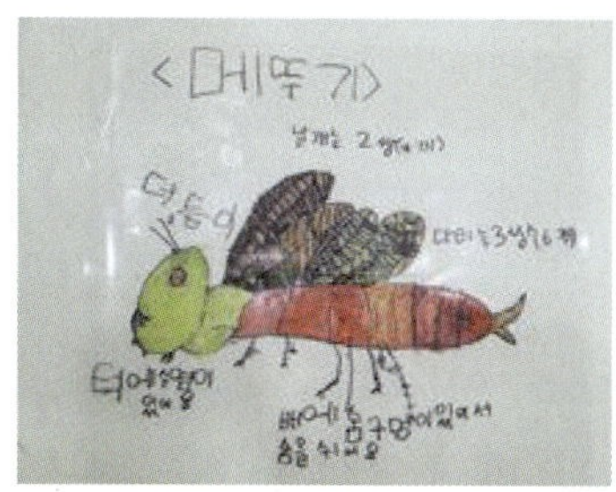

그림에 이야기 적기

3) 사회성 발달

영유아는 미술활동을 하면서 자신이 할 수 있는 것을 알게 되고, 하고 난 뒤 성취감을 느끼게 된다. 예를 들어, 가위질을 어려워하는 영유아에게 점토 자르기나 빨대 자르기 등의 활동을 통해 가위 사용 기술을 익히게 하면 차츰 가위로 자신이 원하는 것을 잘 오리게 된다. 이것은 유아가 자신을 알고, 할 수 있는 것을 스스로 하는 '나를 알고 존중하기'의 영역에 속한다. 또한 다른 유아들과 자신의 작품이 전시되어 있는 것을 보며 집단에 대한 소속감과 공동의식을 느끼게 된다. 큰 종이에 함께 꾸미는 공동작업 등을 진행하면서 친구와 서로 도우며 사이좋게 지내는 방법, 갈등을 긍정적으로 해결하는 방법, 서로 다른 감정이나 생각, 행동을 존중하며 약속과 규칙을 지키는 등 '더불어 생활하기'를 실행해 보게 된다. 아름다운 자연을 감상하거나 주변의 미술관, 박물관 등을 견학하면서 영유아 자신이 살고 있는 곳에 대해 궁금한 점을 알아보게 되고, 우리나라에 대한 자부심을 느끼는 동시에 다양한 문화에 관심을 가지는 '사회에 관심 가지기'를 실행하게 된다. 따라서 영유아미술교육은 영유아의 사회성 발달을 지원하는 효과적인 활동이라고 할 수 있다.

도구 사용

공동작업

미술관 견학

4) 창의성 발달

'창의성'은 독창적인 사고로 기존의 관습적 사고에서 벗어나 새로운 시각으로 사물을 볼 수 있고, 어떤 대상에 대한 다양한 접근을 시도하며, 여러 가지 요소들을 함께 모아서 새로운 양식을 만드는 것이라고 할 수 있다(이정욱, 임수진, 2021).

영유아에게 창의성을 직접적으로 가르칠 수는 없지만 잘 고안되어 이루어지는 미술활동은 영유아의 창의력을 기르는 데 효과적으로 지원할 수 있다. 코스트너(Kostner, 2001)는 미술활동에 사용할 재료를 유아가 충분히 탐색할 수 있는 시간을 제공하고, 아름다움과 관련된 용어를 사용하며, 유아의 작품에서 선, 색, 형 등의 미적인 요소를 드러내어 설명하거나 감상하는 것은 창의성 발달을 지원한다고 하였다. 또한 다른 사람의 작품을 제시하여 그들의 작품을 참조하여 새로운 방향으로 만들어 볼 수 있도록 지원하는 것, 재료와 방법을 유아 스스로 선택하게 하는 것, 미술활동의 보상이 내적인 보상으로 이루어지도록 고려하는 것, 실패나

실수가 허용되는 자유로운 분위기를 만드는 것, 미술재료나 도구를 잘 사용할 수 있는 기술을 갖게 하는 것, 영유아가 자신의 활동에 몰입할 수 있는 충분한 시간을 제공하고 불필요한 개입을 피하는 것 등의 방법으로 창의성을 높일 수 있다고 제시하고 있다.

재료 탐색

즐거운 미술활동

활동에 몰입하는 유아

5) 정서적 발달

'정서(情緖, emotion)란 사람의 마음에 일어나는 여러 가지 감정, 또는 감정을 불러일으키는 기분이나 분위기를 말하는데(국립국어원 표준국어대사전) 정서 불안, 다양한 감정, 생각, 행동과 관련된 정신적이고 생리적인 상태로 주관적인 경험으로 해석된다(위키백과).

영유아는 손으로 주무르고 만지고 그림을 그리는 활동을 하면서 기쁨과 만족감을 느끼며 부정적인 감정도 해소할 수 있다. 미술활동을 통하여 정서적 안정감을 기르기도 하며, 더불어 아름다움에 대한 감상 등을 통하여 정서적 능력 및 심미감 안목을 가지게 한다.

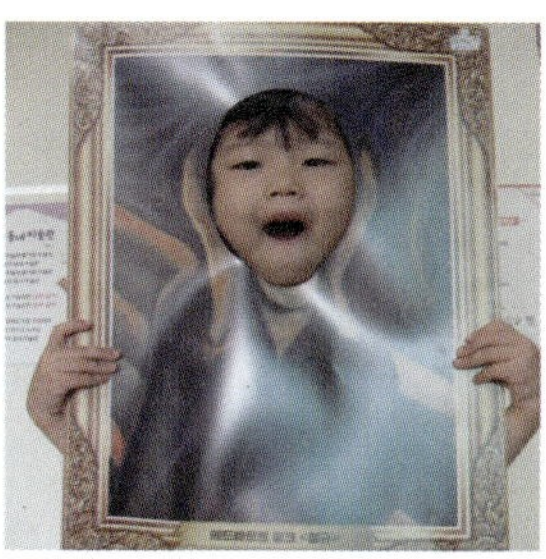

감상하는 유아

6) 인지적 발달

영유아는 미술활동을 하면서 광범위한 인지적 능력과 기술을 습득하게 된다(Krechevsky, 1998). 배를 타 본 경험이 전혀 없거나 사진이나 영상으로 배를 본 경험이 없는 영유아보다 방학 동안 배를 타고 여행을 해 보았거나 배가 나오는 사진이나 만화영화를 본 경험이 있다면 배를 더 잘 표현할 것이다. 이처럼 영유아는 알고 있는 것을 재구성하고 재창조하는 데 편안함을 느끼게 되고 어떤 대상을 세밀하게 표상하는 활동을 할 때 그 대상을 더 잘 알게 되는 경우가 많다.

영유아가 자신이 알고 있는 개념이나 경험 등을 표현하기 위해서는 형태, 색상, 공간 구성을 어떻게 할지와 관련된 사고 기술이 필요하다. 즉, 사람들과 나무, 집의 크기를 고려하여 그림을 그린다는 것은 영유아가 자기 중심성에서 벗어나 인지적 발달을 이루어야 가능한 일이다. 하늘과 바다의 공간을 고려하고 그 공간에 적절한 동물과 식물을 배치하여 그림을 그리는 것 역시 영유아의 인지적 사고 과정이 발달되어야 가능하다.

미술활동은 영유아가 주변과 자연을 호기심을 가지고 즐겁게 참여하여 서로 다른 생각에 관심을 가지고(탐구과정 즐기기), 물체의 수, 길이, 모양, 규칙 등에 관심을 가지고 그리며(생활 속에서 탐구하기), 주변의 동식물에 관심을 가지고 소중히 여기며 생활과 관련시키는(자연과 더불어 살기) 탐구활동을 지원한다.

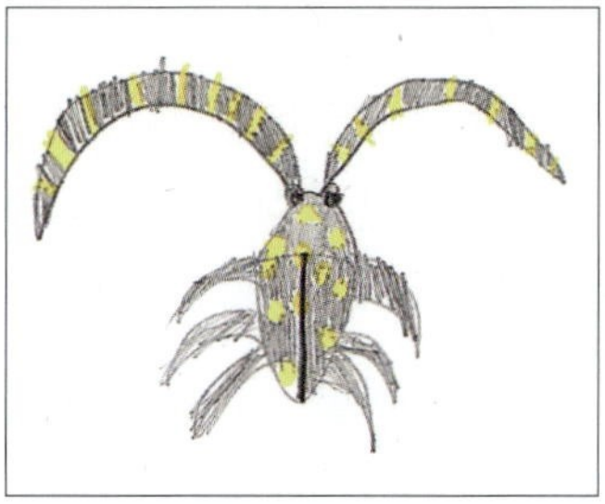

세밀하게 표상하는 그림

자연 관찰하는 그림

나뭇잎 패턴

4. 미술교육 이론의 흐름

우리나라 영유아미술교육의 역사에 대해 이희선, 노지영, 박옥주, 전숙희(2022)는 갑오개혁 이전 도제교육의 형태로 미술교육이 이루어졌으며, 도화서와 같은 관료를 위한 양성기관과 사대부들의 활동을 통하여 사적으로 이루어졌다고 설명한다. 갑오개혁 이후 해방 전까지는 '도화'라는 과목 이름으로 교육이 이루어졌지만, 근대미술교육으로는 침체기라고 평가하였다. 해방 이후에는 6·25전쟁 등을 겪으면서 미국의 피바디(peabody) 교육사절단이 미술교육 발전에 기여하였다. 1963년 1차 교육과정이 만들어진 이후 1985년까지는 정착기로서 미술교육이 제도적으로 뿌리를 내리는 시기로, 창의적이고 생활에 접근한 미술활동이 이루어졌다고 평가하였다. 1985년 이후 현재까지는 제반 조건이 다양하게 개선되었지만, 미술교육에 대한 교육학적 분석 노력 등의 부족으로 더 발전하지 못한 상태로 있다고 진단하였다.

영유아미술교육의 역사는 미술교육의 목적을 중심으로 할 때 표현기능 중심 미술교육, 창의성 중심 미술교육, 이해 중심 미술교육(학문 중심), 구성주의 미술교육, 시각문화 미술교육으로 나누어 생각해 볼 수 있다(이현아, 2015).

1) 표현기능 중심 미술교육

바우하우스
출처: 위키피디아(https://namu.wiki)

표현기능 중심 미술교육은 교육에서 미술을 가르쳐 표현능력을 향상시키고, 사회가 요구하는 전문 미술가를 기르고자 하는 미술교육의 성격을 가진다. 표현기능 중심 미술교육은 산업혁명 이후 생활에 필요한 물건이나 미술작품을 제작할 수 있는 표현능력을 기르는 것을 미술교육에 대한 일반적인 목표로 삼는 견해와 관련이 있다. 독일의 바우하우스는 표현기능 중심 미술교육의 대표 사례이다. 바우하우스는 1919년 독일 바이마르에 세워진 조형학교로서, 모든 예술을 건축에 종합하고자 하여 기초 표현기능을 강조한 기관이라고 할 수 있다.

표현기능 중심 미술교육은 학교교육의 한 부분으로서 다양한 미술교육이 시작되도록 기여하였다. 또한 미술교육이 사회적으로 공헌했다는 점에 긍정적으로 시사하는 바가 있지만 학습자의 입장이 아닌 산업 발전의 도구로 미술을 본 것과 일정한 방법과 법칙을 가르치는 미술교육의 강조와 학교를 미래를 준비하기 위한 훈련으로 강조한 부분 등은 제한점으로 평가되고 있다.

2) 창의성 중심 미술교육

창의성 중심 미술교육은 낭만주의적 관점으로, 미술은 교육적 도구로 조화로운 인격을 형성할 수 있도록 창의성을 발현시키는 수단으로 본 관점이다. 아동중심 교육 사상에 영향을 받아 미술활동의 주체를 어른에서 어린이로 전환시켰다는 것에 의미를 가진다.

기존의 성인 위주의 미술교육 관점을 아동 중심으로 전환하여 영유아의 표현을 중요하게 생각한 것과 발달단계를 고려한 것, 미술교육을 인간교육의 중요한 위치로 높인 것, 미술이 창의성 발달을 위한 중요한 요인임을 강조했다는 점에서 높이 평가받고 있다. 그러나 지나치게 영유아의 특성을 강조하여 기능 부족을 가져왔고, 미술의 본질이나 사회적 요구를 무시하기도 하였으며 교사의 역할을 최소화한 점에서는 제한점으로 평가되고 있다.

3) 이해 중심 미술교육

이해 중심 미술교육은 1957년 소련의 인공위성이 미국보다 앞서서 발사된 것을 계기로 미국이 과학기술 발전을 위하여 애쓰는 과정에서 교육에서도 그 방법을 찾고자 하였는데, 미술 속에 인류 문화의 핵심적 경험이 담겨 있으므로 미술학습의 원리를 끌어내고 학습의 영역을 확장하고자 하였다. 학문 중심 미술교육(DBAE: Dicipline Based Art Education)이라고도 하며, 예술의 근원적이고 통합적인 미적 교육을 하고 미술을 지식체계로 보고 이를 강조한 특성이 있다. 아이스너, 바칸(Barkan, M)

등이 대표적이다.

이해 중심 미술교육은 미술교과의 독자성을 강조하여 미술의 이해와 감상을 강조하며 교육과정과 교사를 중요하게 생각하였다. 또한 창의성 중심 미술교육이 가지고 있던 문제점을 능동적으로 해결하여 미술을 학교 교과목으로 확고히 하였고 교사의 적극적 지도와 교육과정을 강조하였으며 학문적 체계를 확립하는 데 공헌하였다. 그러나 미술교육을 지식의 전달로만 여겨 구체적인 교육과정이나 지도에 대해서는 부족하였고 교사에게 너무 많은 요구를 하였다는 제한점을 가진 것으로 평가되고 있다.

4) 구성주의 미술교육

구성주의는 지식을 외부의 실체이고 고정적·절대적인 것으로 보기보다 개인의 경험에 따라 가변적이고 상황적인 다양한 시각으로 구성된다는 입장을 가지고 있다.

구성주의 미술교육은 미술학습을 자주적이고 능동적인 과정으로 보는데 첫째, 학습자 중심의 적극적 역할을 하는 미술교육을 강조하며 둘째, 기존에 알고 있던 이해와 지식을 반성적으로 재구성하는 사고 과정을 중시하는 미술교육을 강조한다. 셋째, 자신 주변의 생활과 환경을 이해하고 표현하는 실제적 경험과 관련된 미술교육을 강조한다. 넷째, 학습자 개인이 속한 사회문화적 배경과 상호작용하는 미술교육을 강조한다. 다섯째, 미술교과 내의 영역 간 통합은 물론 다른 교과 간의 통합적 접근을 강조한다.

이러한 구성주의 미술교육은 창의성 중심 미술교육에서 나타났던 방임적인 모습의 교사 역할을 교사와 학습자의 상호작용으로 새롭게 지식을 구성하는 학습 촉진자로서의 역할로 강화하였고, 사회문화적 환경을 중요시한 것 또한 학문 중심 미술교육에 시사하는 바가 있다. 더불어 학습자의 개별적 흥미, 관심 등 개인적 맥락을 중요시하며 학습자의 반성적 사고와 상호작용을 강조한다는 긍정적인 측면이 있다.

5) 시각문화 미술교육

시각문화 미술교육은 시각(The visual)과 문화(The culture)의 합성어이다. 시각문화는 우리 삶 속에서 시각적으로 다룰 수 있는 모든 것을 포함한다. 과거의 미술이 시각적 재현에 중점을 두었다면 현재의 미술은 시각적 문화 환경의 맥락 속에서 시각이미지, 시각언어, 시각기호를 읽고 해석하는 것인데 미디어의 발달과 더불어 학습자에게 다양한 시각정보를 파악하고 분석·재해석하는 사고력을 길러 주는 것을 강조하고 있다.

또한 이전 과거의 미술교육이 형식적 측면에 중점을 두었다면 시각문화 미술교육은 맥락적 관점을 중요시하고 있으며, 학생들에게 다양한 사회문화 현상을 이해하는 비판적 안목을 길러 줄 수 있고, 기존의 미술교육 범위를 확장하여 사회문화를 이해하는 데 시사점이 있다.

CHAPTER 02

영유아 미술능력의 발달

1. 발달이론

학자들은 영유아미술의 발달과정에 관하여 각기 다양한 관점에서 해석하고 있다. 대표적 이론인 정신분석 이론, 지각발달 이론, 인지발달 이론의 관점을 각각 알아보면 다음과 같다.

1) 정신분석 이론

정신분석 이론 관점에서 볼 때 영유아의 미술은 느낌의 표출이다. 영유아는 느낀 것을 그린다는 관점이다(서울교대미술교육연구회, 2014). 인간의 무의식을 연구한 프로이트의 관점에서 미술표현은 비언어적 과정이며 잠재의식이 시각적으로 재현된 것이다(서울교대미술교육연구회, 2014). 프로이트는 현실에서 억압된 본능적 욕구는 소멸하는 것이 아니라 무의식 속에 잠재되어 있으며 예술과정을 통해 표출된다고 믿었다. 즉, 예술가가 의식하지 못하고 있던 내면 깊숙한 곳에 잠재된 생각들은 상징기호, 언어, 색 등을 통해 표현되는 것이다. 따라서 인간이 표현한 미술작품에는 정서와 심리상태가 반영되어 있으며, 영유아의 미술작품을 보면 그들의 마음과 심리상태를 알 수 있다. 예를 들어, 영유아가 부모님께 혼났을 때 자신을 작게 그리고 엄마의 화난 모습을 과장해서 묘사하거나, 자신이 중요하다고 생각하는 것을 그림의 중심에 크게 배치하는 것은 자신의 감정, 정서 상태를 보여 주는 것이다.

정신분석 이론 관점에서 미술교육을 위한 교사의 역할은 인위적인 교육보다 안내하고 보조하면서 정신적 지지를 보내 주는 역할이 적합하다(Read, 1956). 교사가 미술표현의 과정을 인위적으로 가르치려 하면, 오히려 영유아가 자신의 감정과 생각을 표출하는 자연스러운 과정을 방해받을 수 있다.

엄마한테 혼날 때. 나의 모습은 작게 그리고 옆에서 웃고 있는 동생은 크게 그린 유아의 그림

이마를 다쳐 반창고를 붙인 모습을 그린 유아의 그림: 아픈 마음의 정서가 반영

자신을 동생과 똑같이 아기의 모습으로 그린 유아의 그림 : 동생처럼 아기가 되고 싶은 마음을 반영

이러한 관점을 지지하는 학자로 알슐러(Alschuler), 해트윅(Hattwick)이 있다. 이들은 영유아의 그림은 우연적으로 나타나는 것이 아니라 심리상태를 반영한다고 보았다. 따라서 영유아가 표현하는 형태, 색, 크기, 위치와 심리상태와의 관계를 밝히고자 하였다(Alschuler & Hattwick, 1947). 그 결과 차가운 색(파랑, 청록, 검정, 초록 등)을 사용하는 영유아는 스스로 자제하는 성향이 강하고, 따뜻한 색(빨강, 노랑, 주황 등)을 사용하는 영유아는 감정적인 행동을 많이 하는 경향이 있으며 점차 사회적 규칙을 준수해야 하는 시기가 될수록 차가운 색으로 선호가 바뀐다고 주장하였다. 색채에 따른 아동의 심리성격을 분석한 연구결과는 다음의 <표 2-1>과 같다.

〈표 2-1〉 알슐러와 해트윅의 색채에 대한 심리분석

색	색채에 대한 심리분석
빨강	• 따뜻한 색을 좋아하는 유아와 유사함 • 협동적임 • 연하게 칠하는 경우 애정, 상쾌 • 무겁고 굵거나 수직의 경우는 자기주장이 강하거나 공격적임
파랑	• 연하게 칠하거나 덩어리로 칠하는 경우 불안, 공포심이 있거나 외적인 규범에 맞추려는 경향이 있음 • 선, 구성이나 형태로 칠하는 경우에는 활동적인 경향으로 해석함

색	색채에 대한 심리분석
노랑	• 단독으로 사용한 경우에는 의존적인 경향이 강함 • 정서적으로 낮은 수준인 경우가 많음 • 타인과의 관계가 비교적 좋음 • 어린이다운 행복감에 젖어 들 때가 많음 • 파랑과 함께 사용하면 어떤 요구가 있음을 의미함
초록	• 자기만족이나 스스로 확신을 갖는 편임 • 생각해서 행동하며 주의 깊은 경향이 있음 • 일상생활에서 협조적인 태도를 보이며 어떤 단서를 주의 깊이 생각함 • 통계에 따르면 파랑과 초록은 감정적인 요소가 있다고 봄
검정	• 감정이 결여된 상태나 공포 및 불안에서 받는 압박의 반응이 반영되며 외형상으로 복종, 순응을 잘하지만 내면적으로 자신을 과도하게 통제하는 성향을 나타냄
주황	• 주위 환경에 순응하고 명랑한 기분과 관계있음 • 자신의 감정표현을 주저하는 겁쟁이, 소심한 유아, 공상놀이에 빠진 유아가 많음
갈색	• 파란색과 대조적인 의미가 있음 • 지나치게 청결 습관을 강요받는 가정에서 자주 발견됨 • 유아가 많이 사용하는 색이 아니라 소수의 사례임
보라	• 유아가 많이 사용하지 않음(소수 사례임) • 150명의 연구대상 중 3명만이 보라색을 사용함(이 아동들 모두 가정적으로 불행한 아동들이었음)

출처: 이정환, 김희진(2013); Alschuler & Hattwick(1947).

정신분석 이론은 영유아미술교육에서 심리분석, 미술치료의 이론적 토대가 되었으며, 자발적인 미술표현을 통해 억압된 정서나 무의식의 고통을 해소할 수 있다고 믿었다. 따라서 자유연상 기법이나 신체의 감각을 자극하는 핑거페인팅과 같은 다양한 감각 활동들이 미술치료법으로 개발되어 널리 활용되고 있다. 유아교육 현장에서도 핑거페인팅, 점토, 물감 그림이 영유아의 내면적 감정과 정서를 표출하고, 안 좋은 감정을 해소하는 좋은 활동으로 자주 활용되고 있다(이정환, 김희진, 2013). 그러나 정신분석 이론의 관점에서 해석한 다양한 심리분석 연구들은 영유아의 성격이나 감정 상태를 이해하는 보충자료는 될 수 있지만, 개별 영유아의 다양한 행동특성과 감정 상태를 단지 즐겨 사용하는 색채나 구도를 근거로 해석하는 것은 위험하며 폭넓은 관점에서 다각도로 분석하는 노력과 자세가 필요하다.

2) 지각발달 이론

지각발달 이론 관점에서 영유아의 미술은 지각하여 본 것을 그린다(Arnheim, 1995). 지각이란, 우리 주변에서 일어나는 것에 대한 즉각적인 인식과정(Bower, 1980)으로 주변의 자극들을 시각, 청각, 촉각, 후각, 미각 등의 감각기관을 통해 아는 과정이다. 지각이론의 대표학자인 아른하임(Arnheim, 1995)은 누구나 바라보고 지각하는 능력의 차이가 있기 때문에 같은 대상을 그림으로 그려도 다른 결과물이 나오는 것으로 해석하였다. 보는 행동에는 시각적 판단(visual judgment)이 작용한다. 어떤 사물을 본다는 것은 그 사물 자체만 보는 것이 아니라 그 사물을 둘러싼 전체 속에서 그 사물을 보는 것이다. 사물의 전체 이미지를 근거로 사물을 인식한 후 세부를 식별하게 된다. 공간상의 위치, 크기 비교, 밝기 등을 함께 보는 것이며, 보는 사람과 나름의 시각적 판단에 따라 크기, 밝기, 사물의 위치 등을 판단하고 해석한다(Arnheim, 1995). 이러한 지각능력은 성장하면서 분화(分化: 생물체나 세포의 구조와 기능이 특수화되는 현상. 발달심리학에서 각 부분이 독특한 구조와 기능을 가지는 쪽으로 세분되는 과정)되고 정교해진다.

지각론자의 관점에서 영유아가 초기에 사람을 인식할 때, 머리와 몸, 팔다리로 인식한 후 지각능력이 발달하면서 세부적인 특징을 알게 된다고 보았다. 따라서 영유아의 그림을 보면 형태를 단순화한 그림을 볼 수 있다. 예를 들어, 영유아가 사람을 그릴 때 손을 동그라미로 표현하거나 손가락을 3개만 그리는 것은 손가락이 다섯 개라는 것을 몰라서 그렇게 그리는 것이 아니라 다섯 손가락을

한 유아가 성장하면서 인물그림이 정교해지고 있다. 점으로 표현했던 손과 발은 점차 손가락이 표현되고 발에는 구두가 신겨지고 옷의 무늬, 인체 비율 등의 세부표현이 정교해진다.

지각분화와 함께 정교해지는 그림

자세하게 표현할 수 있는 능력도 부족하지만 미분화(未分化)된 지각능력으로 인해 손과 손가락을 분리하지 않은 덩어리로 지각하기 때문이다. 즉, 손가락이 다섯 개라는 것을 몰라서 덩어리로 표현하는 것이 아니라 손과 손가락의 개략적인 지각 이미지만을 재현해서 표현하는 것이다.

아른하임의 견해에서 영유아는 아는 대로 그리는 것이 아니라 보이는 대로 그리기 때문이다(Arnheim, 1995). 영유아기는 감각경험, 지각의 범주 안에서 발달이 활발히 이루어지는 시기이다. 따라서 영유아의 미술표현은 인지발달이 아니라 지각과 사고가 분화되는 발달에 따라 그림의 세부표현이 정교해진다. 예를 들어, 지각이 미분화된 시기에는 원이 가장 단순한 형태였다면 점점 발전하면서 햇살 패턴이 나타난다고 해석한다. 영유아의 그림에서 크기가 일정하지 않은 이유 역시 '크기' 개념이 분화되지 않기 때문에 자동차만큼 큰 집, 사람만 한 집을 표현하며, 공간에 대한 인식 역시 영유아의 초기 작품에서는 2차원의 화면 안에서만 존재한다. 3차원에 대한 지각이 아직 미분화되었기 때문이다. 이를 단지 주변 환경에 대한 관심 혹은 지식이 부족해서라고 평가해선 안 된다. 영유아가 점진적으로 세부적인 부분들을 지각하게 되면 표현은 점점 더 정교해진다.

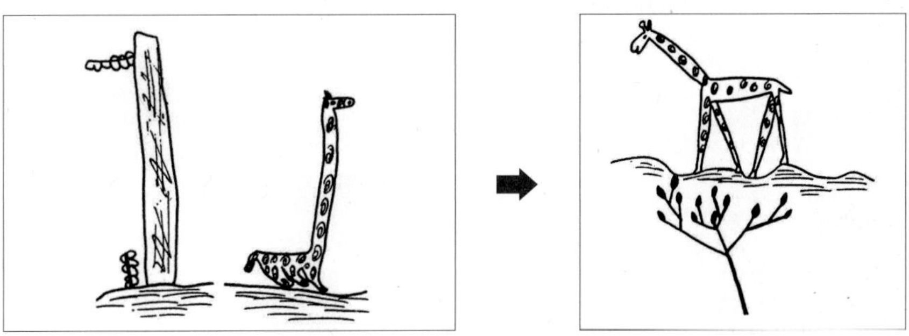

(A) 1년 전 그린 기린 그림　　(B) 기린 그림

출처: Arnheim(1995). p.191

A와 B 두 그림은 같은 어린이가 그린 그림으로, 1년의 차이가 있다. 1년 전에 그린 A 그림의 기린 다리는 바닥에 붙어 있다. 이는 관찰력의 부족이 아니라 공간 계획의 오류로 인해 바닥 면에 붙은 구부린 형태의 다리가 되었다. 1년 뒤에 그린

B 그림의 기린 다리는 훨씬 길고 자유로워 보이게 표현되었다. 나무도 A 그림보다 B 그림에서 가지와 나뭇잎 모양이 더 정교해졌으며, 나무의 위치도 기린 앞으로 원근감 있게 배치했음을 알 수 있다. 이는 일 년 사이에 지각능력이 발달하여 크기 개념, 공간에 관한 인식 등이 더 정교해지면서 세부적인 부분까지 지각하게 되면서 그림표현이 정교해진 것이다. 아른하임은 A 단계가 선행되지 않고서는 B 단계가 나올 수 없다고 보았다(Arnheim, 1995).

지각이론 관점에서 미술교육은 다양한 감각기관을 자극하는 경험, 대상을 자세히 보고 비교·관찰할 수 있는 과정을 통해 지각 분화를 촉진시킬 수 있다. 예를 들어, 나뭇잎의 다양한 모양과 색, 무늬를 자세히 관찰할 기회를 주어야 다양한 나뭇잎의 색과 모양을 인식하고 표현할 수 있게 된다. 따라서 교사는 영유아가 사물을 다양한 각도에서 관찰, 비교할 기회, 다양한 도구와 매체를 이용해서 표현해 볼 기회를 제공함으로써 지각능력의 민감성을 기를 수 있는 경험을 제공해 주어야 한다.

돋보기, 루페, 라이트 테이블 등 도구를 이용해서 사물을 더 자세히 관찰할 기회를 준다.

3) 인지발달 이론

인지발달 이론 관점에서 볼 때 영유아의 미술은 인지발달의 과정과 같다. 인지란, 인간의 정신적인 사고과정으로 지능, 사고력, 문제해결 과정 등이 있다. 인지발달의 대표학자인 피아제(Piaget)는 영유아의 사고방식은 성인과 질적으로 다르며 외부 환경과 상호작용을 하면서 지식을 구성해 가는 능동적인 존재로 보았다. 이러한 인지발달 이론의 관점에서 영유아의 미술은 '아는 것을 그린다'고 주장한다(서울교대미술교육연구회, 2014). 이는 영유아미술의 결과물은 영유아의 현재 인지발달 수준을 반영하고 있으며 경험과 지식의 폭이 커지면서 인지발달과 함께 그림의 표현력도 정교해지고 세련되어진다고 보는 관점이다. 영유아가 마치 속이 비쳐 보이는 듯이 그림(투시적 표현)을 그리거나 보이지 않는 시점에 있는 것을 그림으로 그리는 것도 바로 아는 대로 그리는 증거인 것이다. 따라서 영유아는 알지 못하는 것을 그리는 것은 불가능하며, 어떤 대상에 대한 개념이 불분명할 경우에는 그림에 대한 묘사가 정확하지 않게 표현한다고 해석하였다.

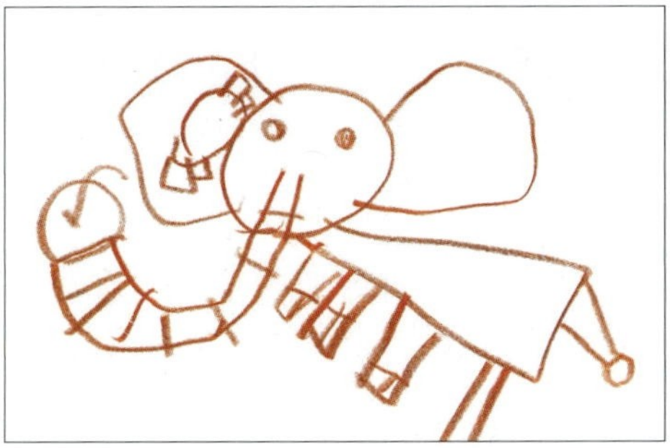

보이지 않는 시점의 그림을 그린 예

코끼리 다리 4개가 다 보이는 시점이 아님에도 다리 4개를 다 그린 유아의 그림

투시적 그림의 예

자기가 먹은 것(배 속에 빵, 초콜릿칩 쿠키, 치즈 등)을 그린 유아의 그림

인지발달 이론의 대표적인 학자로 굿이너프(Goodenough)와 해리스(Herris)가 있다. 굿이너프는 지능과 그림 간에 높은 상관관계가 있다고 주장하였으며, 이러한 신념을 바탕으로 영유아의 그림에서 지능적인 성숙을 측정할 수 있는 척도로

'인물화 검사(Draw-A Person Test)'를 개발하였다(이소은, 권기남, 2020). 연필과 흰 종이 한 장을 주고 아이에게 사람을 그리도록 한 다음, 완성된 그림의 세부 표현에 따라 점수를 매긴다. 눈, 코, 귀, 단추, 신발 등과 같은 세부 요소와 그림을 그리는 방식, 사람의 비례 및 위치에 따라 객관화된 점수를 부여하는 검사이다. 지능과 밀접하게 비례한다고 믿었기 때문에 인지능력이 미성숙할수록 묘사된 이미지가 엉성하고 정교하지 못하다고 믿었다.

(A) 그림

(B) 그림

A 유아와 B 유아의 그림을 비교하면 A 유아의 그림에는 눈과 코는 있지만, 입이 없다. B 유아의 그림에는 눈, 코, 입이 다 있으며, 눈 위의 눈썹, 코의 콧구멍도 표현하였고, 발에는 뾰족구두도 신고 있다. A 유아보다 B 유아의 인물화가 더 정교하다고 평가할 수 있다. 따라서 그림표현과 지적 능력과의 관련성을 주장하는 학자들은 그림에 나타나는 세부 표현들은 지적인 성숙을 알려 주는 지표가 된다고 믿었기 때문에 B 유아의 지능이 A 유아보다 높을 거라고 평가한다. 이러한 인물화 검사는 웩슬러 지능검사와 비교했을 때 서로 유의한 관련이 검증되어 지능검사의 타당성을 인정받았다(황순택, 전영순, 노은정, 조윤진, 여상우, 2007). 또한 그림을 그리는 방식이라 영유아가 쉽고 흥미롭게 검사에 집중할 수 있는 장점이 있다. 그러나 조기교육을 통해 사람의 모습을 세부적으로 표현할 수 있는 영유아가 많아지면서 지능지수가 잘못 평가될 수 있는 문제가 제기되고 있다. 또한 손가락이 다섯 개인 것을 알면서 하나의 덩어리로 표현하는 영유아의 인물화 표현 경향을 단지 인지적 미성숙으로 해석하기에는 한계가 있다.

2. 영유아의 평면표현 발달단계

평면표현은 무언가를 쥘 수 있는 영아기부터 시작한다. 학자들은 연구를 통해 영유아의 미술표현에 단계가 있음을 밝혀 왔다. 평면표현의 발달단계는 일정한 단계를 거쳐 다음 단계로 발달하며 점차 정교해진다. 대표적으로 로웬펠드(Lowenfeld), 켈로그(Kellogg), 버트(Burt)의 발달단계를 알아보면 다음의 <표 2-2>와 같다.

〈표 2-2〉 로웬펠드, 켈로그, 버트의 평면표현 발달단계

<table>
<tr><th>연령</th><th colspan="2">로웬펠드(Lowenfeld)</th><th>켈로그(Kellogg)</th><th colspan="2">버트(Burt)</th></tr>
<tr><td>0~1세</td><td colspan="2"></td><td rowspan="2">패턴 단계</td><td colspan="2"></td></tr>
<tr><td rowspan="4">2~4세</td><td rowspan="4">난화기</td><td>전기</td><td rowspan="4">난화기</td><td>목적이 없는 난화기</td></tr>
<tr><td>중기</td><td>도형 단계</td><td>목적이 있는 난화기</td></tr>
<tr><td rowspan="2">후기</td><td rowspan="2">디자인 단계</td><td>모방적 난화기</td></tr>
<tr><td>국지적 난화기</td></tr>
<tr><td rowspan="2">4~7세</td><td colspan="2" rowspan="2">전도식기</td><td>그림 단계</td><td colspan="2">선화기(4세)</td></tr>
<tr><td rowspan="6"></td><td colspan="2">묘사적 상징주의(5~6세)</td></tr>
<tr><td>7~9세</td><td colspan="2">도식기</td><td colspan="2">묘사적 사실주의(7~8세)</td></tr>
<tr><td>9~12세</td><td colspan="2">또래집단기</td><td colspan="2">시각적 사실주의(9~10세)</td></tr>
<tr><td>12~14세</td><td colspan="2">의사실기</td><td colspan="2">억제기(11~14세)</td></tr>
<tr><td>14~17세</td><td colspan="2">결정기</td><td colspan="2">예술적 부활기(15세 이후)</td></tr>
</table>

1) 로웬펠드(Lowenfeld, 1903~1960)

로웬펠드는 그의 저서 『창조적 정신의 성장(*Creative and mental growth*)』(1952)에서 평면미술의 발달을 난화기(Scribbling stage), 전도식기(Pre-schematic stage), 도식기(Schematic stage), 또래집단기(Gang age), 의사실기(Pseudo-naturalistic stage), 결정기(Decision/Crisis stage)로 구분하였다(서울교대미술교육연구회, 2014).

(1) 난화기(Scribbling stage: 2~4세): 자아 표현의 시작

scribble은 '갈겨 쓰다', '낙서하다'란 뜻이며, 한자어로 '난화(亂畵)'는 어지러운 '난(亂)' 자와 그림 '화(畵)' 자로 어지러운 그림, 마음대로 휘갈겨 그린 그림을 의미한다. 최초로 자기표현이 시작되는 단계로 무분별한 난화기, 조절된 난화기, 의도된 난화기 순으로 발달한다. 이 시기는 의도적으로 무언가를 그린다기보다 시각과 손 근육운동의 협응이 시작되면서 불규칙한 선을 즐기는 형태로 나타난다.

① 난화기 전기(무분별한 난화기: 2~3세경)

무의식적인 운동 형태로 낙서처럼 보인다. 소근육이 발달하지 못하고 대근육을 사용하는 시기로, 커다란 휘두름이 반복하는 양상을 보인다. 그린다는 목적 없이 신체운동의 결과로 불규칙한 선을 그리게 되고, 영유아는 이러한 결과로 생긴 선들을 발견하고 즐거움을 느낀다. 그러므로 작은 종이보다 큰 종이를 제공해 주어 대근육을 마음껏 사용해서 그림을 그릴 수 있도록 해 주는 것이 좋다(이정환, 김희진, 2013).

② 난화기 중기(조절된 난화기: 3~4세경)

영유아가 자신의 움직임과 종이 위의 흔적들 사이의 관련성을 알게 되어 조절을 시작하는 시기이다. 근육과 시각의 통제가 가능해지면서 규칙적인 방향과 반복되는 조절된 선을 그리게 된다. 즉, 시각과 근육운동 발달 사이의 협응이 이루어지면서 선들은 수평, 수직 혹은 원으로 반복해서 그릴 수 있게 된다. 성인은 '난화기 전기'와의 차이를 느끼지 못할 수 있지만 영유아는 스스로 자신의 동작에 대한 조절능력을 이해하고 통제하기 시작했다는 점에서 매우 중요한 성취라 할 수 있다. 이러한 조절능력은 단추 끼우기 등의 정교한 소근육 발달과 관련이 있다. 따라서 크레파스를 잡을 때 이전보다 힘 있게 안정적으로 잡을 수 있다.

③ 난화기 후기(의도된 난화기, 이름을 붙이는 난화기: 4세경)

점차 의식적으로 그림 자체에 관심을 두게 된다. 따라서 자신이 그린 그림에 이름을 붙이기 시작한다. 비록 이 시기 영유아가 그린 그림의 형태가 불분명해 보일지라도 그림에 이름을 붙인다는 것은 사고하고 있음을 보여 준다. 그림을 그리면서 상상력이 풍부한 사고를 하고 있는 것이다. 그러나 여전히 완전한 형태를 그리지 못하는 난화기이다. 성인은 유아가 그린 그림에 관심을 보이고 유아가 명명한 대로 그림 옆에 이야기를 써 주거나 유아의 생각과 느낌을 존중하고 잘 들어 주는 반응을 해 주는 것이 좋다. 하지만 지나치게 아이가 그린 그림에 어떤 제목이나 설명을 강요해서는 안 된다.

'뚱뚱한 고래'라고 명명한 3세 유아 그림

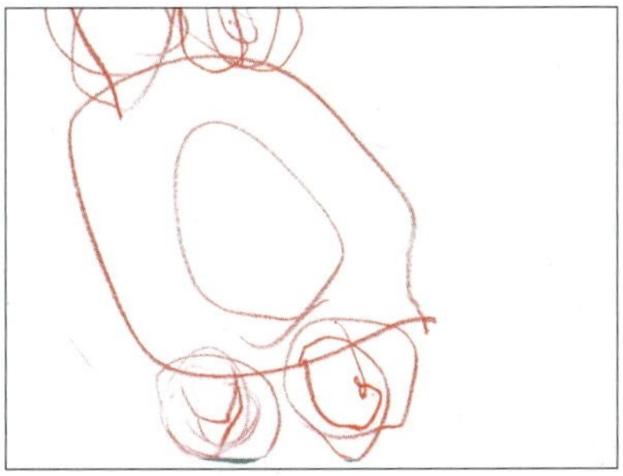

'달팽이'라고 명명한 3세 유아 그림

(2) 전도식기(Pre-schematic stage: 4~7세): 재현의 첫 시도

전도식기(前圖式期)란, 도식기 이전에 나타나는 단계이다. 무의식적인 표현 과정이었던 난화기를 지나 최초로 의도적인 표현이 이루어지는 시기로, 자신이 생각하고 보고 느낀 것을 그림으로 표현할 수 있다.

도식(schema)이란?

심리학에서 도식(schema)은 생각이나 행동의 조직된 패턴을 의미한다(심리학 용어사전, 2014). 도식이 형성되면 새로운 정보를 만났을 때 기존에 갖고 있는 도식에 기초해서 해석한다. 새로 들어온 지식이 기존의 도식과 다를 경우에는 도식을 수정하기도 한다. '도식'이란 용어는 피아제가 인지 발달 과정을 설명할 때 처음 사용한 단어이다. 인간은 세상과 상호작용을 하면서 알게 된 새로운 정보들을 나만의 개념 틀로 정리하면서 무수히 많은 도식을 형성하게 된다.

두족인

두족인에서 발전된 인물화

전도식기 초기에는 여전히 그림의 형태를 알아보기는 힘들지만, 점점 소근육이 정교해지면서 그림의 형태가 분명해진다. 원을 그리기 시작하면서 원 안에 작은 원을 그려 넣어 얼굴을 그릴 수 있게 된다. 이 시기부터 인물화 표현이 나타나는데 보통 원으로 표현한 머리와 두 개의 선으로 다리를 표현한 그림의 형태로 '두족인(頭足人)'이라고 부른다. 아른하임(Arnheim)은 두족인 형태의 그림이 유아가 사람으로 인식한 가장 간단한 형태를 그린 것으로 보았다(Arnheim, 1995). 점차 그림이 정교해지면서 네모, 세모 등의 기본도형을 그릴 수 있게 되면 도형에 선을 조합하여 자동차, 집, 나무 등을 그릴 수 있게 된다.

전도식기에는 자기중심적인 사고를 하므로 눈에 띄는 것, 가장 중요하다고 생각하는 것을 표현한다(이정환, 김희진, 2013). 자신이 본 대상을 사실적으로 그리는 것이 아니라 중요하다고 생각하는 것과 눈에 띄는 것을 중심으로 표현한다. 색채에도 선호하는 색상이 있어서 자신이 좋아하는 색을 중심으로 사용한다.

성인은 유아가 그린 그림을 바로 고치거나 평가해선 안 된다. 또한 유아마다 개인차가 크므로 개별 유아의 다양한 그림 관련 이야기를 들어 주는 반응이 필요하다.

(3) 도식기(Schematic stage: 7~9세): 형태 개념의 습득

형태 개념을 인식하는 단계로, 사물을 표현하는 독자적인 표현방법이 나타나는 시기이다. 어린 시절부터 오랫동안 주변과의 상호작용 속에서 무수한 도식을 형성하게 된다. 개별 유아동이 가진 도식은 각자 살아오면서 경험과 경험 속에서 느낀 감정이 다르기 때문에 독자적인 도식이 형성되며 사물에 대한 표현 도식 역시 차이가 있다. 따라서 이 시기 유아동은 사물에 대한 나름의 독자적인 도식을 갖고 그림을 그린다. 예를 들면, 특정 부분을 과장해서 그리거나 중요하지 않은 부분은 작게 혹은 생략해서 표현하는 등 주관적인 표현이 보인다. 특히 인물화를 그릴 때 나만의 머리 모양, 머리 장식을 그리고, 몸통은 네모나 세모 모양, 긴 네모 모양의 팔다리, 손과 발은 동그라미로 표현하는 등 나만의 도식을 넣어 그리는 특성을 보인다.

동일한 유아가 그린 인물화이다. 발까지 닿을 정도의 긴 머리카락과 머리 위의 왕관, 뾰족구두, 속눈썹은 이 아이만의 인물화 도식이다.

네모 안경을 쓴 아빠에 대한 도식이 형성되어 그림에서 아빠는 항상 네모난 안경을 쓰고 있다. 고래 그림에서도 아빠 고래는 네모 안경을 쓰고 있다.

인물화 도식의 예

이 시기에는 공간 개념이 형성되면서 기저선이 나타난다. 기저선을 중심으로 땅과 하늘을 구분하거나, 기저선 위에 집이나 사물을 배치함으로써 공간 속에서 독자적인 방식으로 사물을 배치하기 시작한다. 영유아의 그림에서 기저선은 매우 보편적으로 나타난다. 풍경을 그릴 때 나타나는 기저선은 땅이나 산, 바다를 상징한다.

유아가 풍경을 그릴 때 항상 넣는 '해'도 이 시기 자주 보이는 도식적인 표현이다. 해의 위치를 통해 도화지의 위아래를 알 수 있는 기호이자 낮을 상징하는 기호,

공간 도식 그림: 기저선으로 나눈 그림의 예

그리고 맑은 날씨를 알려 주는 기호이다(이정환, 김희진, 2013).

공간 개념이 형성되었지만, 여전히 자기중심적인 관찰을 통해 그리므로 원근법을 갖춘 그림을 그리지는 못한다. 이런 주관적인 공간 표현의 대표적인 예가 전개도식 표현(folding over)이다. 길을 중심으로 위에 있는 나무는 위쪽을 향해 그리고 길 아래에 있는 나무는 아래쪽을 향해 서 있는 형태로 표현한 그림이다. 또한 보이지 않는 부분에 대해서 마치 X선으로 촬영한 것처럼 투영적 표현을 한 그림도 있다. 예를 들면, 집이나 자동차를 겉모양만 그리지 않고 내부까지 동시에 모두 그리는 방식이다.

색채 표현에서도 전도식기와 달리 색에 대한 도식이 형성된다. 따라서 자신의 주관적인 느낌에 따라 선택하기보다는 사물이 가진 고유색을 고집하거나 같은 대상에는 같은 색을 반복해서 채색하는 경향을 보인다. 특정 대상을 그릴 때 나만의 도식을 계속해서 반복하듯 같은 대상을 그릴 때 같은 색을 반복해서

색채표현 그림의 예

칠하는 경향이 나타난다. 예를 들어, 항상 땅은 갈색으로 칠하거나, 비가 오는 날에도 하늘은 항상 파란색으로, 나무 기둥은 갈색, 풀이나 잎사귀는 초록색으로 채색하는 경향을 볼 수 있다.

유아가 항상 같은 도식의 사람, 사물, 채색을 반복한다면 교사는 독창적인 새로운 표현을 시도해 볼 수 있도록 자극을 주거나 도움을 줄 수 있다. 예를 들어, 다양하게 표현한 명화나 그림책을 감상할 수 있다. 또한 좀 더 사물을 자세히 관찰하거나, 백과사전이나 동영상 자료, 사진 자료들을 통해 다양한 각도로 새로운 시선에서 다시 볼 기회를 제공한다.

(4) 또래집단기(Gang age: 9~12세): 사실 표현의 시작

아동기에 해당하는 시기로, 자신과 같은 또래집단을 인식하게 되는 시기이다. 이 시기는 시각과 지각의 발달로 객관적인 상태에서 사물을 관찰할 수 있으며, 사실적 표현이 가능한 시기로 형태에 대한 사실적인 표현에 관심을 둔다. 따라서 이 시기를 '사실화기'로 명명하기도 한다. 인물을 표현할 때는 도식을 사용하지 않는다. 도식기에 보였던 기저선이나 주관적인 공간 표현은 하지 않으며, 위에서 내려다본 모습도 표현할 수 있다. 사물이나 인물을 표현할 때 과장이나 생략하지 않고 세부적으로 표현하기 시작한다. 즉, 도식적인 것에서 벗어나 사실적이고 객관적인 표현 경향을 보이기 시작한다.

(5) 의사실기(Pseudo-naturalistic stage: 12~14세): 합리적인 표현

아동 후기에 해당하는 시기로, 이전 시기보다 관찰력이 발달하면서 세밀한 묘사가 가능한 시기이다. '의(擬)' 자는 '비기다. 비교하다'라는 의미로 의사실(擬事實)이란, 실제로 일어난 것, 사실에 비추어 표현할 수 있는 시기를 의미한다.

사물을 객관적으로 보면서 원근, 비례, 명암 등을 반영해서 표현할 수 있으며, 3차원적인 공간 개념에 기초한 원근, 입체표현이 나타난다. 또한 비판적 사고의 증가로 감상과 평가도 객관적으로 하게 되면서 자신의 표현이 유치하고 어리숙하다고 판단하면 스스로 창작활동을 그만두는 위기를 맞게 될 수도 있다.

(6) 결정기(Decision/Crisis stage: 14~17세): 창의적 활동의 위기

청소년기에 해당하는 시기로, 인간 발달에서 변화가 큰 결정기이자 위기의 단계이다. 많은 청소년이 이 시기에 창의적인 작업을 그만두게 된다. 따라서 이 시기 동안 미술교육의 중요한 역할은 아동이 자신감을 잃지 않도록 하는 것이다. 미술표현에 있어서는 사실적 표현뿐만 아니라 창조적인 그림을 그리는 시기이다. 그림표현에 있어서 시각형(visual type), 촉각형(haptic type), 중간형이 나타난다. 로웬펠드는 아동의 표현 유형에는 시각형과 촉각형이 있다고 보았는데 시각형은 눈에 보이는 것에 관심을 두고, 있는 그대로 묘사하는 유형이며, 촉각형(비시각형)은 주관적 경험과 내적 정서를 주관적으로 표현하는 유형으로, 눈에 보이는 것을 그대로 그리기보다 감정을 표현하려는 특성을 보인다. 결정기에는 시각형, 촉각형 그리고 이 두 유형의 중간적 성격을 띤 중간형 이 세 가지 유형이 뚜렷하게 구분된다.

2) 켈로그(Kellogg, 1898~1987)

켈로그는 20여 년간 30여 개국의 영유아 그림 백만 점 이상을 수집해서 영유아 그림의 발달단계를 연구하였다. 켈로그는 난화기에 해당하는 다양한 영유아의 그림에서 발견한 패턴을 정리해서 패턴, 도형, 디자인, 그림 단계로 구분하였다.[1] 자세한 내용은 다음과 같다.

1) 켈로그의 발달단계를 난화기, 도형의 출현, 도형의 정교화, 초기회화로 명명하기도 한다.

(1) 패턴 단계(Pattern stage: ~2세)

켈로그는 만 2세 이하의 영아가 그린 그림에서 공통으로 나타나는 20가지 유형의 초기 난화 유형을 정리하였다. 기본적인 난화는 점, 수평, 수직선, 여러 겹의 선, 곡선, 손을 여러 번 움직이면서 겹쳐서 반복해서 나타나는 겹쳐진 원 등의 표현이 있다.

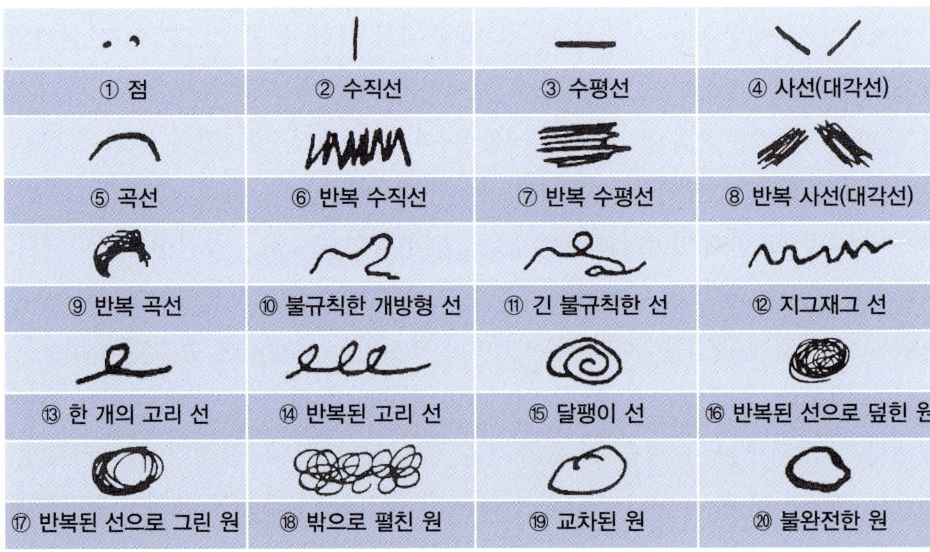

켈로그가 분류한 20가지 유형의 난화 패턴

출처: Kellogg(1970). p.15

켈로그는 영아가 그리는 기본 난화 패턴들(20가지 유형의 난화 패턴)이 기본도형을 그리기 위한 준비를 하는 증거로 보았고 만 2세 전후로 집중적으로 나타난다고 하였다. 영아는 자신이 손을 움직일 때마다 그려지는 그림을 보며 점점 난화 패턴들의 위치를 통제하기 위해 손과 눈의 협응을 이용하게 된다.

(2) 도형 단계(Shape stage: 2~3세)

단순한 도형이 출현하는 단계는 만 2세에서 3세 경이다. 영아는 다양한 난화 패턴을 반복하는 동안 모양을 발견하고 이 모양을 반복하게 된다. 그 과정에서 단순한 형태의 도형을 그릴 수 있게 된다. 도형이 출현하는 단계에서 영아는 모양에 대해 인식하게 되며, 두 가지가 모여 새로운 형태인 집합을 만들기도 한다. 초기에 나타나는 도형은 명확한 패턴이나 형태를 가지고 있지 않지만, 이 시기에 표현된 도형은 다음 단계인 디자인 단계에 나타나는 모든 상징의 기초가 된다.

(3) 디자인 단계(Design stage: 3, 4세 시작)

기본 패턴들의 결합(combine), 조합(aggregate)이 일어나면서 도형이 더 정교해지는 시기이다. 이 시기의 영유아는 도형 두 개가 결합해서 조합을 이루는 콤바인(combine), 셋 이상의 도형이 서로 결합하여 집합을 이루는 에그리게이트(aggregate)를 만들어 낸다.

콤바인(combine)은 명확한 도형이 아닐지라도 두 개의 형상을 하나로 결합한 형태로, 영유아는 다양한 모양과 선을 합쳐 마치 실험하듯 다양한 시도를 한다. 다음 그림은 영유아가 그린 다양한 콤바인이다.

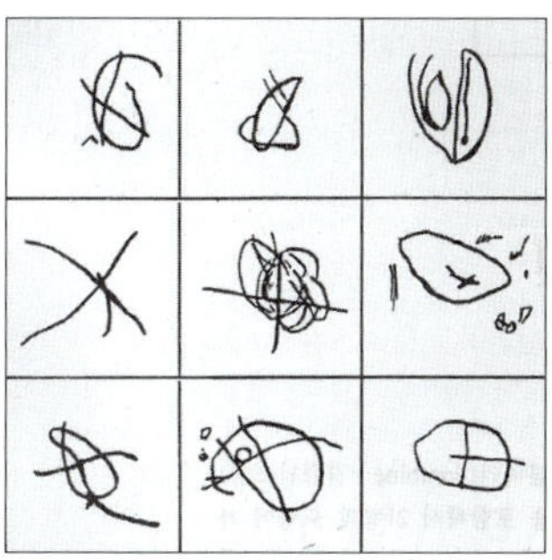

3세 유아가 그린 콤바인 (Kellogg, 1970, p.49)

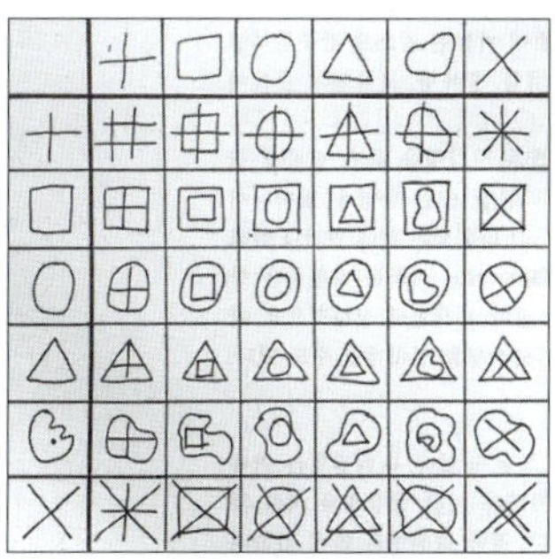

36개의 가능한 콤바인의 예 (Kellogg, 1970, p.49)

2세 유아가 그린 콤바인

콤바인 그림의 예

에그리게이트(aggregate)는 셋 또는 그 이상의 도형을 만들기 시작할 때 나타나는 복합그림이다(Kellogg, 1970). 디자인 단계에 나타나는 그림은 에그리게이트의 일종인 만다라형, 태양형, 방사선형이 있다.

① 만다라형

만다라는 산스크리트어의 만달라(mandala)를 음역한 것으로, 만타라(曼陀羅)라고도 쓴다. '신비한 동그라미'라는 의미를 갖고 있으며(이원영 외, 2019), 원과 선 구성을 이루고 있다. 영유아가 그리는 만다라형은 태양형과 달리 원이나 사각형의 내부에 하나 이상의 십자가나 대각선 십자에 의해 나뉘는 형태를 보인다.

티베트의 만다라 19세기

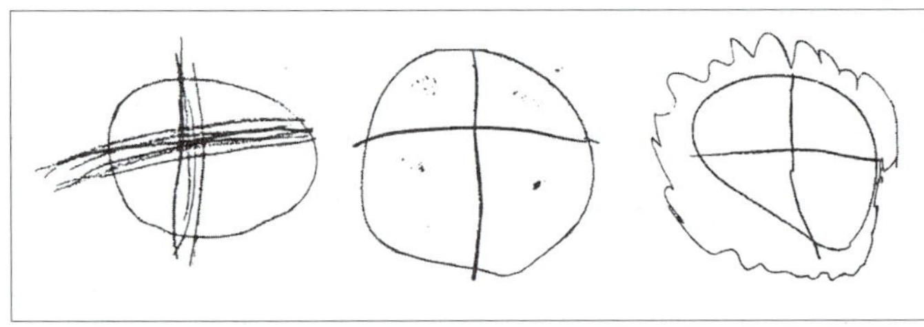

37~38개월 유아가 그린 만다라 모양

출처 : Kellogg(1970).

② 태양형

기본모양으로 곡선과 직선을 그릴 수 있게 된 후 나타나는 형태로, 만다라형과 달리 원 안에 십자 모양이 없다. 태양형은 간단한 구조이지만 유아들이 복잡한 에그리게이트를 그린 후에 나타난다(Kellogg, 1970).

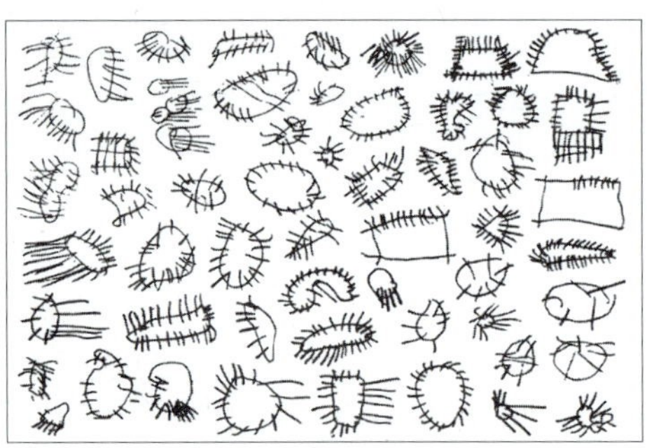

3~4세 유아가 그린 태양형의 예

출처 : Kellogg(1970).

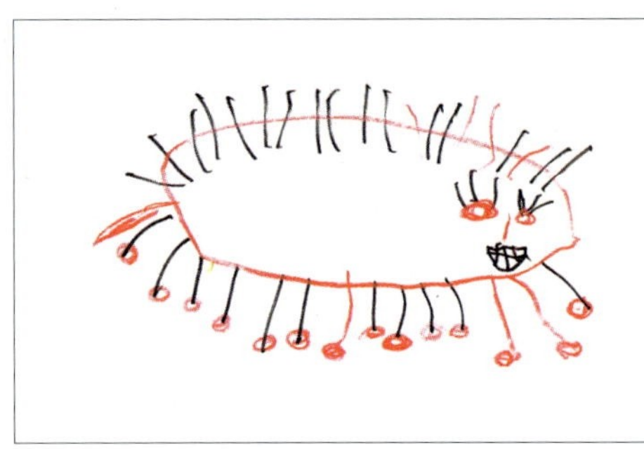

태양형의 예: 뾰족한 가시를 중심으로 그린 '고슴도치' 그림(4세 유아)

③ 방사선형

원에서 선이 사방으로 뻗어 나오면서 원과 직선이 같이 표현된 형태이다. 그리스 십자와 대각선 십자의 콤바인도 하나의 방사선으로 볼 수 있다. 여기서 발전하면 선이 더 많아지고 중심에 원을 그려 넣은 형태의 방사선형이 나타난다.

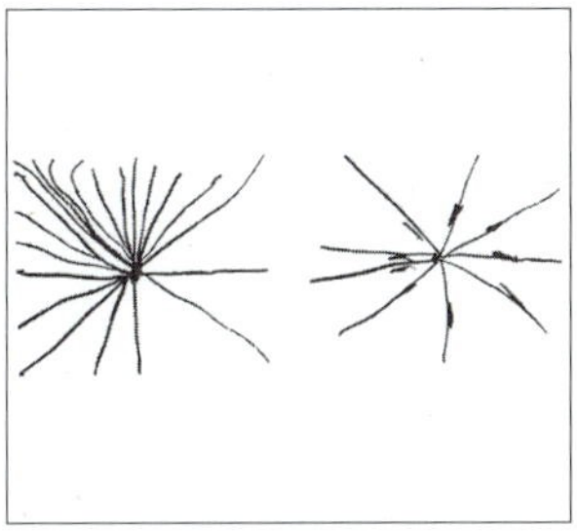

방사선 그림(5세 유아)
출처 : Kellogg(1970).

원 아래로 팔다리를 방사선 형태로 뻗어 그린 방사형 인간(4세와 5세 유아)
출처 : Kellogg(1970).

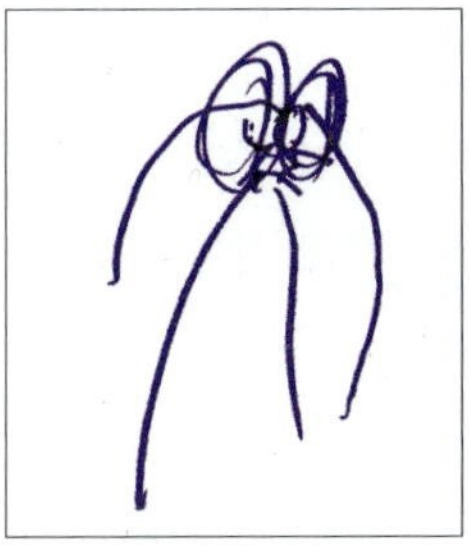

두 개의 눈인 원 두 개에 이어 양팔과 다리가 방사선처럼 뻗어 나온 형태의 사람(3세 유아)

(4) 그림 단계(Pictorial stage: 4세 시작)

초기 그림이 나타나는 시기로 만 4세경에 해당한다. 이 시기부터 사람, 동물, 집, 탈것 등 다양한 사물을 표현할 수 있게 된다. 앞서 디자인 단계에서 나타나는 만다라 모양에서 태양 모양으로 변하며, 태양형의 사람 얼굴에서 선을 그어 두 발이 내려오는 두족인을 표현하게 된다. 이어 팔, 다리, 머리 등을 선으로 표현하면서 초기 인물화 형태가 나타난다. 이 시기에는 여러 모양의 도형들이 결합하여 형태를 만들어 내며 다양한 창의적 표현들이 나타난다.

3) 버트(Burt, 1883~1971)

버트는 평면 그림의 발달단계를 난화기, 선화기, 묘사적 상징주의, 묘사적 사실주의, 시각적 사실주의, 억제기, 예술적 부활기 7단계로 구분하였다(권상구, 1998; Read, 1956).

(1) 난화기(Scribbling: 2~4세)

버트는 난화기를 목적이 없는 난화, 목적이 있는 난화, 모방적 난화, 국지적 난화 4단계로 세분화하였다.

① 목적이 없는 난화기는 무언가를 그리겠다는 목적 없이 단순 팔의 움직임으로 인해 무질서한 선이 나타나는 형태이다. 어깨를 사용하는 순수한 근육 운동의 결과로 나타나는 난화이다.

② 목적이 있는 난화기는 무언가 사물을 인식하고 그려 나가기 시작하며 이름을 명명하는 시기이다.

③ 모방적 난화기는 여전히 대근육 운동에 의한 움직임이지만 팔운동, 손목 운동, 손가락 운동으로 바뀌면서 성인의 그림을 흉내 내는 시도를 보인다. 관심 있는 것을 모방하여 그리기 시작하는 단계이다.

④ 국지적 난화기는 몇몇 관심이 있는 사물의 특징을 부분적으로 묘사하는 형태가 나타나는 단계로, 선화기로 가는 과도기 단계이다.

(2) 선화기(Line: 4세)

선화기는 시각 조절 능력이 발달한 시기로, 사람 형태가 주로 나타난다. 사람을 그릴 때 주로 원으로 얼굴을 그리고, 눈은 점, 다리는 두 선, 몸통은 사각형으로 표현한다. 각 부분이 완전히 합성되지 못한 형태이며, 이를 고치기 위한 시도도 하지 않는 시기이다.

(3) 묘사적 상징주의(Descriptive symbolism: 5~6세)

사실적으로 표현하는 것은 미숙한 시기이다. 영유아가 좋아하는 특정 상징적 도식을 사용하여 그림을 그린다. 사람, 꽃, 집 등 마음에 드는 도식을 오랫동안 반복하여 표현하는 경향을 보인다.

직사각형 모양 위에 동그라미로 도식화한 나무. 동그라미 모양의 주변에 반원 여러 개를 붙여 그린 꽃, 새, 구름, 토끼 머리 위의 리본 모양 등 여러 그림에서 반복적으로 사용하는 도식이 보임(5세 유아)

(4) 묘사적 사실주의(Descriptive realism: 7~8세)

사실적인 그림보다 개념적인 그림을 즐겨 그린다. 실제로 본 것을 자신만의 경험대로, 생각한 대로 그린다. 보이는 대로 그리는 것이 아니라 아는 대로, 생각한 대로, 자신이 기억한 대로 그리는 시기이다. 앞모습과 옆모습이 함께 공존하는 형태의 그림이 나타난다. 원근법, 명암 등의 사실적 표현은 어렵다.

눈썰매 타고, 눈사람 만들고, 동생과의 눈싸움, 눈 만드는 기계, 케이블카, 스키 타는 사람 등 자신이 본 것, 한 것을 기억한 대로 그린 그림(7세 유아)

(5) 시각적 사실주의(Visual realism: 9~10세)

상상이나 기억에 의존하여 그림을 그리기보다 자신이 본 것을 사실적으로 표현하려는 경향을 보인다. 2차원의 평면 그림에서 원근법이나 명암을 사용해서 3차원의 입체표현을 그리려는 시도를 보인다(나혜선, 황소영, 홍은숙, 2018). 주위 환경이나 자연현상에 관심을 가지고 풍경화를 즐겨 그린다.

(6) 억제기(Repression: 11~14세)

미술적 표현이 침체되는 시기이다. 사물을 사실 그대로 그리는 기술은 발달하지만, 점점 발전 속도는 느려진다. 이 시기 아동은 자신의 한계를 자각하고 실망하기 시작한다.

(7) 예술적 부활기(Artistic revival: 15세 이후)

예술 활동의 초기 형태를 보이는 시기이다. 억제기에 다소 침체했던 예술적 재능을 다시 발휘할 수 있는 시기이다. 남아 혹은 여아가 그린 그림의 구분이 명확해진다. 여아는 색채, 형태, 선 등을 풍부하게 사용하고, 남아는 기계적인 외형을 그리는 경향이 있다. 그러나 모든 아동이 이 단계까지 도달할 수 있는 것은 아니며, 억제기에서 멈추는 아동도 많다.

3. 영유아의 입체표현 발달단계

영유아는 점토, 상자 등의 재료를 가지고 3차원 입체로 표현하는 경험을 한다. 학자들은 그동안 영유아의 입체표현 발달과정을 파악할 수 있는 재료로 찰흙이 가장 적당하다고 보고(서울교대미술교육연구회, 2014; 이정욱, 임수진, 2020; Golomb, 2004) 찰흙 표현에서 입체 표현 발달단계를 정리하였다. 일반적으로 영유아가 찰흙으로 동물을 만들 때, 네 다리와 몸통의 균형을 잘 맞춰 서 있는 모습을 만든다. 그러나 인물은 두 다리로 서는 직립보행을 한다. 따라서 두 다리만으로 인물 전체를 세우기 위해서는 균형을 잘 맞춰야 하므로 영유아가 하기에는 어려운 과정이다. 이러한 이유로 영유아는 오랫동안 인물 점토를 바닥에 누운 부조 형태로 만드는 경향이 많았다(Kindler, 1997). 골롬은 입체표현 발달단계는 점차 사실적이고 정교한 형태로 입체표현이 이루어지며, 2차원의 부조 형태를 거쳐 3차원 입체표현이 가능해진다고 보았다(Golomb, 2004).

골롬은 탐색기, 분화기, 완성기의 3단계를 거쳐 입체표현이 발달한다고 보았다. 발달이 이루어질수록 단순한 형태에서 복잡한 형태로 발달하며, 2차원의 평면 형태에서 3차원의 입체로 변화한다.

1) 탐색기(2~4세)

2~4세 유아는 찰흙을 탐색하면서 긴 띠나 공 모양과 같은 단순한 형태의 표현을 한다. 여러 모양을 나열하여 대상을 만들며 인물 역시 납작한 형태로 표현한다.

2) 분화기(4~5세)

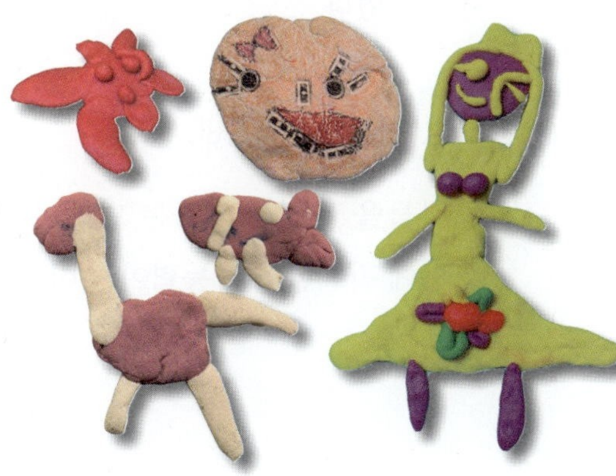

찰흙을 주물러서 입체로 표현하지만, 여전히 2차원적인 부조 형태가 나타나는 시기이다. 표현에 있어서 자연적인 비례는 무시되고, 손가락이나 발가락 등의 세부 표현은 거의 없다.

3) 완성기(6세 이후)

2차원의 부조 형태에서 3차원의 입체로 변화하기까지 어렵고 오랜 시간이 걸린다. 유아는 점토 탐색에서 점차 형태를 만들면서 정교하고 입체적인 표현이 나타난다. 완성기 단계에서는 인물을 표현할 때 몸의 주요 골격을 균형 있게 만들어 세울 수 있다.

네 발로 서는 동물. 달팽이 등은 균형을 맞춰 세우기가 쉬워 사람보다 먼저 3차원 입체 표현이 가능함(6세 유아)

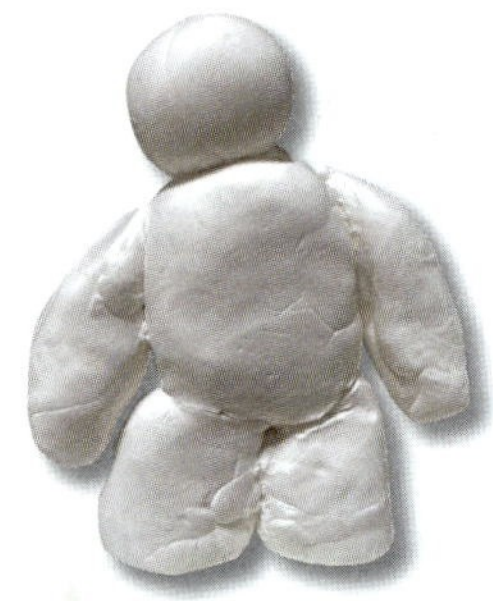

세우기 위해 두 다리를 두껍게 만든 사람 점토(9세 아동)

두 다리를 띄우고 균형감 있게 세운 사람 점토(10세 아동)

4. 영유아의 감상능력 발달단계

가드너(Garder, 1973)는 영유아가 미술작품을 지각하는 감상 발달단계를 지각 단계, 상징인식의 단계, 사실적 단계, 탈사실적 단계, 예술적 위기의 단계로 구분하였다.

1) 지각 단계(0~2세)

사물을 직접 지각하는 단계이다. 사물의 공간적 형태만을 구별하며, 예술과의 만남에 필요한 시각능력이 준비되는 시기이다.

2) 상징인식의 단계(2~7세)

실제 사물과 상징화된 사물과의 관계를 인식하는 시기이다. 대상을 개념적으로 감상하는 시기로, 사물에 대한 인식이 감정적이고 심리적인 충동에 따르는 경향이 있다. 따라서 표현된 상징의 즉각적인 지시성에 얽매여 감상하기 쉽다(서울교대미술교육연구회, 2014).

3) 사실적 단계(7~9세)

미적 대상에 대한 규칙과 전통적 개념을 중시하는 시기이다. 사실적 표현을 중시하고 사실적이지 않거나 상징적·환상적 표현은 선호하지 않는 경향이 있다. 이 시기 감상교육은 관찰을 통해 사실적 눈을 키워 주는 교육과 사실주의적인 고정관념을 깨는 교육이 함께 병행되어야 한다. 또한 잠재된 개성과 창의성을 살리는 방식의 감상교육도 필요하다.

4) 탈사실적 단계(9~13세)

사실성보다 표현적 측면에 관심을 가진다. 무엇을 그렸는가보다는 어떻게 그렸는지에 관심을 둔다. 사실적인 표현보다 다양한 미적 특성에 관심을 가지는 시기로, 재료나 기법에도 관심을 기울이게 된다. 예술작품의 다양한 표현양식에도 관심을 보이고 감수성도 예민해진다. 다양한 현대미술 작품을 감상함으로써 미술에서의 새로운 도전을 격려해 줄 필요가 있다.

5) 예술적 위기의 단계(청소년기)

미술에 관한 관심은 이전 시기보다 떨어지고 비판적인 인식과 환경에 대한 지각 능력이 높아진다. 예술에서 멀어지기 쉬운 위기의 시기이다. 자신의 표현에 자신감이 없어지고 타인의 작품을 비판하려 한다.

5. 영유아 미술표현의 특징

영유아의 미술표현에는 성인과 다른 독특한 표현 경향을 보인다.

1) 자기중심적 표현: 과장, 축소, 생략 표현

영유아는 그림을 그릴 때 자신의 생각과 느낌을 중심으로 표현한다. 그 과정에서 과장, 축소, 혹은 생략이 나타나기도 한다. 영유아 그림에서 보이는 자기중심적 표현은 다음과 같다(서울교대미술교육연구회, 2014).

- 영유아가 흥미롭게 본 대상이나 인상을 과장해서 표현한다.
- 그리고 싶은 대상을 중심에 두거나 크게 그린다.
- 관심이 없는 것은 축소되거나 생략한다.
- 그림 속의 모든 공간 관계는 자신을 중심으로 바라보고 배치되어 있다.

거울로 목구멍을 흥미롭게 관찰한 유아가 강조해서 표현한 하트 모양의 목구멍 그림(4세 유아)

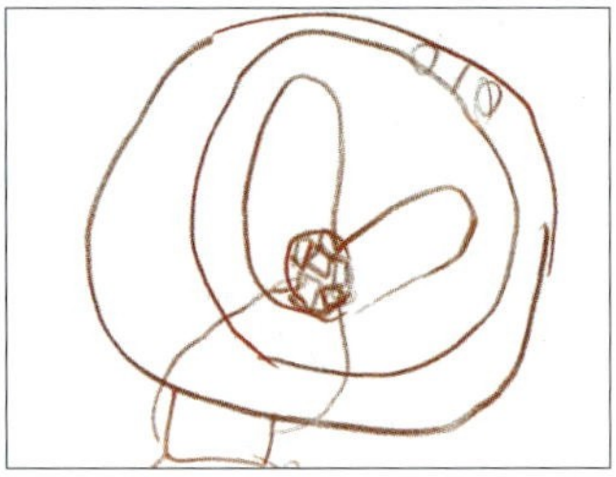

엄마와 아빠를 가운데 중심에 크게 배치해서 그린 그림(5세 유아)

2) 기저선에 의한 공간 표현

영유아는 기저선으로 공간의 경계를 구분한다. 공간을 도식적으로 표현함으로써 영유아 스스로 공간에 대한 질서를 부여하는 것이다. 예를 들면, 땅과 하늘, 바다와 하늘 등을 구분하는 선을 그림으로써 공간을 표현한다. 기저선은 땅 아래와 땅 위를 가르는 기준, 사물의 위치를 알려 주는 기준, 사물의 방향을 제시하는 근거, 거리를 알게 하는 기준 등의 역할을 한다(서울교대미술교육연구회, 2014).

3) 투시적(투영적) 표현

보이지 않는 것을 보이는 것처럼 그리는 것으로 X-ray 표현, 뢴트겐 표현이라고도 한다. 집 속에 사는 사람들의 모습을 집의 외곽과 내부를 함께 그리거나, 자동차의 안과 밖의 모습, 물속의 물고기까지 그리는 모습은 종종 영유아의 그림 속에 자주 나타나는 표현이다. 로웬펠드와 브리튼(Lowenfeld & Brittain, 2011)은 아이가 건물의 안과 밖을 동시에 표현할 때 아이는 건물 내부가 외부보다 더 중요하다고 생각해서 내부를 자세히 표현한 것으로 해석하였다. 즉, 나에게 의미 있는 경험을 통해 잘 알고 있는 것을 표현한 것이다.

4) 전개도식 표현

전개도식 표현(folding over)은 주관적인 공간 표현의 한 형태로(Lowenfeld, 1952), 마치 전개도를 그리는 것처럼 보이지 않는 면을 보이게 펼쳐서 그리는 방식을 의미한다. 기저선을 따라 그림을 접으면 그 장면의 본래 모습을 알게 되는 형태의 그림이다(박은덕, 2005). 유아가 사물의 상하좌우 모두를 그림에 다 담고 싶어 하는 시기에 나타난다. 즉, 자신이 풍경의 중앙에 있고 왼쪽, 오른쪽, 위, 아래를 다 본 것처럼 모든 방향에서 접근하며 그림을 그린다.

차도 양옆을 접어 올리면 나무와 집, 사람이 서 있는 그림이 되듯, 나무와 집이 위아래로 있음

시소 중심을 반으로 접으면 본래 시소 타는 모습이 됨

5) 카탈로그식 표현

원근법, 공간관계, 깊이 등을 무시하고 여러 사물을 나란히 표현한 형태로, 주로 전도식기 후반이나 도식기 전반에 나타난다. 마치 카탈로그에 있는 그림처럼 배경 없이 혹은 배경과의 연계성 없이 대상들이 열거된 형태이다. 대상을 나열해

아이와 놀이하는 상황, 책 보는 상황, 날아가는 책, 아빠와 가고 있는 상황 등 일련의 사건들이 그림으로 나열되어 있는 그림(5세 유아)

동물원을 소개하는 그림책을 본 뒤 여러 동물을 다 그려 놓은 그림(5세 유아): 동물들이 서로 유기적 관련 없이 카탈로그처럼 나란히 그려져 있음

놓은 표현이라는 의미로 열거식 표현이라고도 한다. 예를 들어, 차와 집을 나란히 그리고 그 옆에 사람을 따로 세워 두거나, 공놀이하는 장면을 그릴 때 사람을 그리고 옆이나 위 혹은 아래에 공을 그려 넣기도 한다(권상구, 1998). 이런 표현은 유아가 알고 있는 것을 그린다는 것을 보여 주는 예이다.

6) 동시성의 표현

다른 공간, 다른 시간대에 일어난 여러 사건이 한 화면에 함께 표현되는 방식을 의미한다. 영유아는 한 장의 그림에 시간, 공간, 방향, 위치 등을 동시에 표현하는 경향이 있다. 이와 같은 현상을 공존화 양식(synchronism) 혹은 공간의 동시성 표현(mixed view)이라고 하며, 영유아 그림에서 일반적으로 보이는 주관적인 공간 표현의 방법이다(Lowenfeld, 1952). 예를 들면, 인물화에서 몸은 앞모습이지만 얼굴을 옆모습으로 표현하는 것처럼 서로 다른 시점을 동시에 표현하는 경우, 과거와 현재, 미래가 동시에 표현되거나 낮과 밤을 함께 그리는 경우도 이에 해당한다. 이렇게 그리는 이유는 전체를 하나의 동일한 시점을 유지해서 그리기 어렵기 때문이다. 따라서 아동화에서 한 사물을 그리고 난 다음에 다른 사물은 다른 위치에서 본 형태를 그리거나 종이를 돌려 가며 그리는 형태가 빈번하게 나타난다(박은덕, 2005).

시간의 동시적 표현: 친구들과 낮부터 밤이 될 때까지 공놀이한 그림

앞모습과 옆모습이 동시에 표현된 그림들

7) 의인화된 표현(물활론적 표현)

모든 사물을 살아있다고 생각하는 물활론적 사고를 하는 시기인 유아기에는 그림에서도 다양한 사물에 사람처럼 눈, 코, 입을 그리고 감정을 표현한 그림이 나타난다. 대표적인 표현 형태로는 꽃이나 해, 달 등에 눈, 코, 입을 그려 넣은 형태, 사람 형태의 얼굴에 동물의 몸을 그려 놓은 모습 등을 볼 수 있다.

토론해 봅시다

영유아의 그림을 관찰해 보세요. 그림발달 단계, 미술표현 특성을 해석해 보세요.

CHAPTER 03

영유아미술교육과 교육과정

우리나라에서 영유아를 위한 국가수준의 미술교육과정은 0~2세는 2024 개정 표준보육과정(0~2세) 부분 개정(안)(2024)에서, 3~5세는 2019 개정 누리과정에서 제시하고 있다. 더불어 우리나라의 교육과정은 유아에서 초·중등까지 연계되어 이음교육으로 운영된다. 그러므로 이번 장에서는 영유아를 대상으로 하는 표준보육과정과 개정 누리과정을 중심으로 살펴보되, 초등교육과정과 그 내용에 있어 어떤 연계성을 가지고 있는지 전반적으로 살펴보고자 한다.

1. 2024 개정 표준보육과정(0~2세) 부분 개정(안)과 영유아미술교육

어린이집 표준보육과정은 0~5세 영유아를 대상으로 하는 국가수준의 보육과정이다. 표준보육과정은 0-1세 표준보육과정, 2세 표준보육과정, 3-5세 누리과정(표준보육과정)으로 구성된다. 표준보육과정은 「영유아보육법」 제29조 2항 및 4항에 따라 고시되었으며, 2020년 4월에 고시된 제4차 어린이집 표준보육과정은 2024년 11월에 부분 개정(안)이 발표되고 2025년 3월에 적용될 예정이다.

표준보육과정(0-2세) 부분 개정의 방향은 다음과 같다. 첫째, 0~2세 표준보육과정 체계는 현장의 혼란을 최소화하기 위하여 기존대로 0~1세와 2세로 구분한다. 둘째, 2019 개정 누리과정과의 연계를 위하여 기본생활, 신체운동으로 나뉘어져 있는 영역을 3~5세 누리과정과 같이 신체운동·건강 영역으로 통합하여 총 5개 영역으로 조정하였다. 미술활동이 포함된 예술경험 영역은 변동되지 않았다. 셋째, 교육과정을 간략하게 하는 대강화 추세와 표준보육과정 목표에서 0~2세 목표가 통합되어 제시되어 있는 것을 감안하여 영역별 목표는 0~1세와 2세를 통합하여 제시하고 있다. 넷째, 영역별 내용은 전반적으로 검토하여 교사가 이해하기 쉬운 용어로 수정하고, 발달적 구분이 모호한 부분은 현장에서 교사가 실행하기 쉽도록 포괄적으로 기술하되, 현장의 혼란을 최소화하기 위하여 내용 수정을 최소화하는 방향으로 개정되었다(김은영, 2024). 제4차 어린이집 표준보육과정(2020)과 표준보육과정(0~2세) 부분 개정(안)의 총론의 개정 사항을 비교하여 살펴보면 다음과 같다.

〈표 3-1〉 표준보육과정 총론 신구 대조표

구분	제4차 어린이집 표준보육과정(2020)	표준보육과정(0-2)세 부분 개정(안)
표준보육과정의 성격	어린이집 표준보육과정(이하, '표준보육과정'이라 함)은 0~5세 영유아를 위한 국가수준의 보육과정이며, 0~1세 보육과정, 2세 보육과정, 3~5세 보육과정(누리과정)으로 구성한다.	표준보육과정은 0~5세 영유아를 위한 국가수준의 보육과정이며, 0~1세 보육과정, 2세 보육과정, 3~5세 누리과정으로 구성한다.
구성의 중점	가. 영유아는 개별적인 특성을 지닌 고유한 존재임을 전제로 구성한다. 라. 표준보육과정은 다음의 영역을 중심으로 구성한다. 1) 0~1세 보육과정과 2세 보육과정은 기본생활, 신체운동, 의사소통, 사회관계, 예술경험, 자연탐구의 6개 영역을 중심으로 구성한다. 2) 3~5세 누리과정은 신체운동·건강, 의사소통, 사회관계, 예술경험, 자연탐구의 5개 영역을 중심으로 구성한다.	삭제 다. 신체운동·건강, 의사소통, 사회관계, 예술경험, 자연탐구의 5개 영역을 중심으로 구성한다.
편성·운영	가. 어린이집의 운영 시간에 맞추어 편성한다.	가. 각 기관의 운영 시간에 맞추어 편성한다.
교수·학습	가. 영유아의 의사 표현을 존중하고 민감하게 반응한다. 바. 각 영역의 내용이 통합적으로 영유아의 경험과 연계되도록 한다.	삭제 마. 5개 영역의 내용이 통합적으로 영유아의 경험과 연계되도록 한다.

1) 2024 개정 표준보육과정(0~2세) 부분 개정(안)의 예술경험 영역 목표와 내용

2024 개정 표준보육과정(0~2세) 부분 개정(안)에서 예술경험 영역은 3~5세 누리과정이 영역별 목표를 연령 구분 없이 통합적으로 기술한 것처럼 0~2세의 영역별 목표도 통합되어 기술하였다. 연령별 발달 차이는 있지만 전체 목표는 0~2세를 모두 포괄하는 목표로 기술한 것이 특징이라고 할 수 있다.

4차 표준보육과정에서 0~1세는 '아름다움을 느끼고 경험한다.', 2세는 '아름다움을 느끼고 즐긴다.'로 목표가 제시되어 있는데, 개정(안)에서는 2세의 목표를 그대로 수용하여 '아름다움을 느끼고 즐긴다'로 통합하였다. 0~1세 내용 중에도 '경험한다', '관심 가진다' 외에 모방행동을 '즐긴다' 등이 포함되어, 아름다움을 느끼고, 경험하며, 자신의 발달수준에 맞게 즐기도록 하는 것이 목표로 설정되는 것이 타당하다고 보았다. 세부 목표에서 0~1세 '자연과 생활에서 아름다움에 관심을 가진다.', 2세 '자연과 생활에서 아름다움을 느끼고 관심을 가진다.'를 '자연과 생활에서 아름다움을 느낀다.'로 간략하게 통합하였다. 관심을 가진다는 부분은 내용 범주인 '아름다움 찾아보기' 수준에서 진술하였다. 또한 0~1세 '예술적 경험을 표현한다.'와 2세 '예술을 통해 자유롭게 표현한다.'는 '자유롭게 예술 표현을 한다.'로 통합하여 간략화하였다. 예술이라는 도구를 통해 영아들도 자신의 생각, 느낌을 표현할 수 있고, 자신만의 방식으로 자연스럽고 자유롭게 표현하는 과정을 즐긴다.

아름다움 찾아보기 내용 범주에서 4차 표준보육과정의 0~1세 '자연과 생활에서 아름다움을 느낀다.'와 2세 '자연과 생활에서 아름다움을 느끼고 즐긴다.'는 개정(안)에서 0~1세에서 기술한 '자연과 생활에서 아름다움을 느낀다.'로 통합하였다. 4차 표준보육과정의 2세 내용은 3~5세 누리과정과 동일한데, 2세는 3~5세보다는 오히려 0~1세와 내용을 같이 하는 것이 적절하다고 판단하였다. 영아는 자연과 생활에서 다양한 방법으로 심미적 경험을 해 봄으로써 아름다움을 느끼게 된다. 또한 0~1세 '아름다움에 관심을 가진다.'는 '예술에서 아름다움을 느낀다.'로, 2세 '아름다움에 관심을 갖고 찾아본다.'는 '다양한 예술에서 아름다움을 느낀다.'로 수정하였다. 이는 누리과정과의 연계선상에서 아름다움의 대상에 '예술'을 포함한 것이며, 2세에 '다양한'을 추가하면서 연령별 위계성을 가지고자 하였다.

창의적으로 표현하기 내용 범주에서 0~1세 '감각을 통해 미술을 경험한다.'는 '다양한 미술재료를 경험한다.'로 수정하였는데, 이는 미술재료의 다양한 질감과 느낌을 경험하는 것을 감각으로만 한정하지 않기 위함이며, 미술재료에 초점을 두어 교사가 영아의 예술경험을 지원해 주는 방법을 제시하고자 한 것이다. '미술재료와 도구로 표현해 본다.'는 '다양한 미술재료와 도구로 표현한다.'로 수정하였는데, 이는 '다양한'을 추가하여 연령별 위계성을 가지기 위함이며, '표현해 본다.'를 '표현한다.'로 수정한 것은 한두 번의 경험이 아니라 지속적인 시도를 표현하기 위함이다.

예술경험 영역의 목표와 내용의 개정 사항을 살펴보면 다음과 같다.

〈표 3-2〉 표준보육과정 예술경험 영역 신구 대조표

제4차 어린이집 표준보육과정(2020)			표준보육과정(0–2)세 부분 개정(안)		
	0~1세	2세		0~1세	2세
목표	아름다움을 느끼고 경험한다. 1) 자연과 생활에서 아름다움에 관심을 가진다. 2) 예술적 경험을 표현한다.	아름다움을 느끼고 즐긴다. 1) 자연과 생활에서 아름다움을 느끼고 관심을 가진다. 2) 예술을 통해 자유롭게 표현한다.	목표	아름다움을 느끼고 즐긴다. 1) 자연과 생활에서 아름다움을 느낀다. 2) 자유롭게 예술 표현을 한다.	
내용 범주	내용	내용	내용 범주	내용	내용
아름다움 찾아보기	① 자연과 생활에서 아름다움을 느낀다. ② 아름다움에 관심을 가진다.	① 자연과 생활에서 아름다움을 느끼고 즐긴다. ② 아름다움에 관심을 갖고 찾아본다.	아름다움 찾아보기	① 자연과 생활에서 아름다움을 느낀다.(공) ② 예술에서 아름다움을 느낀다.	① 자연과 생활에서 아름다움을 느낀다.(공) ② 다양한 예술에서 아름다움을 느낀다.
창의적으로 표현하기	① 소리와 리듬, 노래로 표현한다. ② 감각을 통해 미술을 경험한다. ③ 모방 행동을 즐긴다.	① 익숙한 노래와 리듬을 표현한다. ② 움직임과 춤으로 자유롭게 표현한다. ③ 미술재료와 도구로 표현해 본다. ④ 일상생활 경험을 상상놀이로 표현한다.	창의적으로 표현하기	① 소리와 리듬, 노래로 표현한다. ② 움직임으로 표현한다. ③ 다양한 미술재료를 경험한다. ④ 모방하기를 즐긴다.	① 익숙한 노래와 리듬을 표현한다. ② 움직임과 춤으로 표현한다. ③ 다양한 미술재료와 도구로 표현한다. ④ 상상놀이를 한다.

다음 이하에서 영유아미술교육과 가장 관련이 높은 예술경험 영역의 목표와 세부 내용을 정리하여 살펴보면 다음과 같다.

(1) 목표

아름다움을 느끼고 즐긴다.

① 자연과 생활에서 아름다움을 경험한다.

② 자유롭게 예술 표현을 한다.

(2) 내용

내용 범주	0~1세 내용	2세 내용
아름다움 찾아보기	– 자연과 생활에서 아름다움을 느낀다.	
	– 예술에서 아름다움을 느낀다.	– 다양한 예술에서 아름다움을 느낀다.
창의적으로 표현하기	– 소리와 리듬, 노래로 표현한다. – 움직임으로 표현한다. – 다양한 미술재료를 경험한다. – 모방하기를 즐긴다.	– 익숙한 노래와 리듬을 표현한다. – 움직임과 춤으로 표현한다. – 다양한 미술재료와 도구로 표현한다. – 상상놀이를 한다.

(3) 0-2세 예술경험 영역 내용 범주에 대한 이해(예: 다양한 미술재료와 도구로 표현한다)

특별히 '다양한 미술재료와 도구로 표현한다'와 관련하여 2024 개정 표준 보육과정에서 제시하는 내용을 설명하면 다음과 같다.

- 다양한 미술재료란, 영아가 조형적 아름다움을 표현하는 미술을 경험하며, 익숙한 재료와 자연에서 얻을 수 있는 천연재료 등을 의미한다. 미술재료는 다양한 색과 모양, 질감을 지니고 있으며 동일한 색도 재료의 특성에 따라 다른 색깔과 느낌을 준다.
- 미술 도구란, 자신이 예술경험을 미술적으로 드러내고자 할 때 자신의 생각과 느낌, 영아가 떠올리는 이미지 등을 시각적으로 드러내기 위하여 활용하는 붓, 스펀지, 도장, 가위 등의 물건을 의미한다. 다양한 미술도구란, 미술에서 주로 사용되는 도구 외에도 일상생활에서 활용되는 컵, 수세미, 숟가락 등 다양한 용품도 포함한다.
- '표현한다'는 영아가 자신의 경험을 주변 사물을 활용하여 주무르고,

다듬고, 빚어냄으로써 보여 주는 것을 의미한다. 영아는 재료와 도구를 탐색하면서 우연히 또는 의도적으로 흔적을 남기고, 우연한 시도에서 재미와 아름다움을 느끼며 반복하는데, 이러한 표현은 조금씩 섬세해진다.

- 다양한 미술재료와 도구로 표현한다는 것은 영아가 자신에게 익숙해져서 사용법을 잘 알고 있는 여러 종류의 미술재료와 도구, 또는 미술이 아닌 다른 목적으로 활용되어 오던 폐품, 옷, 그릇 등이 미술재료로 활용되거나 처음 경험하는 낯선 미술재료와 도구들을 다양하게 경험하고 재료와 도구의 특성을 알아가는 과정에서 이를 활용하여 자신의 생각, 느낌, 감정, 이미지 등을 나타내는 표현의 과정을 배우는 내용이라고 설명하고 있다.

위의 그림에서처럼 영아들이 붓으로 물감놀이를 하다가 물감을 만져 보고 손이나 사용하던 모든 도구가 미술의 재료이자 도구가 되는 것을 경험하게 된다. 즉, 형태가 아닌 색의 즉흥적 혼합에 대한 감각적 표현을 경험하는 것이라고 할 수 있다.

이를 통한 영아의 배움 지원이 이루어져야 함을 다음과 같이 설명한다.

- 영아가 미술재료와 도구를 탐색하며 표현할 때 결과보다는 과정이 중요함을 인식하고 영아가 다양하게 표현하고 창의적으로 시도할 수 있도록 교사는 영아가 친숙하거나 낯선 미술재료를 풍부하게 지원한다.
- 자연물의 모양과 크기, 색을 탐색하고, 물감으로 채색하고, 다르게 배열해 보는 등 색과 모양 배열의 시각적 균형과 리듬이 주는 즐거움을 느끼도록 지원한다. 교사는 영아가 다양한 재료와 도구를 탐색하고 표현한 느낌을 언어로 표현해 보도록 지원한다.
- 영아가 자발적으로 미술재료와 도구를 활용하여 표현할 수 있도록 영아의 표현을 존중하며, 모든 미술재료가 온몸으로 놀거나 물감에만 국한되는 것이 아니라 일상에서 반복적인 그림 그리기도 영아가 자신만의 미적 감각과 표현을 시도하는 과정임을 알고 지원한다.

2. 2019 개정 누리과정(3-5세)과 영유아미술교육

2019 개정 누리과정은 2019년에 「3-5세 누리과정 고시」로 개정되었다. 이는 '유아교육 혁신방안'(2017.12.)에서 '유아중심 · 놀이중심 교육과정'으로의 개편으로서, 미래 핵심역량을 반영한 교육과정으로 전환된 것으로 평가되고 있다(교육부 · 보건복지부 · 육아정책연구소, 2019). '유아중심 · 놀이중심'의 개정 누리과정은 유아교육과 보육을 모두 포함하는 공통교육과정이며, 신체운동건강, 의사소통, 사회관계, 예술경험, 자연탐구의 5개 영역으로 구성되었다. 연령별 세부 내용을 간략화하고 다양한 교육과정이 현장에서 이루어질 수 있도록 자율성을 확대한 특징을 가지고 있다.

1) 2019 개정 누리과정(3-5세)의 예술경험 영역 목표와 내용

(1) 목표

아름다움과 예술에 관심을 가지고 창의적 표현을 즐긴다.

① 자연과 생활 및 예술에서 아름다움을 느낀다.

② 예술을 통해 창의적으로 표현하는 과정을 즐긴다.

③ 다양한 예술 표현을 존중한다.

(2) 내용

내용 범주	내용
아름다움 찾아보기	자연과 생활에서 아름다움을 느끼고 즐긴다.
	예술적 요소에 관심을 갖고 찾아본다.
창의적으로 표현하기	노래를 즐겨 부른다.
	신체, 사물, 악기로 간단한 소리와 리듬을 만들어 본다.
	신체나 도구를 활용하여 움직임과 춤으로 자유롭게 표현한다.
	다양한 미술재료와 도구로 자신의 생각과 느낌을 표현한다.
	극놀이로 경험이나 이야기를 표현한다.
예술 감상하기	다양한 예술을 감상하며 상상하기를 즐긴다.
	서로 다른 예술 표현을 존중한다.
	우리나라 전통예술에 관심을 갖고 친숙해진다.

(3) 3-5세 예술경험 영역 내용 범주에 대한 이해

예술경험 영역의 목표와 내용 범주는 유아가 자연, 생활, 예술에서 아름다움을 느끼고, 음악, 움직임과 춤, 미술, 극놀이 등의 예술에서 자신의 느낌과 생각을 창의적으로 표현하는 과정을 즐기며, 다양한 예술작품을 감상하며 다른 사람의 예술 표현을 존중하는 내용으로 구성하였다.

- 유아가 자연과 생활, 예술에서 아름다움을 느끼고 즐기는 경험을 반영하여 '아름다움 찾아보기'를 새롭게 편성하였다.

– 유아가 자신의 주변에서 만나는 자연, 공간, 사물 등의 아름다움을 풍부하게 느끼며 즐기는 내용이다.

- '아름다움 찾아보기'는 유아가 자연과 생활에서 아름다움을 느끼며 예술적 요소에 관심을 가지고 찾아보는 내용이다.
  – 유아가 주변의 자연과 생활에서 다양한 소리나 리듬 등의 음악적 요소, 색이나 형태 등과 같은 미술적 요소를 발견하고, 사물이나 동식물의 움직임에서 아름다움을 경험하는 내용이다.
- '창의적으로 표현하기'에서는 유아가 자신의 느낌과 생각을 음악, 움직임과 춤, 미술, 극놀이 등을 통해 자유롭게 표현하는 과정을 즐기는 내용으로 구성하였다.
  – 다양한 미술재료와 도구로 자신의 생각과 느낌을 표현한다. 유아가 자연과 생활에서 발견한 다양한 재료와 도구를 활용하여 여러 가지 방법으로 표현하는 내용이다. 자신의 경험, 느낌, 생각 등을 창의적으로 표현하는 과정을 즐기는 내용이다.
- '예술 감상하기'에서는 유아가 다양한 예술을 통해 상상하기를 즐기고, 우리나라 고유의 전통예술에 친숙해지는 경험을 강조하였다.
  – 다양한 예술을 감상하며 상상하기를 즐긴다. 즉, 유아가 자신과 또래의 작품이나 음악, 춤, 미술작품, 극 등 다양한 예술을 감상하고 자유롭게 상상하기를 즐기는 내용이다.
  – 서로 다른 예술 표현을 존중한다. 이것은 유아가 자신과 또래의 작품, 음악, 춤, 미술작품, 극 등에 포함된 다양한 표현을 존중하는 내용이다.
  – 우리나라 전통예술에 관심을 갖고 친숙해진다. 유아가 우리나라 고유의 전통 음악, 춤, 미술, 건축물, 극 등에 관심을 가지고 전통예술을 감상하며 우리나라 문화에 친숙해지는 내용이다.

3. 초등교육과정과 유아미술교육

2024년부터 시행되는 2022 교육과정(교육부 고시 제2022-33호)의 교육목표는 학생이 일상생활과 학습에 필요한 기본 습관 및 기초 능력을 기르고 바른 인성을 함양하는 데 중점을 둔다.

초등학교 1~2학년의 미술교육은 '즐거운 생활' 교과와 연결하여 생각해 볼 수 있다. '즐거운 생활'은 유아가 초등학교에 입학하여 적응하기 위한 활동을 포함하여 아래로는 누리과정, 위로는 3학년 이후의 교과교육과 연계하여 다룰 수 있도록 안내하고 있다.

통합교과로서 '즐거운 생활'은 놀이를 하면서 '지금-여기-우리 삶'을 즐길 수 있는 것을 목표로 한다.

첫째, 문화 예술 활동과 신체 활동을 통해 지금을 즐긴다.

둘째, 자신이 속한 장소에서 놀이를 즐기며 감정과 정서를 표현한다.

셋째, 공동체와 더불어 생각이나 느낌을 나누며 창작하고 표현하는 활동에 참여한다.

이러한 목표 아래 내용 체계에서 다음과 같이 제시하여 영역과 내용 요소를 제안하는데 '우리는 누구로 살아갈까', '우리는 어디서 살아갈까', '우리는 지금 어떻게 살아갈까', '우리는 무엇을 하며 살아갈까'의 영역 안에서 신체 운동 건강, 의사소통, 사회관계, 자연생활 및 예술 표현이 통합되어 내용 요소로 들어가 있는 것을 알 수 있다. 초등 통합교과 '즐거운 생활'에서의 미술교육 내용 요소를 살펴보면 <표 3-3>과 같다.

〈표 3-3〉 초등 '즐거운 생활'과 미술교육 내용 요소

영역	핵심 아이디어	범주	내용 요소		
			바른 생활	슬기로운 생활	즐거운 생활
우리는 누구로 살아갈까	• 우리는 내가 누구인지 생각하며 생활한다. • 우리는 서로 관계를 맺으며 생활한다.	지식·이해	• 학교 생활 습관과 학습 습관 • 자기 이해 • 생태환경	• 학교 안팎의 모습과 생활 • 자아 인식 • 가족과 주변 사람 • 사람 · 자연 · 동식물	• 건강과 안전 • 신체 인식과 감각 • 자연의 아름다운 장면
		과정·기능	• 습관 형성하기 • 관계 맺기	• 탐색하기 • 설명하기 • 탐구하기	• 놀이하기 • 소통하기 • 감상하기
		가치·태도	• 안전하고 건강한 생활 • 자기 존중 • 배려 • 더불어 사는 삶	• 안전한 학교 생활	• 어울림 • 건강한 생활 • 안전한 생활
우리는 어디서 살아갈까	• 우리는 여러 공동체 속에서 생활한다. • 우리는 삶의 공간을 넓히며 생활한다.	지식·이해	• 공동체 생활 모습 • 우리나라의 소중함	• 마을의 모습과 생활 • 우리나라의 모습과 문화 • 다른 나라의 모습과 문화 • 궁금한 세계	• 우리나라의 문화 예술 • 다른 나라의 문화 예술
		과정·기능	• 실천하기 • 호기심 갖기	• 살펴보기 • 조사하기 • 탐구하기 • 매체 활용하기 • 탐색하기	• 문화 예술 활동하기 • 표현하기 • 상상하기
		가치·태도	• 나라 사랑 • 다양성 존중 • 적극성과 도전의식	• 관심 • 호기심	• 문화 예술 향유
우리는 지금 어떻게 살아갈까	• 우리는 여러 유형의 주기로 생활한다. • 우리는 과거, 현재, 미래를 생각하며 생활한다.	지식·이해	• 인물의 삶 • 지속가능한 삶의 방식	• 하루의 변화와 생활 • 계절과 생활 • 과거–현재–미래	• 자연의 변화 • 전통문화 • 아동권리
		과정·기능	• 하루 생활 관리하기 • 변화에 대응하기 • 실천하기	• 탐색하기 • 탐구하기 • 살펴보기	• 자연에서 놀이하기 • 창의적으로 표현하기 • 권리 누리기
		가치·태도	• 시간의 가치 • 적절성 • 공동체성 • 지속가능성	• 상상력	• 활기찬 생활 • 전통의 소중함 • 안전과 안녕
우리는 무엇을 하며 살아갈까	• 우리는 경험하고 상상하고 만들며 생활한다. • 우리는 느끼고 생각하고 표현하며 생활한다.	지식·이해	• 모두를 위한 생활 환경 • 학습 습관 • 생활 습관	• 생활 도구의 모양과 기능 • 다양한 매체와 재료 • 관심 주제 • 배운 것과 배울 것	• 생각과 느낌
		과정·기능	• 참여하기 • 생각이나 의견 나누기 • 협력하기 • 되돌아보기	• 바꾸기 • 매체 활용하기 • 상상하여 구현하기 • 조사하기 • 연결하기 • 탐색하기	• 고치기와 만들기 • 놀이하기 • 전시하기 • 공연하기 • 경험 떠올리기
		가치·태도	• 모두를 위한 마음 • 개방성 • 자발성	• 창의성	• 자유로운 상상 • 의미 부여

이것은 초등 3학년 이상으로 올라가 '미술교과'와 연계되면서 대상과 현상에 대한 미적 체험을 바탕으로 느낌과 생각을 표현하고 감상하는 활동을 통하여 자신과 세계를 이해하고 미술 문화 창조에 주도적으로 참여하는 것을 목표로 하며 아래의 내용을 제시한다.

① 대상과 현상을 감각적으로 지각하고 반응하면서 심미적 감성을 기른다.
② 미술활동을 통해 자신의 느낌과 생각을 창의적으로 표현하며 경험과 사고를 유연하게 통합하고 확장한다.
③ 다양한 매체에 기반한 시각문화를 비판적으로 이해하고 활용하여 시각적으로 소통한다.
④ 미술을 매개로 주도적으로 사고하고 행동하며 세계와의 관계에서 자신을 이해한다.
⑤ 미술 문화의 다원적 가치를 존중하며 협력적 의사소통을 통해 공동체의 문화 발전에 참여한다.

초등 미술과에서는 미술교육과정의 전반적인 구조를 다음의 그림으로 설명하고 있다.

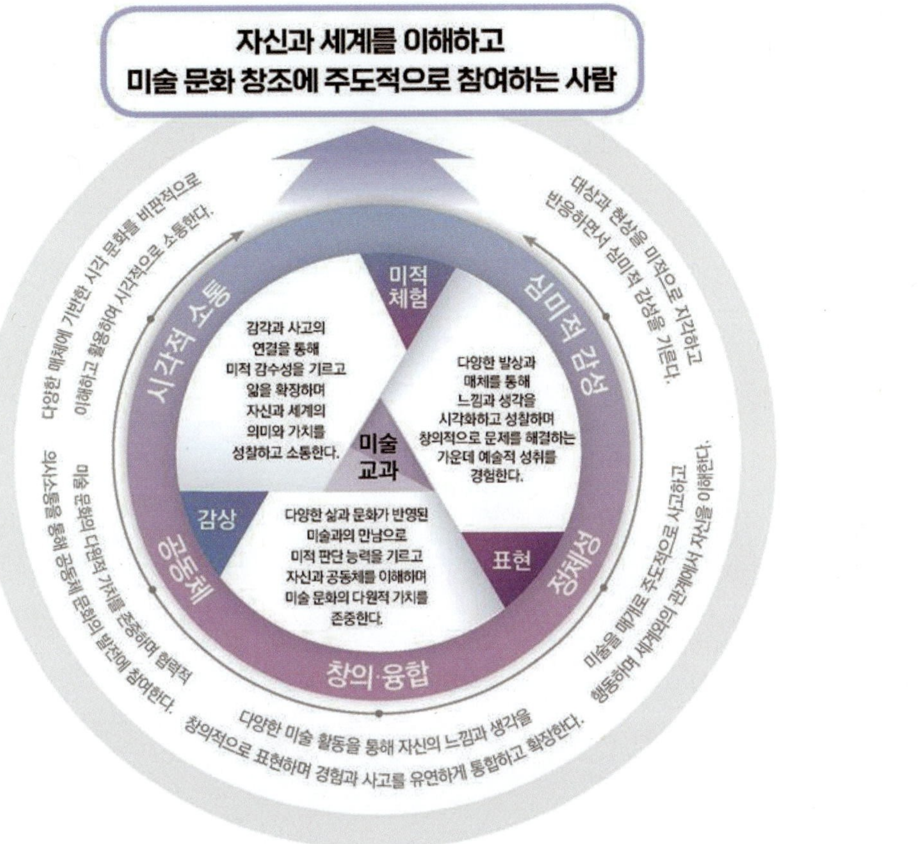

미술과 공통교육과정 설계의 개요

각 단계의 미술교육과정 관련 내용 체계를 비교하면 다음과 같다. 즉, 2024 표준보육과정 부분 개정(안)과 2019 개정 누리과정, 2022 초등교육과정의 미술교육 내용이 아름다움에 대한 경험, 창의적인 표현, 감상을 기본 내용으로 연계되어 있음을 알 수 있다.

0–2세 2024 표준보육과정 부분 개정(안)	3–5세 2019 개정 누리과정	초등 2022 교육과정
아름다움 찾아보기	아름다움 찾아보기	미적 체험
창의적으로 표현하기	창의적으로 표현하기	표현
	예술 감상하기	감상

CHAPTER 04

영유아미술교육을 위한 미술이론의 기초

1. 미술 형식의 이해

미술작품의 내재한 의미를 다각적으로 이해하기 위해서는 우선 작품의 형식을 이해하는 것이 필요하다. 미술 형식의 이해는 작품의 내면을 이해하는 전제조건이다(이성도 외, 2017). 미술의 형식에는 미술요소와 미술원리가 있다. 미술요소는 점, 선, 형(모양), 색, 명암, 양감(부피감), 질감, 공간 등이 있다. 그리고 미술원리에는 통일과 변화, 균형, 강조, 비례, 리듬과 패턴, 움직임 등이 있다(이성도 외, 2017; 한국조형교육학회, 2018). 미술의 요소와 원리는 조형의 요소와 원리, 디자인의 요소와 원리 등 다양한 용어로 사용되고 있다(지성애 외, 2019). 미술의 요소와 원리는 유아에게 직접 가르치기보다 자연과 일상생활 속에서 경험할 수 있도록 한다. 실제로 누리과정에서는 '예술적 요소에 관심을 갖고 찾아본다.'라고 명시하고 일상생활 속에서 자연스러운 미적 경험을 제안하고 있다.

1) 미술요소

(1) 점[dot, 點]

점은 직선, 평면과 함께 기하학을 구성하는 기본개념이다(과학백과사전, 2023). 점은 기하학에서 공간을 갖고 있지 않지만 어떤 지점이나 위치, 단위를 나타내는 1차원적 좌표이다. 하지만 예술에서 점은 선과 면 등 다른 미술요소를 이루는 기본적인 시각요소이다(두산백과, 2023). 점이 이어지면 선이 되고, 선이 이어지면 모양(형)이 되고, 모양이 입체가 되면 형태가 되는 것이다(한국조형교육학회, 2018). 모든 표현예술에서 점은 개수나 위치, 밝기, 크기, 재료, 다른 점들과의 관계에 따라 움직임이나 공간감을 표현할 수 있다. 작품에서 한 개의 점은 시선을 집중시키며, 연속적으로 나열된 점은 방향감, 리듬감, 입체감 등을 느끼게 해 준다. 특히 19세기 빛과 함께 시시각각 변화하는 색채를 담기 위해 노력했던 인상파의 대표 작가인 쇠라(1859~1891)는 다양한 빛과 색채를 점을 찍어 표현하였다. 쇠라는 한 가지 색이 아닌 여러 색이 서로 어우러져 하나의 색채로 보인다고 믿었다(한국조형교육학회, 2018).

20세기 초 한국 추상미술의 대표 화가인 김환기(1913~1974)는 미술의 순수한 기본요소로 깊이 있는 작품을 탄생시켰다. 특히 1960년대 중반 이후의 작품들은 수만 개의 점을 무한히 반복해서 찍어 점이 선이 되고 다시 면이 되어 조화를 이루는 아름다움을 보여 주고 있다. 김환기의「봄의 소리 4-1-1966」(1966),「우주」(1971),「어디서 무엇이 되어 다시 만나랴」(1970) 등은 미술요소 중 점을 이용해서 표현한 대표적인 점화작품이다.

관련 감상자료

[작품 속의 다양한 점]

「그랑자트 섬의 일요일 오후」
조르주 쇠라, 1884

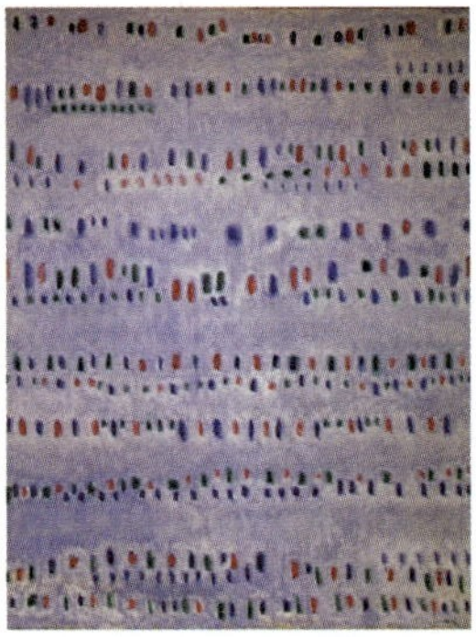

「봄의 소리 4-1-1966」
김환기, 1966

Damien Hirst, Cherry Blossoms, 2020 전시 포스터
Photos by Thibaut Voisin

데미안 허스트(Damien Hirst)가 점묘법으로 표현하는 작품 제작 과정(youtube 동영상)

[그림책에 표현된 점]

『빨간 점』
김지영 글·그림. 길벗어린이. 2024

『점점점』
아우아요 글·그림. 책고래. 2022

관련 활동

- 자연 속에서, 생활 주변에서 점 찾기
- 다양한 굵기의 망을 이용한 스텐실
- 도트 물감을 이용해서 표현하기

(2) 선[line, 線]

기하학적으로 선은 길이와 위치는 있으나 넓이와 두께는 없는 것, 원점에서 한 방향으로만 뻗어 나가는 것을 의미한다(두산백과, 2023). 예술에서 선은 점이 연속되어 나타난 미술요소로 위치와 방향에 따라 다른 시각 이미지를 제공한다(한국조형교육학회, 2018). 선은 직선과 곡선, 단정한 선과 산만한 선, 굵고 힘찬 선과 가늘고 약한 선, 빠른 선과 유연한 선 등이 있다. 곡선은 경쾌함, 유연성을 느끼게 하고, 직선은 긴장감, 명쾌함, 속도감 등의 느낌을 들게 한다. 이처럼 작가는 선을 이용해서 어떤 형상을 표현하고 그 안에 느낌, 감정 등을 표현하게 되므로 미술작품에서 필요한 요소이다. 선을 그릴 때는 물질적 재료, 근육의 움직임, 정신적인 표현요소가 결합되어 나타나므로 작가의 의도나 감정, 예술성을 가장 잘 보여 줄 수 있는 미술요소이다(Sipe, 2008/2011).

관련 감상자료

[작품 속의 다양한 선]

「사슴」
김환기, 1958

「가리키는 사람」
자코메티, 1947

「선(線)으로부터」
이우환, 1978

[그림책에 표현된 선]

『선』
이수지 글·그림. 비룡소. 2017

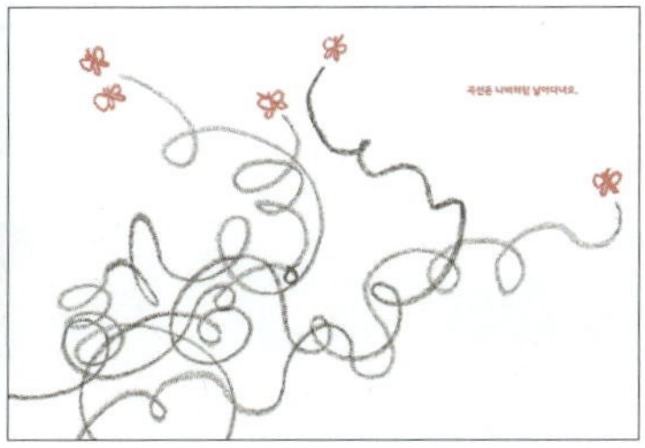
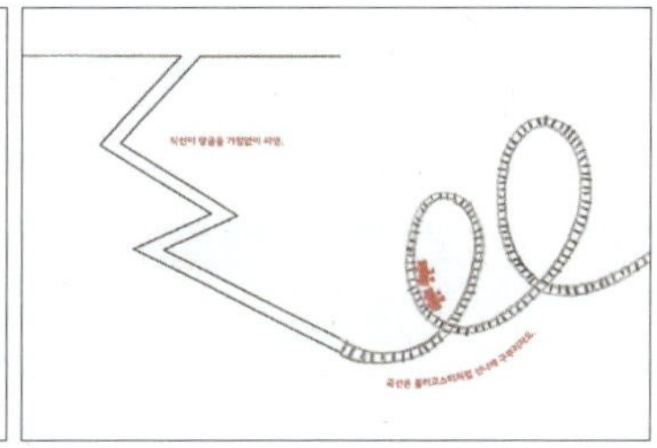

『직선과 곡선』
데보라 보그릭 글·피아 발렌티니스 그림. 송다인 역. 브와포레. 2021

『큰 고양이, 작은 고양이』
엘리샤 쿠퍼 글·그림. 엄혜숙 역.
시공주니어. 2018

『나는 기다립니다』
다비드 칼리 글·세르주 블로크 그림. 안수연 역. 문학동네. 2007

문학동네 「나는 기다립니다」
youtube 동영상

관련 활동

- 자연, 생활 주변에서 선 찾기
  - 거미줄, 나무의 나이테, 나뭇가지, 다양한 굵기의 실, 철사 등

- 다양한 크기와 두께의 붓으로 선 그리기, 다양한 도구(스펀지 붓, 롤러, 가는 펜, 크레파스, 얼음, 색테이프 등)를 이용해서 선 그리기

붓으로 그린 선

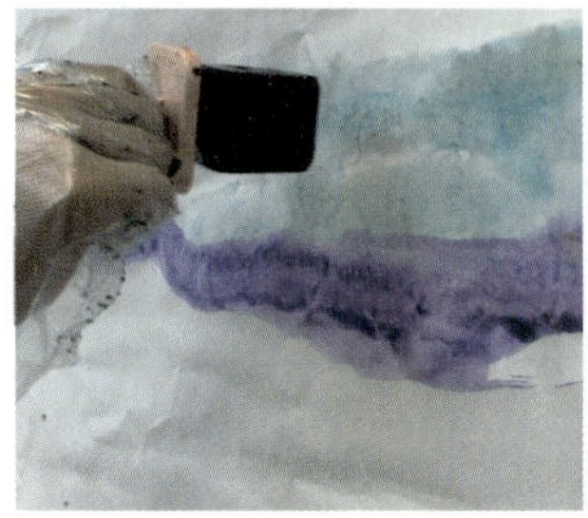
얼음으로 그린 선

스포이트로 흘려 표현한 선

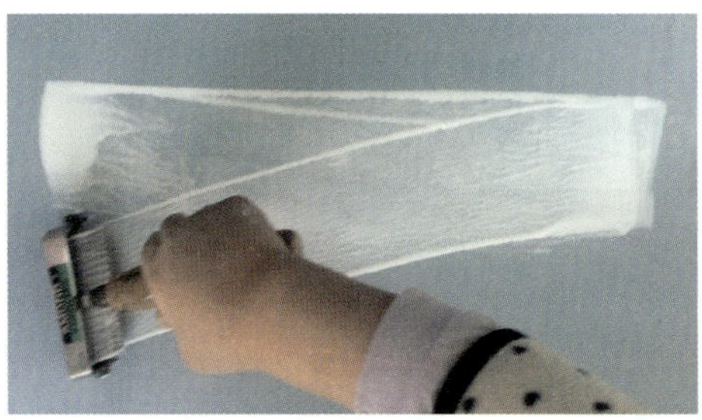
롤러로 표현한 선

색 테이프로 표현한 선

- 흘러내리는 선: 분무기로 뿌려 흘려서 만든 선
- 나뭇가지로 표현한 선과 그림
- 컴퓨터 그림판 프로그램, 인터넷 사이트(https://www.autodraw.com)에서 선 그리기

나뭇가지와 먹으로 그린
6세 유아의 선 그림

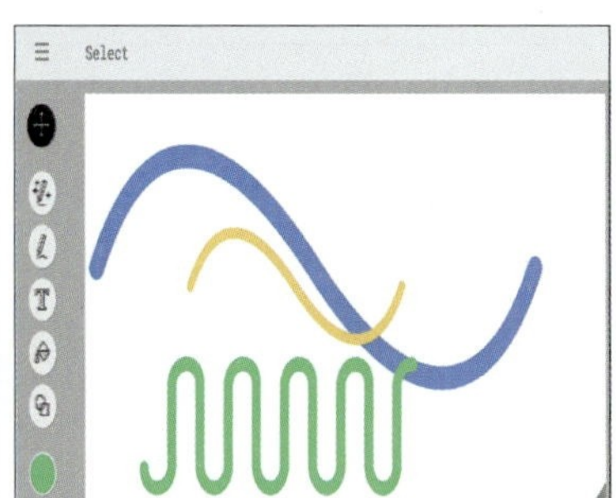

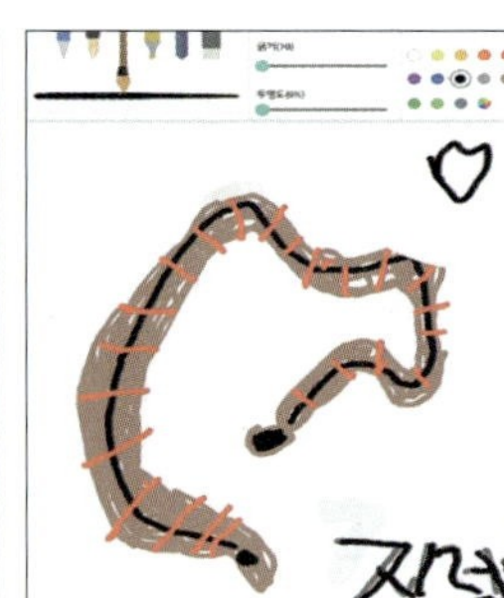

(3) 형태(모양)[shape, 形態]

모양은 물체나 공간, 영역의 경계가 되는 모습 또는 생김새를 의미한다(위키백과, 2023). 모양에는 2차원 평면적인 형과 3차원 입체적인 형이 있다. 모양은 기하학적인 형, 자연형, 변형된 형, 창조된 형으로 분류할 수 있다(이성도 외, 2017). 기하학적 형태로는 삼각형, 사각형, 원, 타원형 등의 도형이 있으며 자연형으로는 자연 그대로 묘사한 표현으로 벌집, 달팽이, 조개껍데기, 세포 등의 자연물에서 발견할 수 있다. 변형된 형은 자연의 형태를 기본으로 해서 강조하거나 생략하여 변화시켜 표현한 형태, 창조된 형은 미술의 기본요소로 만들어 낸 기하학적 추상형과 일정한 법칙이 없는 비정형으로 표현한 형태에서 찾아볼 수 있다.

오랫동안 회화에서 있는 그대로의 대상을 그림으로 표현하고자 했던 사실주의 화가들이 자연형을 추구했다면 19세기 후반으로 오면 기하학적인 형, 변형된 형, 창조된 형 등 형태에서 다양한 변화와 창조가 이루어지기 시작하였다. 세잔(1839~1906)은 "자연은 구와 원추, 원통으로 되어 있다(한국조형교육학회, 2018, p.282에서 재인용)." 라고 하면서 자연을 단순화한 형태로 재창조하였다. 이러한 세잔의 시도는 이후 피카소 등의 입체파 화가들, 20세기 추상화가들의 실험적인 다양한 표현방식에 영향을 미쳤다. 2차원 평면의 형태를 잘 표현한 작가로는 마티스(1869~1954)가 있다. 마티스의 '달팽이'는 사각형, 오각형 등 기하학적 모양의 색종이를 이용해서 곡선의 달팽이 무늬를 기하학적 형태로 간결하게 표현하였다.

관련 감상자료

[작품 속의 모양]

「새와 곤충」
호안 미로, 1938

「달팽이」
앙리 마티스, 1953

「짖는 개」(조각)
키스 해링, 20세기 후반

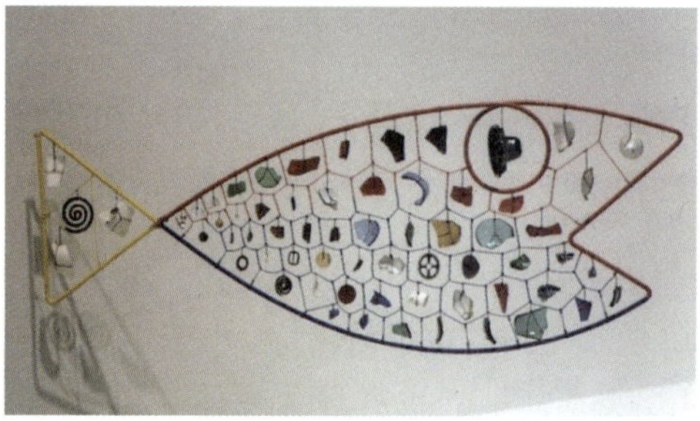

「fish」
알렉산더 칼더, 1944

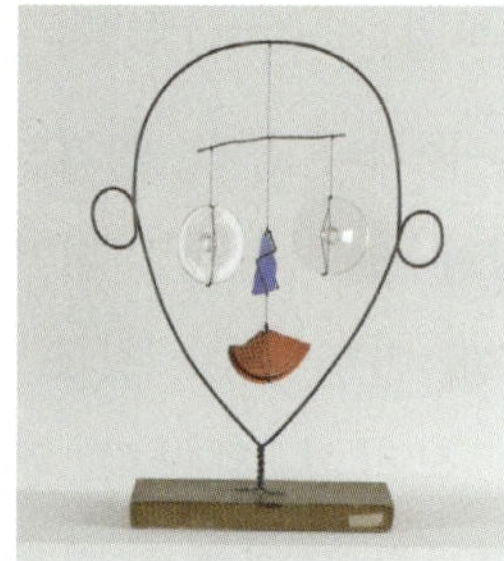

「Little Face」
알렉산더 칼더, 1943

로베르 들로네(1885~1941)
'인생의 기쁨' 관련 영상(Artify Music Canvas의 YouTube)

[그림책에 표현된 형(모양)]

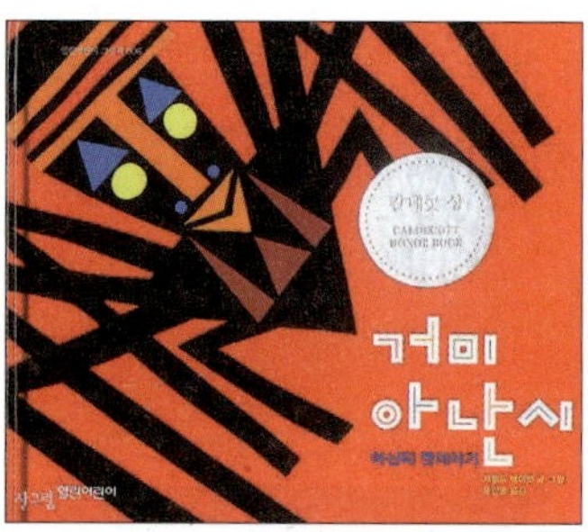

『거미 아난시』
제럴드 맥더멋 글·그림. 윤인웅 역. 열린어린이. 2005

『앗! 내 모자』
아누크 부아로베르, 루이 리고 글·그림. 이세진 역. 보림. 2015

관련 활동

- 자연, 생활 주변에서 모양 찾기
- 자연, 생활 주변에서 모양 찾아 찍기(예: 채소 찍기, 손바닥 찍기, 풍선 찍기 등)

자연물로 모양 표현하기

(4) 색[color, 色]

색은 크게 무채색과 유채색으로 구분할 수 있다(이원영 외, 2019). 무채색은 흰색, 검은색, 그리고 이 둘이 혼합해서 나올 수 있는 회색이 있으며, 유채색은 1차 색인 빨강, 노랑, 파랑, 1차 색끼리 섞어서 나올 수 있는 2차 색, 그리고 2차 색과 1차 색이 섞어서 나온 3차 색이 있다. 모든 색은 심리적 느낌에 따라 따뜻한 색, 차가운 색, 중성적인 색으로 구분할 수 있다. 주황, 빨강, 노랑은 따뜻한 색으로 따사로운 감정을 느끼게 해 주지만 파랑, 청록, 남색은 차가운 색으로 긴장감, 불안감을 유발한다. 연두, 보라 등의 중성적인 색은 상황에 따라 따뜻한 느낌과 차가운 느낌을 준다.

회화에서 색은 작품의 감상과 이해에 큰 영향을 미치는 미술의 기본요소 중 하나이다. 이성도 등(2017)은 회화에서 색채표현의 변천 과정을 고유색에 의한 색채표현, 순간적 인상에 의한 색채표현, 시각적 언어로서의 색채표현으로 구분하였다. 고유색에 의한 색채표현은 실제 자연의 색, 대상이 가진 고유한 색을 그대로 재현해서 채색한 그림이다. 19세기 인상주의 화가들은 시시각각 변화하는 색을 화폭에 담고자 노력하였고 그 결과 화가가 지각한 순간의 색을 표현하였다. 모네(1840~1926)는 건초 더미를 일반적으로 믿는 고유색인 노란색으로 채색하지 않고 아침 · 점심 · 저녁 등 때에 따라, 봄 · 여름 · 가을 · 겨울 계절에 따라 다르게 보이는 대로 채색하였다. 즉, 화가가 지각한 건초더미에 대한 인상을 시시각각 변화하는 색채로 표현하였다. 이러한 인상주의에서 보여 준 색채표현은 이후, 20세기 현대로 오면 더 확장된 색채의 의미를 담은 시도들로 이루어진다. 마티스(1869~1954)의 그림은 사실적인 색채를 사용하지 않았다. 인상주의 화가처럼 화가가 지각한 대로 채색한 그림도 아니다. 화가의 정서를 담아 표현할 수도 있으며, 다양한 상징적 의미를 색으로 표현하기도 한다. 이성호 등(2017)은 이러한 경향을 '시각적 언어로서의 색채표현'으로 명명하였다.

또한 색채에는 민족의 정서가 담겨 있다. 한국의 전통색으로는 오방색이 있다. 오방색은 우주 생성의 근본이 되는 다섯 가지 색으로 청, 적, 황, 백, 흑색을 의미한다. 오방색은 동(청색), 서(흰색), 남(적색), 북(흑색), 중앙(황색)의 방향을 상징한다.

관련 감상자료

[작품 속의 색]

「건초더미(늦여름)」
클로드 모네, 1891

「건초더미(밝은 햇빛)」
클로드 모네, 1890

「지베르니의 건초더미(해 질 녘)」
클로드 모네, 1889~1889

「붉은 색의 조화」
앙리 마티스, 1908

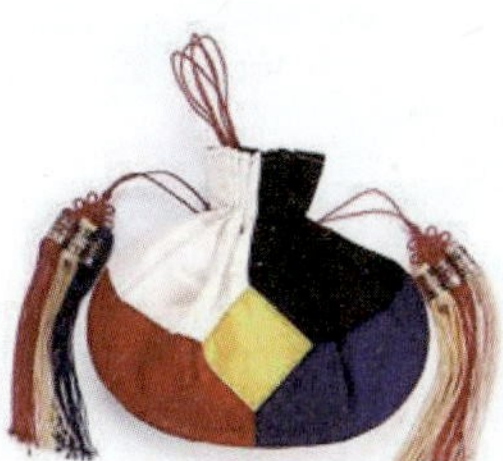

오방색 복주머니

'오방색'의 화가 오승윤의 「꽃」, 2005

한국 색동 박물관. The color of Korea: 창덕궁에 담긴 색동 이야기 (youtube 동영상)

[그림책에 표현된 색]

『네 기분은 어떤 색깔이니?』
최숙희 글·그림. 책읽는곰. 2023

관련 활동

- 자연, 생활 주변 색을 찾아 감상하기
- 물감 섞기, 짜기, 젖은 종이에 물감 떨어뜨리기 등 다양한 방식의 색 탐색활동

(5) 명암[light and shade, 明暗]

명암은 빛의 방향에 따라 밝음과 어두움을 표현하는 것으로, 사물에 명암이 생기면 실제와 같은 느낌이 든다(한국조형교육학회, 2018). 그림에서 명암은 색, 점과 선을 통해 표현할 수 있다. 모든 대상은 가장 어두운 부분부터 가장 밝은 부분까지 명암이 있다. 이러한 명암 표현의 정도에 따라 대상을 평면에서 입체감 있게 나타낼 수 있다. 서양 회화에서는 명암의 정교한 표현에 따라 사실적인 표현이 가능했다. 명암을 잘 표현한 대표적인 화가로 렘브란트(1606~1669)가 있다. 렘브란트의 그림에는 제일 밝은 곳과 어두운 곳을 강렬하게 대비한 방식으로 그림을 강조한다. 그러나 전통적인 한국화에서는 화면 내의 밝고 어두움은 있지만 정확히 명암을 표현한 그림은 없으며 그림자도 거의 찾아볼 수 없다(한국조형교육학회, 2018).

관련 감상자료

[작품 속의 명암]

「모견도」, 이암, 16세기

「까치」, 모네, 1868~1869

「야경(야간순찰)」, 렘브란트, 1642

그림자가 없는 한국화와 그림자와 명암 표현이 있는 서양 회화

모네, 루앙 대성당 연작 「아침 안개」(1893), 「정오」(1894), 「햇빛 강한 오후」(1893), 「흐린 날」(1892)

시간에 따라 다른 느낌의 그림

그림자 예술가: 빈센트 발(Vincent Bal)

Shadow Doodles by Vincent Bal(youtube 동영상)

[그림책에 표현된 명암]

『그림자 놀이』
이수지 글·그림. 비룡소. 2010

『페페, 가로등을 켜는 아이』
일라이지 바톤 글·테드 르윈 그림. 서남희 역. 열린어린이. 2005

관련 활동

- 창가나 야외에서 우리 주변의 친숙한 사물들의 그림자를 관찰하고 그림자 그리기
- 입체 작품을 라이트테이블 위에 올려 두고 그림자 관찰하기

(6) 양감(부피감)[sense of volume, 量感]

양감은 부피감, 무게감, 덩어리감의 표현으로, 작품에 표현된 대상의 크기, 부피, 두께, 무게 등에 대한 느낌이 하나의 덩어리처럼 느껴지는 것이다(한국조형교육학회, 2018). 평면 작품에서의 양감은 명암을 효과적으로 표현하여 입체감 있게 느껴지는 덩어리감이며, 조소 작품에서의 양감은 물질인 재료에서 느껴지는 실제 무게감, 부피감을 통해 양감을 느낄 수 있다. 콜롬비아의 화가 페르난도 보테로(1932~2023)가 표현하는 인물은 과장된 인체 비례와 뚱뚱한 모습의 양감이 잘 드러나 있다.

관련 감상자료

[작품 속의 양감]

「모나리자」
페르난도 보테로, 1978

「가족」(대리석)
유영교, 1988

「청취실」
르네 마그리트, 1952
방에 꽉 찬 사과의 부피감이 느껴지는 그림

관련 활동

- 점토로 만들기
- 신문지를 뭉쳐서 얼굴 만들기(크게 뭉치면 큰 얼굴, 작게 뭉치면 작은 얼굴)
- 풍선을 이용한 얼굴 만들기

(7) 질감[texture, 質感]

질감은 작품을 보면서 느껴지는 시각적인 인상으로 매끈한, 거친, 부드러운, 울퉁불퉁한 느낌 등이 있다(교육인적자원부, 2005). 질감은 직접 만져 봐서 느낄 수 있는 촉각에 의한 질감과 시각적으로 느껴지는 시각적 질감이 있다(한국조형교육학회, 2018). 질감의 표현은 특별한 재료 없이 매우 사실적인 표현으로 재현해 낼 수 있으며, 특별한 미술재료와 함께 사용하는 도구에 의해 만들어 낼 수 있다. 어떤 재료(연필, 물감, 펜, 물감과 함께 섞어 사용하는 보조제 등)를 어디에(종이, 천, 나무 등) 그렸는지에 따라 다른 질감이 나온다. 같은 재료를 사용했어도 질감을 표현하는 방법은 다양하다. 물감을 두껍게 발라서 질감을 표현하기도 하고, 물을 섞어 투명하게 사용해서 가벼운 느낌이 들게 표현할 수 있다(이원영 외, 2019). 현대미술로 오면서 헝겊이나 자연물 등의 실물 재료를 직접 붙이는 콜라주 기법 등을 사용해서 실제 재료의 질감을 그대로 표현하기도 한다.

작품의 거친 재질감이 시각적 질감뿐만 아닌 촉각적 질감까지 느껴지는 작품으로, 한국의 대표 화가인 박수근(1914~1965)의 그림이 있다. 박수근의 그림에는 거친 흙바닥 혹은 거친 돌멩이와 같은 질감이 느껴진다. 조소 작품같이 입체물은 재료가 지닌 재질감이 그대로 드러나 양감과 함께 재질감이 작품 감상과 이해에서 핵심적인 요소가 된다(한국조형교육학회, 2018). 미국의 대표 현대 작가 중 제프 쿤스(1955~)는 거울 광택의 스테인리스 스틸로 풍선의 매끈한 재질감을 살린 작품(풍선 인형 시리즈)이 유명하다.

관련 감상자료

[작품 속의 질감]

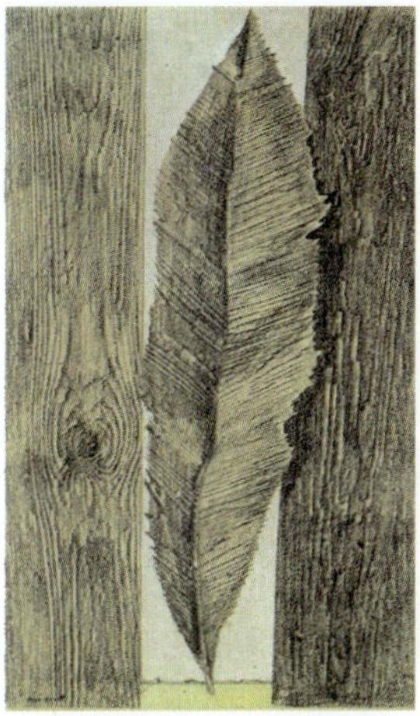

「나뭇잎의 습성」
막스 에른스트,1925
프로타주 기법으로
나뭇결의 질감을 표현한 작품

「빨래터」
박수근, 1950년대

「풍선 개」
제프 쿤스, 1994~2000

「황소」
피카소, 1943
자전거 안장과 손잡이로 만든 작품

[그림책에서 표현된 질감]

『요셉의 작고 낡은 오버코트가...?』
심스 태백 글·그림. 김정희 역. 베틀북. 2000

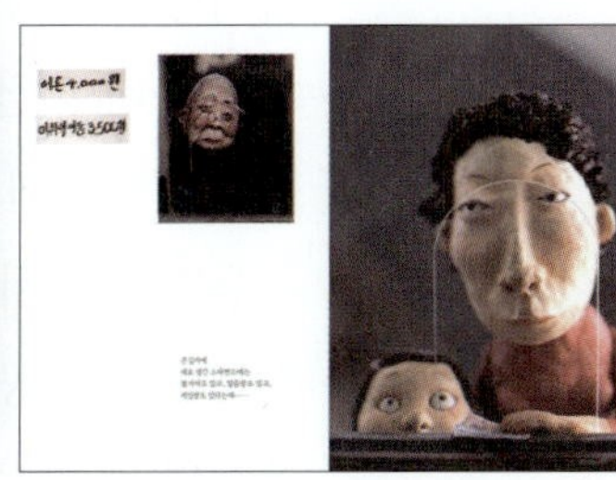

『장수탕 선녀님』
백희나 글·그림. 스토리보울. 2024

관련 활동

- 산책할 때 수집해 온 자연물(나뭇잎 등)을 프로타주 기법으로 베껴 내기
- 다양한 재질의 종이(아트지, 크라프트지, 골판지, 구김지, 트레싱지 등), 비닐, 헝겊 등을 탐색하고 그림으로 그려 보기

(8) 공간[space, 空間]

공간은 어떤 물질이나 물체가 존재할 수 있거나 어떤 일이 일어날 수 있는 자리를 의미한다(표준국어대사전, 2023). 예술에서 공간은 하나의 작품이 구성되는 장소와 작품 안의 공간, 작품 자체의 공간, 작품 주변의 공간을 포함한다. 2차원 평면 작품에서 공간은 선, 색채, 형태 등의 화면 배치와 화면 깊이감(원근감)의 표현에 따라 달라진다(한국조형교육학회, 2018). 선 원근법(투시 원근법), 색의 농담으로 공간의 깊이를 표현하는 공기 원근법(대기 원근법, 색채 원근법), 형태를 중첩해서 표현하거나 크기에 변화를 주는 방식 등으로 공간의 깊이감을 표현할 수 있다(이성도 외, 2017). 공간이 잘 표현되면 깊이감이 생겨 실제 존재하는 것처럼 느껴지지만 반대로 공간이 없으면 평평한 느낌을 준다.

동양화에서는 화면의 여백을 통해 무한한 공간감을 느낄 수 있다. 입체 작품에서의 공간은 작품을 둘러싼 주변 공간까지 포함한다. 따라서 입체 작품에서의 공간은 작품 자체가 가진 실공간과 그 작품을 둘러싼 허공간이 있다(한국조형교육학회, 2018).

관련 감상자료

[작품 속의 공간]

「강」
박노수, 1990

여백의 미가 돋보이는 그림

「새 덫이 있는 겨울 풍경」
피터 브뤼헐, 1565

먼 곳에 있는 나무와 건물들은 작고 흐릿하게, 가까운 곳에 있는 나무와 집 등의 사물은 크고 선명하게 채색해서 공간의 깊이감을 표현

「백지 위임장」
르네 마그리트, 1965

원근법을 파괴하고, 여백과 실제의 공간에 혼란을 주는 방식으로 초현실적인 분위기를 표현

노순천의 공간 드로잉
'PLAYGROUND: SPATIAL DRAWING' 展
(화성 소다미술관, 2016)

실공간과 허공간이 잘 어우러진 작품

[그림책에 표현된 공간]

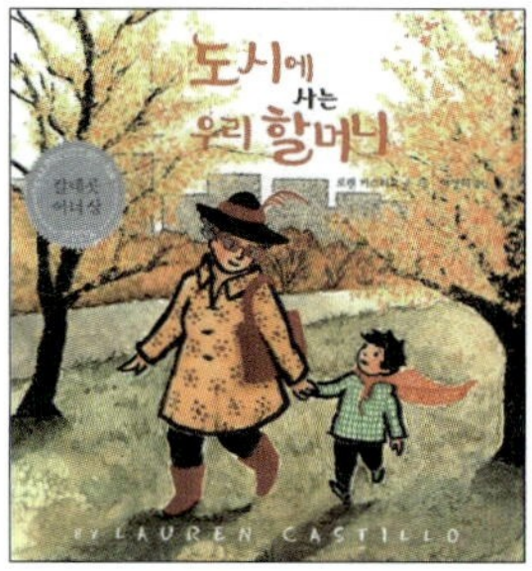

『도시에 사는 우리 할머니』
로렌 카스티요 글·그림. 이상희 역. JEI재능교육. 2015

『아기 오리들한테 길을 비켜 주세요』
로버트 맥클로스키 글·그림. 이수연 역. 시공주니어. 2000

관련 활동

- 유아교육기관이나 우리 동네 사진을 찍은 다음, 인쇄한 사진 속 공간에 그림 그리기

2) 미술원리

미술원리는 미술요소들을 결합시키는 과정과 방법이다(한국조형교육학회, 2018). 점, 선, 형, 색, 명암, 양감, 질감, 공간 등의 미술요소들이 미적으로 어우러질 때 미술원리를 찾아볼 수 있다. 미술작품은 미술요소와 미술원리의 유기적인 관계를 통해 풍부한 의미를 전달할 수 있다.

(1) 통일과 변화

통일은 여러 가지 미술요소들을 조화롭게 결합하여 시각적 질서와 안정감을 주어 하나의 완성된 느낌을 주는 상태를 의미한다(한국조형교육학회, 2018). 통일이 지나치면 단조로울 수 있으므로 새로운 자극으로 변화가 필요하다. 변화는 서로 대비가 되는 색, 형태 등이 주변의 요소들과 차이가 나는 상태를 의미한다. 변화가 지나치면 산만해질 수 있다. 따라서 통일과 변화는 서로의 단점을 보완하며 적절하게 결합해야 시각적인 조화를 이룰 수 있다.

관련 감상자료

「울드게이트 숲의 봄」
데이비드 호크니, 2011

통일과 변화는 서로 함께 잘 맞물려 조화를 이룬다. 반복해서 그려진 나무들이 통일되어 보이지만 한두 그루의 굵기와 색을 다르게 변화를 줌으로써 단조로움을 탈피하면서 시각적인 조화로움을 보여 준다.

(2) 균형

균형은 한쪽으로 기울어지지 않는 평형 상태를 의미한다. 미술에서 균형은 물리적 지식에 기초한 시각적 판단을 통해 이루어진다(이성도 외, 2017). 균형이 잘 이루어진 작품은 시각적으로 안정감을 느낄 수 있지만, 균형이 어긋난 작품은 불안감을 느낄 수 있다. 화면 구성에서의 균형은 대칭 균형, 비대칭 균형이 있다 (한국조형교육학회, 2018).

대칭 균형은 중심축을 기준으로 좌우 양쪽에 동일한 형태가 같은 위치에 배치해서 완전한 균형을 보여 준다. 비대칭 균형은 중심축을 기준으로 좌우 양쪽에 무게감이 비슷한 것을 배치해서 균형은 이루고 있지만 좌우가 서로 비슷하지 않은 것들로 구성되어 있으면서 균형을 주는 방식이다.

관련 감상자료

[작품 속의 대칭 균형]

대칭 균형은 건축물이나 우리 인체처럼 반으로 접었을 때 완벽하게 반으로 균등하게 나뉘어 보인다.

셰이크 자이드 모스크, 아랍에미리트, 2007

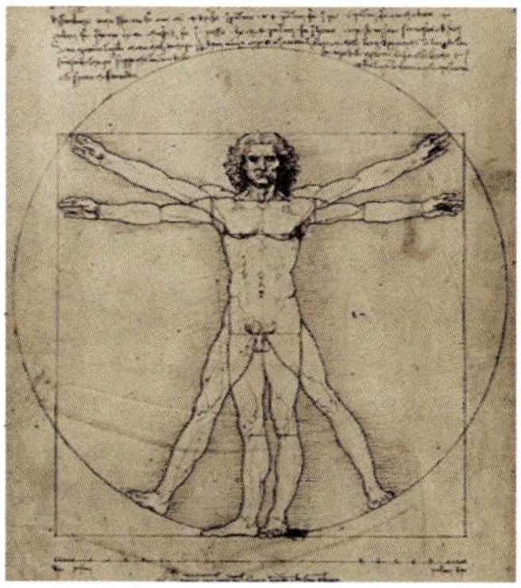

「인체비례」, 레오나르도 다빈치, 1487

[작품 속의 시각적 균형]

「아테네학당」, 라파엘로, 1510~1511

「인형극장」, 폴 클레, 1923

「자동차가 있는 풍경」, 장욱진, 1953

시각적 균형을 보여 주는 작품의 예

관련 활동

데칼코마니로 고양이의 얼굴을
대칭으로 표현한 유아 작품

반쪽 얼굴 그리기
(5세 유아)

대칭형으로 그린 '집'(5세 유아)

대칭으로 그린 '상상의 동물'(4세 유아)

- 자연물, 주변 생활용품을 이용한 얼굴 꾸미기

(유아 작품)

(3) 강조

강조는 어떤 부분을 특별히 중요하게 만드는 것으로, 미술에서 강조는 가장 먼저 보게 되는 부분이다(교육인적자원부, 2005). 특정 부분에 시선을 끌게 하는 방법으로 대비에 의한 강조, 선명한 윤곽에 의한 강조, 분리에 의한 강조가 있다(한국조형교육학회, 2018).

① 대비에 의한 강조

대비에 의한 강조는 색의 대비, 크기·면적의 대비가 있다. 색의 대비는 전체적으로 같은 채도와 명도의 색에서 다른 한 대상만 색이 다르거나 명도가 다를 때 강조가 된다. 크기·면적에 의한 강조 역시 전체적으로 같은 형태와 크기 사이에서 확연하게 작거나 모양이 다를 경우 강조가 된다.

② 선명한 윤곽에 의한 강조

전체적으로 흐릿한 배경의 그림에서 특정 대상만 선명한 윤곽으로 그려져 있을 때 확연하게 강조가 된다.

③ 분리에 의한 강조

같은 형태가 일정한 간격으로 반복되다가 어느 한 부분에서 그 형태가 없거나 멀리 떨어져 배치되어 있으면 그 부분이 강조된다.

관련 감상자료

[작품 속의 강조]

「황금물고기」, 파울 클레, 1925
어두운 배경 속에서 황금색으로 강조

「붉은 색의 조화」, 앙리 마티스, 1908
보색 대비를 통한 강렬한 분위기

25살에 그린 피카소의 자화상, 1907
진한 외곽선으로 선명하게 강조

[그림책에 표현된 강조(대비에 의한 강조)]

『숲 속으로』
앤서니 브라운 글·그림. 베틀북. 2004

『머나먼 여행』 中
에런 베커 글·그림. 웅진주니어. 2014

『파도야 놀자』 中
이수지 글·그림. 비룡소. 2009

(4) 비례

비례는 여러 미술요소들 사이의 상대적인 크기나 규모를 의미한다(두산백과, 2021). 전체와 부분, 다른 부분들 간 상호 간의 크기 관계를 나타낸다. 비례를 어떻게 조정하느냐에 따라 예술작품은 균형 잡힌 아름다움을 보이거나, 개성적이면서 독특한 표현을 보일 수 있다. 예술작품에 표현된 비례는 시대적·문화적 특성에도 영향을 받는다. 고대 그리스인들은 1:1.618을 황금 비율로 보고, 신전을 건축하거나 예술작품을 제작할 때 가장 균형적이고 이상적인 비율에 따라 적용하였다. 그러나 현대로 오면서 사실적이거나 이상적인 비례를 따르지 않고 왜곡시켜 특정 부분을 확대하거나 축소하여 새로운 비례를 창조하고 있다(두산백과, 2021; 한국조형교육학회, 2018).

관련 감상자료

[작품 속의 비율]

「빨강, 파랑, 노랑의 구성」
피에트 몬드리안, 1930

「여인 두상」
아메데오 모딜리아니, 1910~1912

「앉아 있는 잔느 에뷔테른느」
아메데오 모딜리아니, 1918

정확한 이상적인 비율을 추구한 몬드리안의 작품

인체 비례를 길게 왜곡한 모딜리아니의 작품

「에펠탑의 신랑신부」, 마르크 샤갈, 1938

「수탉」, 마르크 샤갈, 1947

사람보다 큰 닭, 사람보다 작은 집 등 실제 비율과 다른 대상을 표현한 샤갈의 작품

[그림책에 표현된 비례]

『이건 내 모자가 아니야』
존 클라센 글·그림. 서남희 역. 시공주니어. 2013
큰 물고기와 작은 물고기의 대비를 통해 상대적 크기를 비교할 수 있는 그림책

관련 활동

- 인체 비례를 무시한 큰 얼굴 가면 만들기
- 다양한 크기와 모양의 눈코입을 조합하여 얼굴 콜라주 만들기 혹은 그림 그리기

출처: 핀터레스트(https://kr.pinterest.com)

(5) 리듬과 패턴

리듬은 동일한 혹은 유사한 요소들의 규칙적인 반복에 의해 만들어진 질서 있는 흐름을 의미한다. 미술에서 리듬은 눈으로 지각할 수 있다(이성도 외, 2017). 규칙적으로 반복적인 선 그림을 통해 빗방울, 물결무늬 등을 표현할 수 있듯 리듬과 패턴은 반복에 근거를 두고 있다. 색에 의한 반복, 점에 의한 반복, 선과 형의 규칙적인 반복으로 리듬을 표현할 수 있다.

19세기 말에서 20세기 초, 자연에서 모티브를 얻어 건축, 디자인, 공예 등에 리듬과 패턴이 두드러진 장식 무늬가 유행하였다. 이러한 장식적 무늬의 유행을 '아르누보(Art Nouveau)' 양식이라 불렀다. 클림트의 그림에서 보이는 장식적인 무늬들도 당시 '아르누보' 양식의 흐름과 연결된다.

관련 감상자료

[작품 속의 리듬과 패턴]

「생명의 나무」
구스타프 클림트,1905~1909

「Bird Fish」
모리츠 코르넬리스 에셔, 1938

「겨울비」
르네 마그리트, 1953

「비」
데이비드 호크니, 1973

[건축에서 리듬과 패턴]

화담숲 내 한옥 담장 무늬

전통 문양(경복궁)

아라베스크 문양

셰이크 로트폴라 모스크, 이란, 1619

관련 활동

유아가 구성한
나뭇잎 패턴

(6) 움직임

움직임, 동세(動勢)는 학자에 따라서 미술요소나 미술원리로 분류하기도 한다. 2015년 개정 미술과 교육과정 및 교과서에는 미술원리에 넣고 있다(한국조형교육학회, 2018). 동세는 회화나 조각에서 느껴지는 운동감, 동적인 느낌으로, 화가가 표현해 내는 시각적 움직임을 의미한다(이성도 외, 2017). 2차원의 정적인 그림 속에서 그림 대상이 실제로 움직일 수는 없지만(교육인적자원부, 2005), 생동감 있으면서 역동적인 움직임을 표현하기 위해 근육과 관절의 움직임, 옷의 주름, 실감 나는 표정을 사실적으로 표현해서 움직이는 것처럼 느껴지게 할 수 있다. 또한 만화처럼 동작을 나타내는 선을 사용하여 움직임을 표현할 수 있으며, 신체나 대상을 불균형하게 표현해서 움직임이 느껴지게 표현할 수 있다.

과학기술의 발달로 20세기 후반에는 움직이는 조각인 '모빌'이 등장하면서 움직임이 표현의 소재가 된 작품도 찾아볼 수 있으며 키네틱 아트의 등장과 과학기술의 결합으로 움직임은 더욱 다채로워졌다. 또한 동영상이 일반화되면서 작품에서 표현된 다양한 움직임을 감상할 수 있게 되었다.

관련 감상자료

[작품 속의 움직임]

「풍경」
차명희, 1995

「가나가와 해변의 높은 파도 아래」
카츠시카 호쿠사이, 19세기

고요한 바다와 높은 파도의 바다. 비교 감상을 통해 움직임의 표현을 이해할 수 있다.

「군상」
이응노, 1987

「군상」
이응노, 1986

「공간의 연속성 속에서 드러나는 독특한 형태」
움베르토 보치오니, 1913

「계단을 내려오는 누드」
뒤샹, 1912

키네틱 아트
(youtube 동영상)

[그림책에서 표현된 움직임]

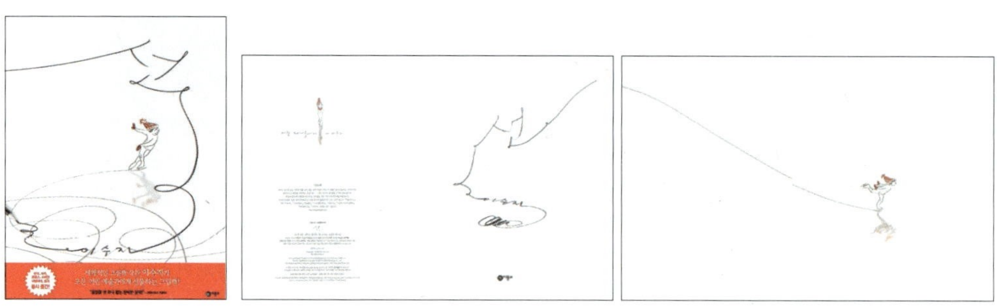

『선』
이수지 글·그림. 비룡소. 2017
선으로 움직임을 표현한 그림책

2. 미술표현의 기초

1) 평면표현의 기초

(1) 회화

① 회화의 이해

회화는 표현분류에 따라 관찰표현, 느낌표현, 상상표현, 추상표현으로 분류할 수 있다(한국조형교육학회, 2018). 관찰표현은 객관적으로 자세히 관찰한 다음 실제와 유사하게 재현해서 표현한 회화이다. 관찰을 통한 사실적인 묘사가 중요하다. 알브레히트 뒤러(Albrecht Dürer, 1471~1528)의 그림을 보면 사실적 표현이 매우 정교하다. 오랫동안 서양미술사에서는 정교한 사실적인 표현, 재현미술을 강조해 왔다가 근대로 오면서 작가의 감정, 정서표현이 반영된 그림들이 등장하기 시작하였다(박일호, 2019).

「큰 잔디밭」
알브레히트 뒤러, 1503

느낌표현은 느끼는 대로 자신의 감정을 넣어 형태를 변형시키거나 과장해서 표현한 회화이다. 회화에 예술가 내면의 심리상태나 감정을 표현하고 감상자는 그러한 느낌을 느끼게 된다. 대표적인 예로 뭉크의 「절규」가 있다. 그림 속 인물은 유령과 같은 모습을 하고 있으며 배경은 붉은 구름이 불타고 있는 것처럼 표현함으로써 절망적인 심리상태를 보여 주고 있다.

「절규」
에드바르 뭉크, 1893~1910

상상표현은 꿈, 환상 이야기처럼 현실에 없는 대상이나 이야기를 주제로 표현한 회화이다. 주로 20세기 초에 등장한 초현실주의 화가들의 그림을 보면 인간의 무의식 세계, 꿈, 비현실적인 상상의 세계를 자유롭게 표현하고 있다.

「기억의 지속」
살바도르 달리, 1931

추상표현은 작가의 개성에 따라 기하학적인 형태나 정해진 형태가 없는 무정형으로 표현한 회화이다. 20세기 현대로 오면서 미술의 요소와 원리를 탐구하는 다양한 추상적 시도들이 나왔다. 대표적인 작가로 몬드리안, 칸딘스키 등이 있다.

「원 속의 원」
바실리 칸딘스키, 1923

「지친 노인」
빈센트 반 고흐, 1882

「자화상」
피터 브뤼헐, 1565

「구름 연구」
존 컨스터블, 1830~1835

「빈센트 반 고흐의 초상화」
앙리 드 툴루즈로트레크, 1887

「아르놀피니 부부의 초상」
얀 판 에이크, 1434

「소녀의 초상」
도메니코 기를란다요, 1490경

기를란다요의 템페라화와 얀 판 에이크의 유화를 비교하면, 유화의 명암과 인물의 모습이 훨씬 자연스럽고 배경 표현이 섬세함을 알 수 있다.

회화는 표현하는 재료와 도구에 따라서 수채화, 템페라화, 유화, 연필화, 펜화, 파스텔화 등으로 구분할 수 있다. 수채화, 템페라는 물에 섞어 사용하는 수성재료이며, 유화는 기름에 섞어 사용하는 유성재료에 해당한다. 물의 농도에 따라 다르지만, 물을 많이 섞어 사용한 수채화는 맑고 투명한 느낌을 준다. 템페라는 '혼합하다'라는 어원인 '템페라레(temperare)'에서 유래되었듯 다양한 재료를 첨가해서 만든다. 고대부터 중세시대 회화에서 널리 사용한 재료로, 초기에는 안료에 계란 노른자, 증류수를 섞어서 만들었다. 그러나 이러한 방식은 색상이 자연스럽게 섞이지 않는 단점이 있었고 부드럽고 자연스러운 표현을 위해 물감에 기름을 첨가하는 시도가 이루어지면서 유화물감이 등장하는 계기가 되었다(홍세연, 2021). 15세기에 북유럽 화가들이 사용한 유화물감은 회화 역사에 획기적 역할을 했다. 안료에 기름을 섞으면서 자연스러운 그러데이션 효과, 자연스러운 명암 등 사실적인 표현이 가능해졌다.

② 회화 지도방법과 유의점

회화표현에 관한 지도는 미술이해, 감상교육을 통합해서 접근해야 한다. 이해, 표현, 감상의 조화로운 교육은 중요하다. 이 세 영역을 통합하는 방법을 한국조형교육학회(2018)는 다음과 같이 제안하였다.

첫째, 표현결과에 대해 발표와 토론의 과정이 필요하다. 작품의 색, 기법, 형태 등에 관해 설명하고, 친구 작품의 색, 형태, 기법을 주제로 토론할 수 있도록 해야 학습자 스스로 미적 안목과 비평하는 힘을 기를 수 있다.

둘째, 표현내용은 일상생활과 밀접하게 관련시킨다. 표현내용, 주제, 재료와 기법이 생활 경험과 관련되어야 한다. 나아가 함께 사는 사회 속에서 환경을 개선하며 미술을 자신의 생활에 적용하는 것까지 관련시켜야 한다. 미술은 특별한 사람만이 하고 즐기는 영역이 아니다. 학생 개개인이 각자의 삶 속에서 발견하고 즐기고 적용하는 것이며 그것이 실제 삶 속에서 자연스럽게 이루어져야 한다.

셋째, 표현의 주제, 재료, 기법을 다양하게 한다. 교사는 표현 주제를 가장 잘 나타낼 수 있는 재료와 기법을 선택한다.

영유아를 위한 회화표현의 지도 역시 자신이 표현한 것에 관해 이야기할 기회를 충분히 주어야 한다. 친구들이 표현한 것에도 귀 기울여 경청하며 서로 다른 느낌과 표현을 교류하고 이해하는 미적 경험을 제공해 주어야 한다. 또한 표현내용은 일상생활과 밀접하게 관련지어 영유아의 실제 삶 속에서 자연스러운 미적 경험과 체험이 이루어질 수 있도록 접근한다.

학생들과 함께하는 미술실습

- 아크릴 물감, 수채화 물감, 템페라 물감을 비교해 보세요. 색이 같은가요? 건조 후의 색은 어떤가요?
- 일반 도화지와 전문 수채화지에 그림을 그려 보세요.

(2) 수묵화

① 수묵화의 이해

수묵(水墨)이라는 말은 먹(墨)과 물(水)을 이용하여 그림을 그리는 것이다. 먹, 물, 종이를 조화롭게 사용하여 농담, 명암, 번지기 등의 효과를 내는 동양 회화의 대표적인 표현양식이다. 우리나라의 수묵화는 삼국시대 및 통일신라 시대를 근원으로 볼 수 있으나 고려 시대에 와서야 실용적인 그림과 함께 순수한 감상을 위한 그림이 제작되었다. 조선 초기에는 안견, 안평대군 등이 한국적 화풍을 발전시켰으며 조선 중기에 오면 영모, 화조화, 묵죽, 묵매, 묵포도 등의 새로운 한국적 특징의 회화로 전개되었다. 조선 후기는 한국적 화풍이 가장 활발히 전개되고 발전한 시기로, 정선의 실경산수(실재하는 우리 산천을 독자적인 화풍으로 그린 산수화. 진경산수라고도 함), 김홍도, 신윤복의 일상 모습을 담은 풍속화가 있다. 이는 중국식 산수의 모방에서 벗어나 독창적인 한국화의 성립을 보여 준다(김원룡, 안휘준, 2005).

② 수묵화의 표현방법

▪ 산수화의 삼원법

산수화에서 사용하는 고원법, 심원법, 평원법의 3가지 종류의 투시법을 삼원법이라고 한다(한국민족문화대백과, 2021). 서양의 투시 원근법과 달리 다원적 시점의 이동에 의해 복합적이고 역동적인 변화와 함께 독특한 공간미를 제시해 준다.

고원법은 산 아래에서 산꼭대기를 올려다보는 데서 생기는 공간의 높이를 표현하는 수법이다. 눈높이가 아래에 있어서 우뚝 솟은 산의 웅장함을 표현할 때 사용한다. 심원법은 위에서 아래를 내려다보는 방식으로 첩첩산중의 둘러싸인 느낌, 골짜기의 굽어서 넘겨다보는 데서 생기는 공간의 깊이를 표현하는 수법이다. 평원법은 가까운 산에서 먼 산을 바라보는 평평한 공간의 광활한 넓이를 표현하는 수법이다.

삼원법의 대표적인 예로 안견(安堅)의 「몽유도원도」가 있다. 「몽유도원도」는 안평대군의 꿈을 그린 그림으로, 그림의 왼쪽은 현실 공간을, 오른쪽은 도원 세계를 그렸다. 한 폭의 그림 속에 고원법, 심원법, 평원법이 다 들어가 있다. 왼쪽의 현실 공간은 평원법과 고원법이, 오른쪽 도원 세계는 심원법으로 표현함으로써 다원적 시점에 의해 더 신비롭고 독특한 공간미를 보여 준다.

「몽유도원도」, 안견, 1447

■ 구륵법

형태의 윤곽을 선으로 먼저 그리고, 그 안을 색으로 칠하여 나타내는 화법이다. 우리나라에서는 고구려 시대의 고분벽화나 고려 시대의 불교회화와 같은 실용적 채색화의 기법으로 많이 쓰였다. 다음 그림 중 조선 중기 이영윤(李英胤)의「화조도」에서 나뭇가지 표현을 보면, 외곽을 선으로 그린 다음 채색한 구륵법 방식을 사용한 것이 보인다(한국민족문화대백과, 2021).

「무용총 수렵도」, 고구려, 4세기

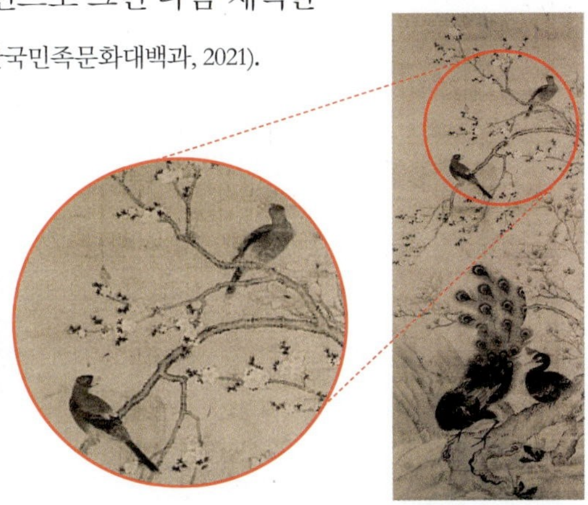

「화조도」, 이영윤, 16~17세기

■ 몰골법

윤곽선 없이 색채나 수묵을 사용하여 형태를 그리는 화법으로 구륵법과 반대되는 화법이다. 수묵화가 보편화되면서 색채뿐 아니라 수묵으로도 윤곽선을 사용하지 않고 농담만으로 형태를 나타내는 경우도 몰골법에 해당한다. 화조, 화훼, 초충 분야의 기법에 주로 쓰인다(한국민족문화대백과, 2021).

「화조구자도」, 이암, 16세기
몰골법으로 표현된 강아지

「국정추묘」, 변상벽, 18세기
국화꽃잎과 잎사귀에서 몰골법을 볼 수 있음

「윤집 초상」, 조선

■ 백묘법

먹선만으로 대상의 윤곽을 표현한 화법이다. 「윤집 초상」은 색채가 전혀 없이 백묘법으로 인물의 전신상을 그렸다. 대표적인 백묘법의 예이다(국립중앙박물관, 2021).

■ 현대적 표현기법

현대로 오면 다양한 시도가 이루어진다. 먹물을 액션 페인팅하듯 뿌리거나 구겨진 화선지에 그리거나 우유, 아교, 소금, 황토 등의 다양한 재료를 활용한 기법도 있다(한국조형교육학회, 2018).

분무기에 액체 아교를 넣고 뿌린 뒤, 건조 후에 먹으로 채색하면 아교가 뿌려진 부분만 하얗게 무늬가 생긴다.

아교로 그림을 그린 뒤, 건조 후에 먹으로 채색하면 아교로 칠한 부분만 빼고 채색이 된다. 비밀 그림의 효과를 낼 수 있다.

한지 위에 아교와 먹을 사용한 그림의 예

황토 가루는 물감처럼 물과 섞어 사용한다.

한지 위에 황토를 사용한 그림의 예

③ 수묵화 지도방법과 유의점

- 먼저 먹, 붓, 종이를 자유롭게 탐색할 기회를 준다.
- 큰 붓, 작은 붓 등 다양한 굵기의 붓과 진한 먹부터 물을 많이 섞은 먹까지 다양한 농도의 먹을 만들어 종이에 자유롭게 그려볼 수 있다.
- 다양한 두께의 한지(이합지, 삼합지 등)를 제공해서 종이 두께에 따른 먹의 농담 변화를 관찰한다.
- 다양한 수묵화 작품감상의 기회를 제공한다.

한지의 종류

① 용도에 따라: 창호지(창틀을 바를 때 사용하는 종이), 초배지(도배하기 전 벽에 처음 바르는 종이), 도배지, 화선지(그림이나 글씨를 쓸 때 사용), 장지(전라도 지방에서 생산하는 지질이 질기고, 두꺼운 종이로 주로 그림을 그릴 때 사용), 순지(100% 닥을 써서 만든 종이로 얇은 한지로 불림), 표구지, 장판지(장판으로 사용), 포장지, 운용지, 요철지(종이를 일정한 틀에 가두어 떠서 건조하는데 요철이 그대로 남아 있어 요철지라고 함), 책지, 문양지, 색지 등

② 크기에 따라: 창호지(대발지, 중발지로 분류됨), 초배지(대초배지, 중초배지, 소초배지로 나눔), 화선지, 순지, 장지(발 크기에 따라 100호지, 120호지, 150호지, 200호지 등으로 나눔)

③ 첨가물에 따라: 태지(이끼를 섞어 만든 종이), 색지(물을 들인 한지), 운용지(색지에 닥 원료를 넣은 종이), 피지, 닥지

④ 두께에 따라: 홑지, 이합지, 삼합지, 육합지 등

출처: 이승철(2002)

학생들과 함께하는 미술실습

- 다양한 한지(홑지 vs 삼합지, 창호지 vs 순지 등)를 준비해서 수묵화를 그려 봅시다. 구륵법, 몰골법, 백묘법으로 그림을 그리고, 말린 후 그림의 느낌을 비교해 보세요.
- 황토, 치자, 오미자 등 천연색소를 이용해서 수묵화에 색을 채색해 봅시다.
- 천연색소를 이용해서 '한지 물들이기'를 해 봅시다.
- 아교를 이용한 비밀 편지를 써 보거나 비밀 그림을 그려 봅시다.

(3) 민화

① 민화의 이해

민화는 정통회화를 모방하여 생활 공간을 장식하거나 민속적인 관습에 따라 제작된 실용화이다(김원룡, 2002). 민화는 조선 후기에 일반 서민들 사이에서 유행하였다. 주로 복을 기원하거나, 대중적 수준의 감상, 공간 장식을 위해, 집안의 행사 기록을 위해, 나쁜 기운을 쫓아내기 위한 목적으로 사용되었다(한국조형교육학회, 2018). 민화를 통해 옛 조상들의 생활 모습, 소박한 소망, 재미있는 상상력을 알아볼 수 있으며, 더 친근하게 그들의 삶을 이해할 수 있다.

민화의 종류와 소재는 나무와 돌을 그린 수석도, 산수풍경을 그린 산수화, 꽃과 새를 그린 화조도, 동물들을 그린 축수도, 용이나 봉황, 호랑이 등 고대 전설에 등장하는 동물들을 그린 영수도(영모도), 물고기를 그린 어해도, 잉어가 하늘로 뛰어오르는 그림을 그린 약리도, 충효 혹은 삼강오륜도 등 교훈적 의미나 길상적 뜻을 지닌 글자로 이루어진 문자도, 풍속을 그린 풍속도, 도인들의 인물을 그린 도석인물도, 책을 그려 놓은 책거리도, 관청과 사대부에서 행해지는 행사나 사건들을 그린 기록도, 불로장생의 상징인 열 가지 물상(해, 구름, 물, 돌, 소나무, 대나무, 불로초, 거북, 학, 사슴)을 그린 십장생도, 곤충과 풀을 그린 초충도 등 그 종류가 매우 다양하다(오세권, 2016).

화조화는 색채가 화려하여 집 안을 화사하게 꾸며 주는 효과도 있고 자연의 의미를 담고 있다. 동물을 그린 그림은 따로 영수도

대표적인 민화 '까치 호랑이'

(영모도)라고 하는데 실재하는 동물도 있지만, 상상의 동물을 그리기도 한다. 실재하는 동물로는 까치, 호랑이가 가장 인기가 있고, 상상의 동물로는 용, 봉황, 해태 등이 있다. 까치와 호랑이는 민화의 가장 대표적인 주제이다. 민화에 등장하는 호랑이는 위엄이 있는 모습이 아니라 우스꽝스러운 모습으로 묘사되어 있고, 까치는 단순히 배경에 따로 존재하는 것이 아니라 호랑이에 맞대응하는 모습으로 표현되어 있다(정병모, 2012). 일반적으로 호랑이는 탐관오리, 까치를 민초를 상징한다고 보면서 신분 간의 불평등한 관계를 풍자적으로 표현한 것으로 해석한다(정병모, 2012).

② 민화 지도방법과 유의점

- 전통적인 다양한 민화 작품들을 충분히 탐색 · 감상할 기회를 준다.
- 유아로 하여금 그림 속 대상이 무엇일지, 어떤 이야기를 담고 있을지 상상해 보게 한다.
- 나, 우리 가족 혹은 친구를 지켜 주는 상상의 동물을 그려 볼 수 있다(예: 전래동화, 민화와 전설에 근거한 상상의 동물, 용, 해태, 십이지신 등).
- 우리 조상이 했던 것처럼 우리 주변의 생활도구에 그림을 그려 꾸며 볼 수 있다(예: 부채에 그림 그리기, 에코백에 그림 그리기).
- 장식적인 패턴이나 전통 문양을 넣거나 오방색으로 채색한다.

2) 입체표현의 기초

(1) 조소

① 조소의 이해

미술에서 조소는 조각과 소조를 합친 말로 입체표현을 의미한다. 조소는 3차원 공간에서 표현되므로 미술의 요소와 원리 중 균형, 비례, 공간감, 양감, 질감을 알 수 있다. 소조는 점토 등으로 붙이면서 3차원 표현을 하는 조형기법이다. 조각은 돌이나 나무 같은 재료를 깎아 내면서 입체를 표현한다. 깎아서 표현해야 하는 특성으로 인해 표현이 자유롭지 않고 재료와 도구 사용이 어려워 교육 현장에서 다루기에 어려움이 있다. 그러나 재료의 특성을 그대로 보여 주는 예술로 재료 탐색과 이해를 위해 필요한 교육이다(한국조형교육학회, 2018).

② 조소의 재료

조소의 전통적 재료는 자연에서 채취되는 자연재(돌, 흙, 나무, 상아 등)와 가공하여 쓰는 인공재, 금속 등으로 분류된다. 조소는 물질을 통해 작가의 느낌이나 생각을 표현한다. 그러므로 어떤 재료를 선택하느냐에 따라 그 과정과 방법이 달라지고, 결과 또한 달라진다. 따라서 재료에 대한 사전 이해나 경험이 매우 중요하다. 조소의 재료를 정리하면 다음과 같다(이성도 외, 2013).

〈표 4-1〉 조소재료의 분류

조소재료	유기재료 (organic material)	목재	
		섬유, 펄프, 종이	
		플라스틱, 우드록	
	무기재료 (inorganic material)	금속재료	철, 금속
			비철금속
		비금속재료	점토
			석고
			석재
			시멘트
			유리
			도료

출처 : 이성도 외(2013). p.222

영유아 교육에서 자주 사용하는 재료 중 자연물로는 나뭇조각, 돌, 솔방울, 씨앗, 말린 열매, 조개껍데기, 점토 등이 있으며, 인공물로는 컬러점토, 지점토, 수수깡, 플라스틱 통, 상자, 단추 등이 있다. 특히 점토는 영유아의 미술활동에서 첫 입체표현의 시작이라 할 수 있을 정도로 광범위하게 널리 활용되고 있는 재료이다. 점토는 영유아가 쉽게 접할 수 있는 매체로 영유아의 감각기관을 발달시키며, 영유아는 점토 놀이를 통해 즐거움과 정서적 만족감을 경험할 수 있다.

(2) 기타 입체표현

입체는 공간이 함께하는 3차원적 작품을 의미한다. 현대로 오면 예술의 장르가 해체되면서 조각예술의 범위가 더욱 확장되었다. 현대미술에서 시도하는 다양한 입체표현 중 대지미술과 키네틱 아트가 있다.

① 대지미술

20세기 후반, 대지(Land)를 소재로 하여 조각적 행위를 하는 예술이다. 대지미술은 비영구적이고, 유동적인 흙, 물, 수증기, 눈, 얼음, 꽃, 나무 등 대지의 요소 그 자체를 사용한다. 따라서 대지미술은 미술관이라는 공간을 벗어난 확장된 공간에서의 조각이라 할 수 있다. 미국에서는 1960년대 말, 유럽에서는 1970년대에 시작하였다. 미국의 대지미술은 광활한 미국의 자연을 활용해서 거대한 규모로 제작되었다. 유럽의 대지미술은 예술가의 단순한 신체 행위에 의해 회화성과 순간성을 띠는 소규모 형태로 만들어졌다(한국조형교육학회, 2018).

대지미술은 시간이 흐름에 따라 변화되거나 훼손, 소멸하므로 사진이나 동영상 촬영을 통해 기록으로 남기게 된다. 대표적인 대지미술로는 스미스슨의 「나선형 방파제」(1970)가 있다. 미국 유타주의 그레이트솔트 호수에 만든 작품으로, 거대한 크기는 새로운 풍경이 되었다. 이러한 대지미술은 관람자가 직접 현장에서 관람한다면 관람자 역시 작품의 한가운데에 위치하게 됨으로써 작품의 일부가 되는 체험을 하게 된다.

「나선형 방파제」
로버트 스미스슨, 1970

유아들이 함께 야외에서 자연물을 이용해서
대형 조형물을 제작하고 감상하는 모습

② 키네틱 아트

키네틱 아트란 움직임을 표현하는 예술이다. '키네틱(Kinetic)'이란 단어는 물리학, 화학에서 운동에 대한 현상을 가리키는 데 사용되던 용어이다(한국조형교육학회, 2018). 일반 조각이 미술의 요소와 원리 중 비례, 양감, 질감을 보여 준다면 키네틱 아트는 조각과 달리 '움직임'의 원리가 들어 있다. 현대로 오면서 과학기술의 발달과 함께 전기력이나 자기력 같은 동력장치가 결합되면서 '움직임'에 속도가 첨가된 작품도 있다. 과학기술과 융합한 형태의 키네틱 아트는 21세기 예술 융합 교육의 대표적인 미술교육으로 활용되고 있다. 다양한 움직임을 보여 주는 키네틱 아트 작품은 자연의 힘을 이용한 작품, 인공적인 빛이나 소리를 결합한 작품, 컴퓨터나 기타 기계와 결합한 작품 등이 있다.

우리나라의 한옥 처마 끝에 다는 작은 종인 '풍경'처럼 천장에 매달려 바람에 의해 움직이는 조각 작품들은 바람의 세기에 따라 자연스러운 움직임을 보여 준다. 대표작품으로 알렉산더 칼더의 모빌이 있다.

한옥에 매달린 '풍경'

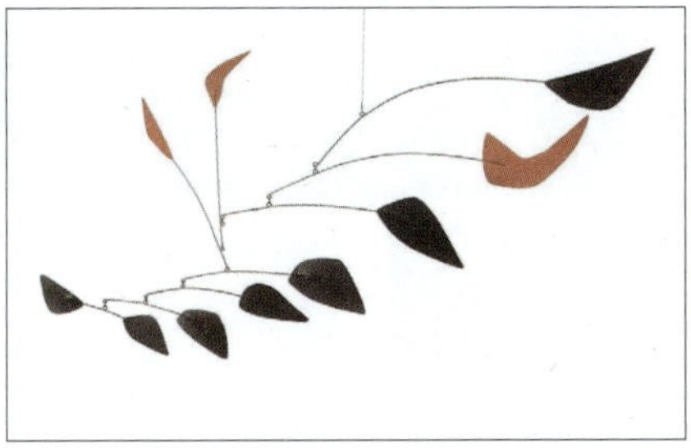

「무제」, 알렉산더 칼더, 1963

알렉산더 칼더의 전시 작품 (youtube 동영상)

바람이나 물결 같은 자연의 힘을 이용한 키네틱 아트 작품

학생들과 함께하는 미술실습

- 날씨 좋은 날 야외에 나가 자연물로 학생들과 대지미술을 만들어 보세요.
- 대학교 교정을 자연물로 아름답게 꾸며 보세요.

3) 디자인의 기초

디자인은 정보 전달을 위해 시각적으로 표현하는 시각디자인, 편리하고 기능적인 생활도구를 만들어 내는 제품디자인, 생활공간을 쾌적하고 조화롭게 하는 환경디자인의 세 분야로 구분할 수 있다(한국조형교육학회, 2018).

(1) 시각디자인

① 시각디자인의 이해

인간 생활에 필요한 정보와 지식을 넓히고 더 신속하고 정확하게 전달하기 위해 시각을 중심으로 하는 디자인이다(한국조형교육학회, 2018). 특정 아이디어나 메시지를 시각적으로 묘사하기 위하여 언어, 기호, 그림 등의 조합을 사용한다(위키백과, 2021). 현대생활 속에서 시각디자인은 신문, 광고, 포스터, 간판, 안내, 인쇄물 등에서 쉽게 찾아볼 수 있다. 20세기 후반에 오면 정보기기의 발달로 TV, 컴퓨터를 기반으로 한 영상매체의 영향력이 매우 커졌다. 시각전달의 모든 과정은 기호(sign)를 매개로 하여 이루어진다(김병억, 이웅직, 2003). 기호는 인간이 인위적으로 만든 것으로 그림,

한글을 모티브로 한
평창 동계패럴림픽의 픽토그램
출처: http://www.mhnse.com

우리 주변에서 볼 수 있는 다양한 시각기호

수학적 기호 등이 있다. 시각적 기호는 언어를 초월해서 전달할 수 있는 장점이 있다. 특히 교통표지, 지도, 심벌마크 등이 대표적인 예이며, 올림픽 같은 국제적 교류의 장에서 그림언어(픽토그램)가 널리 활용되고 있다.

② 디자인 지도방법과 유의점

초등학교 디자인교육은 디자이너를 양성하기 위한 교육이 아니라 디자인을 올바로 이해하고 비평할 수 있는 안목을 지닌 디자인 소비자를 길러 내기 위함이다(정우석, 2004). 영유아기 디자인교육 역시 시각적 형태를 구성하는 기본적인 미술요소와 이러한 미술요소를 결합하고 구성하는 미술원리에 대한 이해를 바탕으로 디자인을 이해하는 교육에서 시작해야 한다. 나아가 우리 생활 주변 속에 보이는 디자인적인 요소를 찾고, 디자인의 필요성을 이해하고 창의적으로 상징기호를 만들어 보는 과정 중심의 교육이 이루어져야 한다.

③ 유아교육에서 시각디자인 활동 사례: 유아교육기관에서 필요한 기호 만들기

- 아이코리아 부설 새세대 유치원 사례

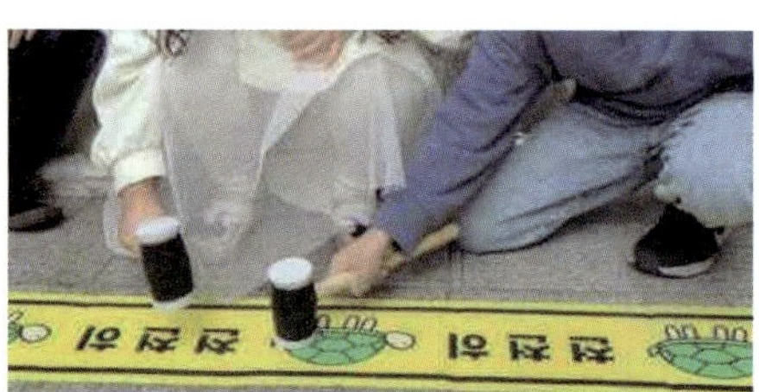

유치원 주변에서 뛰지 말고 천천히 다녀야 할 곳에 직접 디자인한 '천천히 표시판'을 붙이고 있는 아이들
출처: 김미선(2021).

(2) 제품디자인

① 제품디자인의 이해

산업기술의 발달과 민주주의 사회의 출현으로 대량 생산과 대량 소비에 대응하는 디자인이 등장하였다. 제품디자인은 이러한 사회의 변화와 함께 등장하였다. 제품디자인은 인간 생활에 필요한 여러 도구와 물품을 대량 생산하기 위한 디자인이다(위키백과, 2021). 제품디자인은 기능적으로 완벽하며, 형태가 아름답고, 가격이 합리적인 제품과 제품 시스템을 창조하여 인간 생활의 질적 향상을 도모하고 환경을 개선하는 것을 목표로 한다(한국조형교육학회, 2018). 즉, 제품디자인은 인간 생활에 필요한 도구를 만드는 디자인이다. 손의 연장인 칼, 가위, 숟가락 등의 도구, 다리의 연장인 자전거, 자동차 등의 도구, 눈의 연장인 안경, 카메라 같은 도구, 귀의 연장인 전화, 라디오 등의 도구가 제품디자인의 예이다.

② 제품디자인 지도방법과 유의점

영유아기 디자인교육은 디자이너 양성을 위한 전문교육이 아니다. 디자인교육의 출발은 미술의 요소와 원리에 관한 이해에서 시작한다. 따라서 미술의 기본단위인 미술요소와 원리를 이해하고 체험하기 위한 과정이 필요하다.

디자인적 사고는 조직적이며 체계적인 단계를 거치는 사고활동으로, 논리적 사고를 통한 분석과 비판적 사고가 필요하다. 유아가 일상생활에서 문제를 발견하고, 다양한 자료를 수집해서 이를 바탕으로 창의적인 디자인 표현활동이 이루어져야 한다(한국조형교육학회, 2018). 한국조형교육학회(2018)에서는 창의적인 디자인 과정을 위해 다음과 같은 과정을 제안하였다.

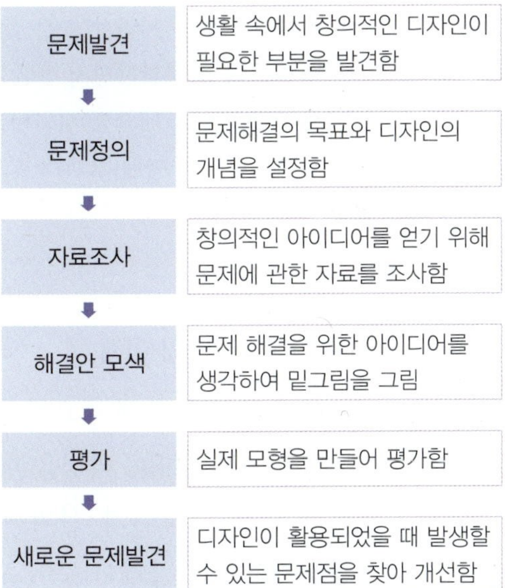

창의적인 디자인 과정

출처: 한국조형교육학회(2018). p.315

문제를 인식하고 해결방법을 다각도로 모색해 보고, 최종 결과물을 재평가하는 일련의 과정은 반성적 사고이자 과학적 사고, 탐구적 사고과정이다(홍혜경, 김명화, 김세루, 문병환, 김경숙, 2022). 따라서 디자인교육은 미적 지각력뿐만 아니라 논리적 사고와 창의적 사고를 발달시키기 위해서도 필요한 교육이다.

③ 유아교육에서 제품디자인 사례: 나만의 의자 디자인

식판 책상 의자: 식판도 되고, 책상도 되고, 의자도 되는 만능 의자.
등받이에는 동그란 거울이 붙어 있어 식사 후 바로 뒤돌아 거울을 볼 수 있다.

고양이 놀이터 의자: 고양이 먹이통과 고양이 놀잇감이 함께 있는 의자.
의자에 앉아 고양이와 함께 즐겁게 놀이할 수 있다.

학생들과 함께하는 미술실습

- 학교 안에서 시각 기호를 찾아보세요. 학교에 필요한 시각 기호를 디자인해 보세요.
- 하루 동안 생활하면서 만난 시각 기호를 사진 찍어서 사이버 강의실에 올려 보세요.
- 우리 학과를 대표할 캐릭터를 디자인해 보세요.
- 소집단으로 미래 사회에 필요할 물건을 함께 고안해서 제작해 보세요.

(3) 환경디자인

① 환경디자인의 이해

인간 생존을 위해 필요한 생활 공간과 자연환경을 더욱더 조화롭고 아름답게 계획하고 관리하는 과정을 다루는 디자인이다(한국조형교육학회, 2018). 환경디자인은 크게 실내 디자인과 실외 디자인으로 구분할 수 있다. 실내 디자인은 실내 공간계획, 디스플레이 등이 포함되며, 실외 디자인은 건축, 도시계획, 조경, 도로 등이 포함된다. 현대로 오면서 자연환경과 생태계 보전, 지속가능한 환경과 관련한 문제 등 더불어 살기 좋은 생활 공간 창조에 관한 관심이 높아지고 있다.

② 환경디자인 지도방법과 유의점

우리나라 초등교육 현장에서의 환경디자인 교육은 융합인재교육(STEAM: Science, Technology, Engineering, Art, Mathematics) 프로그램에서 주로 이루어지고 있다(한국조형교육학회, 2018). 융합인재교육(STEAM)에서 과학, 수학, 기술, 정보, 미술 분야가 융합하여 다양한 환경 및 생태계 환경에 대한 문제점을 발견하고 이를 환경디자인을 통해 해결함으로써 창의적인 문제해결능력을 키우는 것을 목적으로 하고 있다.

③ 유아교육에서 환경디자인 사례

유아교육기관에서의 실내 환경디자인으로는 일상생활 속에서 영유아와 함께 미술작품, 블록작품 등 아이들의 작품을 전시할 공간을 디자인하거나 새로운 놀이영역을 꾸밀 때 이루어진다. 더 확장된 실내 디자인으로는 교육기관의 공유공간을 새롭게 디자인할 수 있다. 교육기관의 공유공간으로는 현관, 복도, 계단, 엘리베이터 등이 있다. 이곳은 혼자 사용하는 공간이 아닌 함께 사용하는 공간으로, 함께 놀이할 수 있는 놀이공간으로 재탄생시킬 수 있다. 이화여자대학교 이화어린이연구원(2017)에서 계단 뒷공간을 깊은 바닷속으로 꾸며 바다 놀이터를 만든 사례, 별동굴 놀이터로 만든 사례는 대표적인 환경디자인의 과정을 진행한 예라 할 수 있다.

④ 지속가능한 교육을 위한 환경디자인

최근 유아교육에서 지속가능한 교육을 위한 공간, 환경디자인을 교육현장에 적용하고 있다. 지속가능한 발전이란, 미래세대의 요구(needs)를 훼손하지 않으면서 현세대의 요구를 충족하는 것으로, '영원히 모두를 위해' 우리 공동의 현재와 미래를 위한 교육이다. 지구가 당면한 문제는 환경만이 아닌 사회문화, 경제, 환경의 다각적 측면에서 서로 영향을 주며 발생하는 것이므로 지속가능한 교육에서 다루는 분야는 환경뿐만 아닌 사회문화, 경제까지 아우르고 있다(박은혜, 장민영, 박세령, 김지은, 김교령, 2022).

지속가능한 발전을 위한 역량은 유아교육에서부터 갖추어야 한다. 영유아기부터

'지속가능한 문화'를 만들도록 지원하는 것이 필요하며, 이를 위해 교육현장에서 다양한 접근을 시도하고 있다(Davis, 2017). 다각도로 접근하는 지속가능한 교육의 분야 중에서 환경교육과 관련한 예를 들면, 지속가능한 환경과 관련한 문제로 더불어 살기 좋은 생활공간의 창조에 관해 유아들과 함께 고민하고 새롭게 창조한 놀이공간, 놀이영역을 꾸미거나, 버려진 벽을 아름답게 재창조한 것 등이 대표적인 활동 사례라 할 수 있다.

학생들과 함께하는 미술실습

- 강의실의 문제점을 찾아보고 새롭게 바꿔 보세요.
- 대학 내 지속가능한 환경을 위해 우리가 바꿀 수 있는 것이 있는지 생각해 봅시다.

4) 미디어 예술의 기초

미디어(media)란, 넓은 의미로는 작품의 모든 재료를 의미한다. 전통적으로는 유화물감이 재료일 수 있고, 현대로 오면 컴퓨터를 사용해서 그림을 그릴 수 있다. 작가의 예술적 사고는 중간에서 전달해 주는 물감이나 컴퓨터 같은 매개체 없이는 시각 이미지를 만들어 낼 수 없다. 오늘날 미디어 예술이라고 하면 전통적인 회화나 조각과 달리 사진, 잡지, 포스터, 영화, 라디오, 컴퓨터 등 대중매체를 빌려 제작된 새로운 미디어테크놀로지 작품을 의미한다(한국조형교육학회, 2022). 본 장에서는 다양한 미디어 예술 중에서 사진과 영상 예술 중심으로 알아보겠다.

(1) 사진

① 사진의 이해

'사진'은 그리스어로 '빛'이라는 의미인 'photos'와 '그리다'라는 의미인 'graphene'의 합성어에서 유래하였다(위키백과, 2023). 사진은 보통 사진기로 만들어지는데, 사진기는 빛을 모아서 사진 필름이나 CCD 또는 CMOS와 같은 이미지 센서에 초점을 맞추어 상을 맺히게 한다. 최초의 카메라 기능을 한 기기로는 16세기 무렵 사용한 카메라 옵스큐라(Camera Obscura)가 있다. 카메라 옵스큐라는 화가들이 당시 유행하던 화풍인 사실적인 그림을 그리기 위해 이용되었다. 라틴어로 '어두운 방'이라는 의미인 카메라 옵스큐라는 어두운 방의 한쪽 벽에 작은 구멍을 뚫어 그 반대편 벽에 외부 정경의 역상(逆像)이 맺히게 하는 장치였다. 초기에는 렌즈가 없는 형태였다가 나중에는 더욱 선명한 화질을 얻기 위해 렌즈를 부착하는 형태로 발전하였다. 이처럼 빛을 통해 상을 맺히게 하여 초상화를 그리는 것을 실루엣 초상기법(profilograph)이라고 부른다.

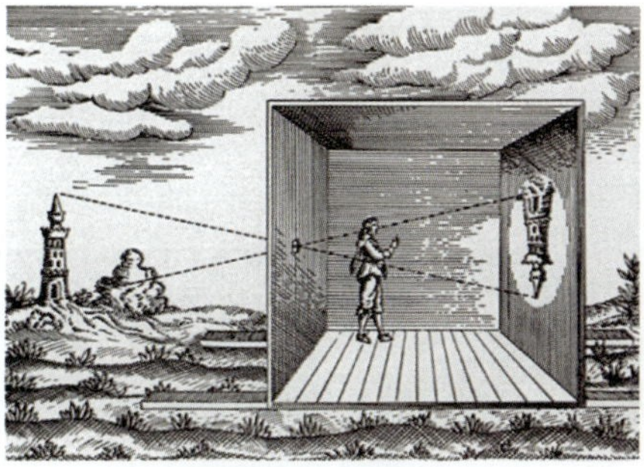

카메라 옵스큐라의 원리

조세프 니세포르 니에프스가 1826년 촬영한 창밖 풍경. '그라의 창문에서 바라본 조망' : 인류 최초의 사진으로 추정함

프랑스의 조세프 니세포르 니에프스(Joseph Nicéphore Niépce)는 카메라 옵스큐라에 투영된 영상을 감광판으로 포착해 영구적으로 상을 물체에 정착시킨 최초의 사람이다(위키백과, 2023).

인류 최초의 카메라는 1837년에 나온 다게레오타입(Daguerreotype)이다. 다게레오타입은 비교적 짧은 노출시간과 선명한 결과물을 기반으로 상업화에 성공하였다. 하지만 여전히 사람을 찍기에는 시간이 걸리기 때문에 건축물을 주로 촬영했다. 다게레오타입(Daguerreotype)은 기기와 현상 장비가 비싸기도 했고, 같은 사진을 복사할 수 없다는 단점이 있었다. 따라서 사진을 그림으로 복제한 뒤, 화가가 사람이나 마차와 같은 것들을 그려 넣고 채색하기도 하였다.

19세기 후반 코닥카메라가 등장하면서 카메라가 대중화되었으며, 20세기에 오면 컬러 사진이 등장하기 시작하였고, 이후 디지털카메라가 등장하였다. 디지털 카메라의 등장으로 사진은 교육현장에서 다양한 방식으로 활용되고 있다.

② 영유아교육에서 사진의 활용

영유아교육에서 사진은 교육현장을 기록하거나 현장 모습을 전달하는 매개체 역할을 한다(이화여자대학교 이화어린이연구원 편, 2016). 또한 사진은 훌륭한 교수매체이다. 스마트폰 카메라가 보편화되면서 누구나 손쉽게 이미지를 수집, 다운로드 가능하며, 컴퓨터를 통해 이미지 편집이 쉬워져 교수자료로 활용하기 간편해졌다. 또한 다양한 사진편집 프로그램을 이용해서 창의적 표현이 가능해져 어린 유아도 어려움 없이 디지털 기술을 이용해 표현할 수 있게 되었다.

[영유아교육에서 사진 활용 사례]

- 우리 주변에서 찾은 동그라미, 네모 모양: 유아가 직접 디지털카메라로 찍거나 유아가 찾은 것을 사진으로 찍기

(2) 영상

영상은 빛으로 그리는 그림이라는 의미로 본래 필름을 사용하는 것을 영화, 비디오를 사용하는 것을 영상으로 구분하였다. 하지만 현대로 와서 영화 역시 필름이 아닌 디지털화되면서 영화, 비디오라는 구분이 사라졌다(황보성진, 박지윤,

이은희, 2010). 오늘날 영상은 크게 정지영상(사진)과 동영상으로 구분하는데 일반적으로 영상은 동영상을 의미한다(위키백과, 2023). 영상은 빛으로 그리는 그림이라는 의미로 이미지, 소리, 텍스트가 종합된 멀티미디어이다. 한국조형교육학회(2018)는 미술교육에서 영상 제작 활동은 교육적 가치뿐만 아니라 유희적 가치를 동시에 주는 에듀테인먼트 교육의 역할을 한다고 보았다.

① 영상교육의 가치(한국조형교육학회, 2018)

첫째, 영상제작을 통해 시각적 문해력, 멀티미디어를 구성하고 이해하는 능력, 디지털 미디어를 해석할 수 있는 능력을 기를 수 있다.

둘째, 영상제작을 통해 학생들은 읽기, 쓰기에 기반하고 있는 의사소통을 넘어 공감각적으로 소통하고 교감할 수 있다.

셋째, 비디오 촬영과 사진 촬영 등을 통해 학생들은 디지털기기와 친근해지고 디지털 아트를 자연스럽게 접하며 창조할 수 있다.

넷째, 흥미 있는 주제를 선정하여 이야기를 구성하고 나누는 자기 주도적인 학습으로 학생 개개인에게 의미 있는 학습활동이 될 수 있다.

② 영유아교육에서 영상 활용 사례

- 이화어린이 연구원 예솔반, 진솔반 어린이들이 '멸종위기의 동물들을 보호해 주세요'라는 주제로 만든 영상(2011)

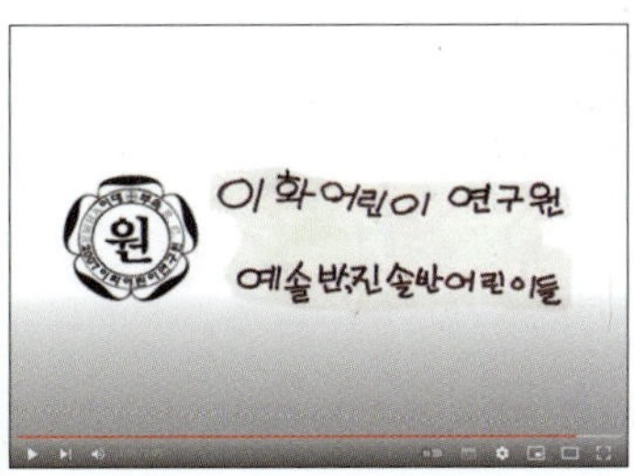

(youtube 동영상)

- 아이들이 그린 구름 그림을 파워포인트에서 하늘 사진과 음악을 함께 넣어 미술작품 감상을 위한 영상자료로 제작한 사례(Chon & Lee, 2016): '구름나라로 간 우리들의 구름' 감상활동

③ 사진 및 영상매체를 만들 때 유의할 점(한국조형교육학회, 2018)

사진과 영상매체는 제작 단계부터 공유 단계까지 사생활 보호와 지식재산권과 관련된 다양한 윤리적 문제가 발생할 수 있다. 따라서 올바른 미디어의 사용과 활용에 관한 윤리교육을 병행해야 한다.

첫째, 사진과 영상 촬영에는 반드시 동의를 구해야만 한다. 특히 배경에라도 동의하지 않은 사람이 찍히지 않도록 조심해야 하며, 공공장소에서 찍을 때는 동의를 구한 후 촬영해야 한다.

둘째, 본인이 촬영한 사진이나 영상이 아닌 기존에 제작된 영상물이나 사진을 사용할 때는 반드시 저작권을 확인해서 타인의 지식재산권을 침해하지 않도록 교육해야 한다.

학생들과 함께하는 미술실습

- 대학 캠퍼스의 아름다운 자연환경을 찍어 영상으로 만들어 보세요.

5) 건축의 기초

(1) 건축의 이해

파르테논 신전
건립 연대: 기원전 490년~기원전 432년

건축은 예술과 공학, 미와 기능이 결합한 융·복합 예술이다(한국조형교육학회, 2018). 인간이 생활하는 공간을 디자인한다는 측면에서 기능성, 구조, 안전 및 경제성을 고려해야 하며, 동시에 인간의 미적 감성과 사회적 요구, 시대성을 반영한 예술이다. 건축에서 찾아볼 수 있는 미적 요소로는 리듬, 선, 스케일, 빛, 질감, 색, 장식, 음향, 대지, 공간, 중량과 매스 등이 있다(Strickland, 2001/2003).

역사적으로 대표적인 고대 건축물은 파르테논 신전으로, 이상적인 비례미를 완벽하게 구현하였다.

중세 시대의 대표적인 건축양식으로는 비잔틴, 로마네스크, 고딕이 있다. 비잔틴 양식은 동로마제국의 건축으로, 실내에 중심을 두고 화려한 모자이크 장식과 돔을 통해 비추는 빛의 조화를 통해 천상의 이미지를 표현하였다(Strickland, 2001/2003). 로마네스크 양식은 로마의 건축양식에서 영감을 받아 두꺼운 벽체와 반원형 아치와 석조 장식이 특징이다. 고딕 양식은 로마네스크 건축 이후와 르네상스 건축 이전에 유행하였다. 성당의 규모가 확장되면서 하늘 높이 솟은 첨탑, 큰 벽을 없애 실내 공간을 통합하고 창문을 크게 확대하여 빛이 공간을 가득 채운 형태의 스테인드글라스, 성서의 내용을 담은 조각들, 섬세한 표현 등이 대표적인 특징이다.

빌라 로톤다
건축 시기: 1560년 착공

르네상스가 시작되면서 건축양식에서는 이탈리아를 중심으로 로마의 유적을 기반으로 한 원형 아치와 기둥, 회화적 장식의 특성을 보이면서 규칙성, 대비성, 비례미를 추구하였다. 이 시대 대표적인 건축가인 팔라디오(1508~1580)가 이탈리아 비첸차 근처에 건축한 '빌라 로톤다'는 중심축을 따라 완벽하게 대칭인 건물과 수학적 비례에 맞게 설계된 방의 구조 등 대표적인 르네상스 양식을 보여 준다.

이후 나타난 바로크 양식은 르네상스와 달리 거대한 규모, 풍부한 재료, 화려한 장식을 통하여 신적 권위의 지배를 받는 교회와 군주의 권력을 보여 주고 있다. 웅장하고 화려한 루브르, 베르사유 등의 거대한 규모의 건축물이 대표적인 바로크 양식이다.

18, 19세기의 사회적 변화와 달리 건축에서는 신고전주의와 고딕 양식이 다시 등장하였다. 그러나 에펠탑과 같은 실험적인 건축물이 나오기도 하였다.

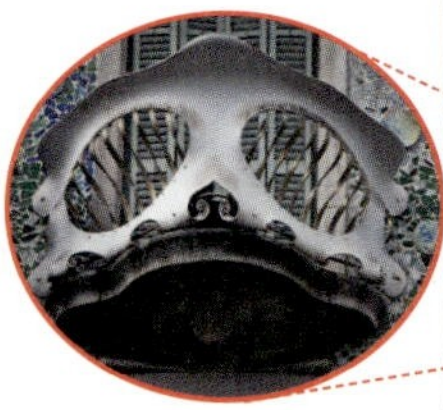

곡선 모양 발코니

카사 바트요, 스페인
건축 시기: 1904~1906

20세기에는 과학기술의 발달과 함께 동식물에서 영감을 찾고자 했던 아르누보 양식의 영향으로 자연의 곡선미를 살린 건축이 등장하였다. 아르누보 양식의 대표 건축가로는 가우디가 있다. 가우디가 디자인한 '카사 바트요(Casa Batlló)'의 물결치는 듯한 벽면의 유연한 곡선은 자연주의와 초현실적인 상상력이 발휘된 대표적인 건축물이다.

오늘날에는 지속가능한 건축을 지향하는 친환경, 해체주의 철학에 기반한 파격적이고 불안한 형태의 건축 등 다양한 건축양식이 공존하며 새로운 시도가 이루어지고 있다.

독일 '슈투트가르트 대학교 하이솔라 연구소' 건물
건축가: Behnisch & Partner / 건축 시기: 1986~1987

해체주의 건축에 기반한 파격적이고 불안한 형태의 건축

(2) 영유아 교육에서 건축

초등교육과정에서 '건축'은 환경디자인의 일부로 소개하고 있다(한국조형교육학회, 2018). 건축물보다는 벽화, 간판 등 우리 주변의 환경을 구성하는 다양한 요소들에 관해 포괄적으로 다루고 있다.

건축은 환경과의 조화뿐만 아니라 인간의 삶, 문화, 공간에 대한 이해가 필요한 종합예술이다. 그러므로 다양한 건축물들을 감상할 기회를 충분히 제공해야 한다. 영유아와 건축 관련 주제로 프로젝트를 진행할 때에는 먼저 우리 주변의 친숙한 건물에서부터 출발한다. 예를 들면, 우리 동네 견학을 가서 사진을 찍거나, 건물의 모습을 자세히 관찰하는 것에서부터 시작한다. 다음에는 우리나라로 확장해서 우리나라의 대표 건축물 사진들, 더 나아가 세계 여러 나라로 확장해서 다양한 건축물을 감상하거나 교실에 다양한 건물 모양의 사진들을 전시해 둔다. 다양한 재질과 모양의 건축물을 자세히 볼 기회를 주면서 동시에 쌓기놀이 영역에서 다양한 크기와 재질의 블록으로 건물을 제작해 보며 놀이와 통합하는 방식으로 진행할 수 있다. 또한 미술영역에서 다양한 재질의 재료로 아이들이 스스로 재료를 선택해서 창의적으로 건축물을 구성해 볼 수 있다.

영유아와 함께하는 '건축' 관련 활동(11장 영유아 감상교육의 실제_'세계 여러 나라 건축물 감상' 참고)

- 우리 동네 건물 감상하기
  - 견학 나가서 디지털카메라로 아이들이 직접 사진을 찍어 올 수 있다.
  - 우리 유치원, 우리 어린이집의 건물 사진을 앞모습, 옆모습, 뒷모습 등 다양한 각도로 사진을 찍는다.
- 우리나라의 건물, 한국의 전통 건물 감상하기
- 세계 여러 나라의 다양하고 특이한 모양의 건물들 감상하기
  - 아이들이 소집단으로 재미있는 건물들을 쌓기놀이 영역에서 만들어 볼 수 있다.
- 건축 활동 관련 사례
  - 아이누리사이트(https://i-nuri.go.kr) '놀이운영사례집: 놀이를 지원하는 교사의 역할'에서 5세 '새 둥지/건축물' 사례

CHAPTER 05

영유아미술교육을 위한 미술사 이해

[한국미술]

- 삼국시대 이전
- 삼국시대
- 통일신라시대
- 고려시대
- 조선시대
- 근대

[서양미술]

- 원시 및 고대
- 중세
  - 초기 기독교
  - 비잔틴
  - 로마네스크
  - 고딕
- 근대
  - 르네상스
  - 바로크
  - 로코코
  - 고전주의
  - 낭만주의
  - 인상주의
- 현대
  - 야수파
  - 입체파
  - 표현주의
  - 추상주의/다다이즘
  - 팝아트
  - 키네틱 아트

> "미술(Art)이라는 것은 사실상 존재하지 않는다. 다만 미술가들이 있을 뿐이다. 아득한 옛날에는 색깔 있는 흙으로 동굴 벽에 들소의 형태를 그리는 그런 사람들이 미술가들이었다. 그런데 오늘날의 미술가들은 물감을 사서 게시판에 붙일 포스터를 그리는 사람들이다. 그들은 옛날과 마찬가지로 그 밖에도 많은 일을 하고 있다. 우리들이 미술이라 부르는 말은 시대와 장소에 따라서 전혀 다른 것을 의미하기도 하였으며 고유 명사의 미술이라는 것은 실제로 존재하는 것이 아니라는 점을 이해하는 한 이러한 모든 행위를 미술이라고 불러도 무방할 것이다."
>
> E. H. Gombrich, 『서양미술사』의 서론 중 일부

유아미술교육 시간에 미술사에 대해 알아야 하는 이유는 무엇일까? 미술사라고 하면 배우기도 전에 괜히 어려울 것 같다는 생각이 먼저 든다. 곰브리치(Gombrich)는 '미술'이라는 것이 시대와 장소에 따라 전혀 다른 것을 의미하기도 하였으며 고유명사로서의 '미술'이란 실제로 존재하지 않을 수 있다고도 하였다. 그는 '미술'이란 미술을 창작하는 사람, 미술을 감상하는 사람, 미술이 만들어지고 감상 · 평가되는 시기 등에 따라 그 의미가 달라진다는 점을 강조하고 싶었던 것 같기도 하다. 어려운 이야기이지만 미술을 과거부터 현재까지 이어지고 있는 사람들의 삶의 모습이라고 생각하면 조금 쉬워진다. 미술사를 이해한다는 것은 사람들이 살아가는 곳에서 으레 이루어졌던 그들의 행위, 그것에 담긴 사고를 이해하는 것과 같은 일이 될 수 있다.

국가수준 교육과정인 누리과정에서도 유아가 일상과 놀이 안에서 아름다움을 발견하고 공감하며, 이를 다양한 예술로 표현하면서 문화를 향유하는 사람으로 성장하도록 도와야 한다고 강조한다. 감성이 풍부한 사람이란 예술을 사랑하고 존중하며 자신을 둘러싼 주변 세계에 경이감과 아름다움을 느끼고 즐길 수 있는 풍부한 문화적 감수성을 지닌 사람을 의미한다. 과거부터 현재까지 이어지고 있는 다양한 예술과 문화에 관심을 갖는 것은, 다른 사람들의 삶에서 나아가 나의 삶도 함께 들여다보게 해 준다. 즉, 우리의 삶이 곧 역사이고 그 역사가 예술로 표현된 것이 미술이기에, 우리는 미술사를 통해 우리의 삶을 더욱 풍요롭게 할 수 있을 것이다.

> "우리의 언어가 어떻게 시작되었는지 모르는 것과 마찬가지로 미술이 어떻게 시작되었는지에 대해서도 아는 바가 없다. 만약에 우리가 미술이라는 말이 사원이나 집을 짓고, 그림을 그리고 조각을 만들거나 문양을 짜는 것과 같은 행위들을 의미하는 것으로 본다면 이 세상에 미술과 관계없이 살아가는 사람은 하나도 없다. 반면에 미술이라는 단어를 어떤 종류의 아름다운 사치품, 박물관이나 전람회에서 진열되는 어떤 것, 또는 화려한 응접실을 꾸미는 값진 장식품 같은 어떤 특별한 물건들을 의미하는 것으로 본다면 미술이라는 단어를 사용한 것은 최근의 일이며 과거의 많은 건축가나 화가, 조각가들은 그런 것들을 꿈에도 생각해 보지 못했다는 사실을 알아야 할 것이다."
>
> E. H. Gombrich, 『서양미술사』의 1. 신비에 싸인 기원 중 일부

한국미술과 서양미술의 역사를 통해 연대기별 작품의 이름, 특징을 아는 것도 중요하겠지만, '왜' 그러한 특징이 나타나게 되었는지 시대적 배경에 대한 이해가 함께 이루어진다면 미술사가 더욱 흥미롭게 느껴질 것이다. 재미있는 이야기꾼이 되어 아이들에게 미술의 역사와 가치, 그 안에 담긴 사람들의 생각과 삶의 모습을 전달하기 위해 우리가 알아야 하는 것이 한국미술과 서양미술의 역사이다. 예비유아교사가 미술사에 대해 잘 알고 있다면 아래의 내용이 가능해질 것이다.

- 예비유아교사는 미술작품을 통해 다양한 시대적·문화적 배경과 예술 표현 방식을 앎에 따라 영유아에게 미술에 대해 자신 있게 설명할 수 있게 된다.
- 예비유아교사는 미술사 지식을 토대로 작품의 배경, 작가의 의도, 작품이 전달하는 메시지 등 유아에게 풍부한 이야기를 들려줄 수 있다.
- 미술사는 특정 시대와 사회를 반영하는 거울이다. 미술교육뿐만 아니라 중요한 사건이나 사회적 변화를 설명할 때에도 미술작품을 여러 교육 내용에 통합적으로 이용할 수 있다.

1. 한국미술에 대한 이해

1) 삼국시대 이전

삼국시대 이전 시기로는 선사시대와 고조선시대를 포함할 수 있다. 한반도에 사람들이 정착하기 시작한 신석기시대의 유물인 '토기(土器: 흙으로 만든 그릇)'를 통해 당시 사람들의 생활을 짐작할 수 있다. 신석기시대의 토기를 통해 당시 사람들이 음식을 저장하기 시작하였고, 물건을 아름답게 꾸미려고 한 사실을 알 수 있다. 신석기시대 가장 이른 시기의 토기인 '덧무늬토기'는 토기의 아가리(아가리: 병·그릇·자루 따위의 구멍의 어귀) 둘레에 진흙을 덧붙이거나, 그릇 표면에 점토 띠를 덧붙여 만들어졌다. 우리에게 가장 많이 알려진 '빗살무늬토기'는 나무나 뼈연장으로 한쪽 방향 또는 엇갈리는 방향으로 누르거나 그어서 새긴 짧은 줄이 반복되는 형태이다. 일상생활 물건이었던 토기에서 발견되는 다양한 무늬를 통해, 아름다움을 표현하고자 한 옛사람들의 미적 욕구를 알 수 있다.

이후 생산력 증대로 토기의 크기가 커지고, 장식적인 목적보다는 실용적인 목적이 더 강조됨에 따라 토기의 문양이 사라진 '민무늬토기'가 등장하게 된다. 고조선 시대는 청동기와 철기를 아우르는 시대로, 다양한 청동기 물품[동검, 동경, 청동기 제의(祭儀: 제사의 의식) 용구 등]과 고인돌을 볼 수 있다. 특히, 고조선의 문화권이었던 곳에서는 비파형 동검과 돌칼, 붉은 간 토기 등이 발견된다.

「덧무늬토기」
기원전 6000년~기원전 4500년경

「빗살무늬토기」
기원전 8200년~기원전 1500년경

「민무늬토기」
기원전 1500년경~기원전 300년경

2) 삼국시대

- 삼국시대 이전
- **삼국시대**
- 통일신라시대
- 고려시대
- 조선시대
- 근대

고구려, 백제, 신라가 중앙집권국가로 발전하기 시작하면서 각 나라는 자신만의 독특한 문화를 형성하게 된다. 이 시기에 불교와 도교가 전해지고, 특히 불교 사상이 발전하면서 미술의 내용은 더욱 풍성해지게 된다. 고구려의 고분벽화(古墳壁畵: 무덤 안의 천장이나 벽면에 그려 놓은 벽화)에 남아 있는 회화는 한반도 지역에서 나타나는 회화 중 가장 이른 시기의 예이다. 고분벽화에는 당대의 계급 모습, 의복, 건축양식, 부엌의 모습, 수렵 등의 모습이 표현되어 있으며, 이는 일본 호류지의 벽화에도 영향을 미친 것으로 알려져 있다. 백제의 미술은 고구려의 영향을 많이 받았으나, 고구려의 열정과 패기보다는 조금 더 부드럽고 우아한 특징을 갖는다. 백제 금동대향로, 미륵사 석탑, 익산 왕궁리 오층석탑 사리장엄구 등을 통해 백제 미술의 특징을 알 수 있다. 초기 신라는 지리적 이유로 외국 문물을 수용하는

「무령왕비 금제 관식」
백제

「금동대향로」
백제

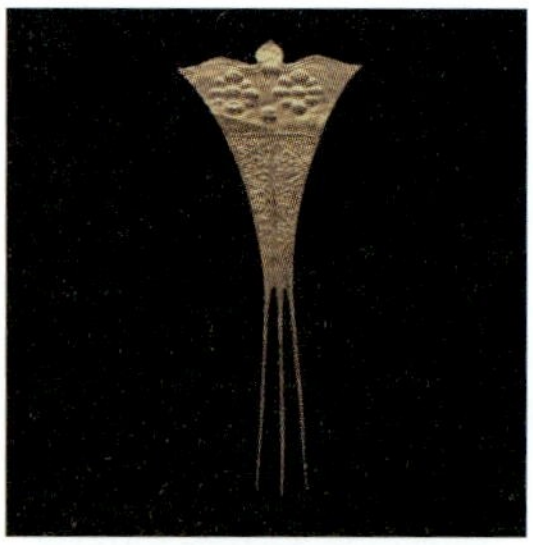
「무령왕 금제 뒤꽂이」
백제

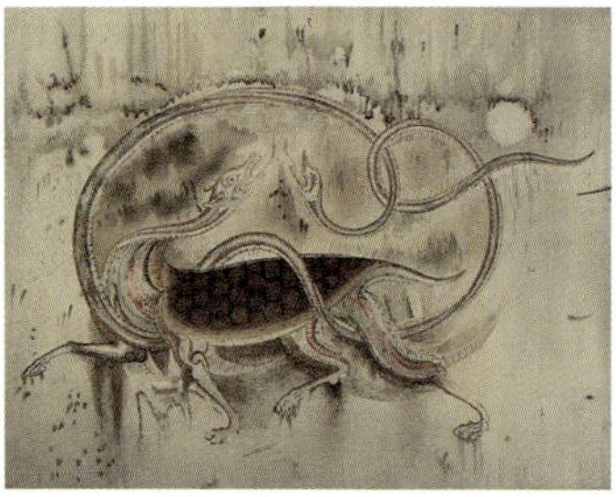
「강서대묘 북벽 현무도」
고구려, 6세기 후반~7세기초

「서산 용현리 마애여래삼존상」
백제

「경주 천마총 장니 천마도」
신라, 5~6세기

속도가 가장 느렸지만, 이후 당의 힘을 끌어들여(나당연합군: 신라와 당나라의 연합군) 고구려와 백제를 정복하는 데 성공한다. 초기 신라시대에는 가야와 함께 다양한 모양의 도기를 생산하였는데, 국보 기마인물형 도기를 통해 당대 사람들의 생활상을 짐작할 수 있다. 수백 년간 신라의 수도였던 경주 왕릉에서는 금관과 금제 장신구들이 출토되었는데, 금제 허리띠에는 유목 생활에 필요한 물품들이 묘사되어 있다. 특히, 신라 왕릉에서 발견된 말다래(말 탄 사람의 발에 흙이 튀지 않도록 안장 밑에 늘어놓는 판)에 그려진 '천마도'는 현재 유일하게 현존하는 신라시대 회화다.

3) 통일신라시대

통일신라의 미술은 삼국시대 미술을 기반으로 고구려와 백제의 전통을 흡수하고 중국 수·당대의 미술을 수용하여 독자적 특성과 함께 국제적인 특성을 보인다. 균형미, 비례미, 세련미, 이상미는 통일신라인들이 추구하던 아름다움의 특성으로, 이 시대 미술은 사실적으로 표현하고자 하면서도 이상적인 미의 세계와 통일된 조화의 세계를 표현하는 특징이 있다. 통일신라시대의 대표적인 유적은 불국사와 석굴암이다. 불국사의 석가탑과 다보탑은 한반도의 석탑 양식을 대표하고, 석굴암의 본존불은 신라시대 전성기 불상 조각의 모습을 보여 준다.

「불국사」
통일신라, 528~774

「석굴암」
통일신라, 774

「청자 어룡형 주전자」
고려시대, 12세기

「청자 사자형뚜껑 향로」
고려시대, 12세기 전반

「청자 상감연지원앙문 정병」
고려시대, 12세기 후반

「청자 상감운학문 매병」
고려시대, 12세기 후반

「청자 참외모양 병」
고려시대, 12세기 전반

「청자 투각칠보문뚜껑 향로」
고려시대, 12세기

「청자 음각연화당초문 매병」
고려시대, 12세기

「청자 상감모란문 항아리」
고려시대, 12세기

「청자 철화양류문 통형 병」
고려시대, 12세기

「청자 양각죽절문 병」
고려시대, 12세기

「청자 음각연화문 유개매병」
고려시대, 12세기

4) 고려시대

삼국시대 이전
삼국시대
통일신라시대
고려시대
조선시대
근대

고려왕조 초기에는 거란, 여진과 대립하고 후기에는 원의 간섭과 왜구의 약탈에 시달렸다. 이 과정에서 불교는 귀족과 서민 계층을 아우르는 국가 이념적 역할을 하게 되었다. 또한 고려시대는 신라시대와 마찬가지로 동남아나 페르시아, 아라비아와의 교역이 이루어지는 국제적 분위기가 있었다. 고려시대를 대표하는 미술인 고려청자는 문벌 귀족이 권력을 잡았던 시기, 유교와 송의 귀족문화의 영향을 받아 단순하면서 세련된 특징을 가진다. 이후 무신정권기의 고려청자는 도교의 영향을 받아 화려한 형태와 문양을 띄게 되었고, 후기의 고려청자는 청자비룡형 주자(주전자)처럼 복잡한 동물 모양으로 만들어지거나 청자 상감운학문 매병처럼 복잡한 상감기법으로 만들어지게 되었다.

5) 조선시대

삼국시대 이전
삼국시대
통일신라시대
고려시대
조선시대
근대

조선시대 성리학의 영향을 받은 조선 양반들은 숭유억불(崇儒抑佛: 불교를 억제하고 유교를 숭상한다) 정책을 따랐으며, 삼강행실도와 같이 유교 이념을 강조하는 서적들이 보급되기도 하였다. 불교는 사대부 여인들을 중심으로 여전히 성행하였지만, 더 이상 불교는 고려시대처럼 귀족적인 화려한 모습은 아니었다. 미술에서는 화려한 불화보다 중국의 유학자들이 선호한

「고사관수도」
강희안, 1419~1464

「초충도: 가지와 나비, 나방, 메뚜기」
신사임당, 1504~1551

「몽유도원도」
안견, 1447

문인화(文人畵: 직업 화가가 아닌 문인 사대부들이 여가로 그린 그림)의 영향을 많이 받게 되었고, 이 영향으로 조선시대에도 화려한 채색보다는 수묵화(水墨畵: 채색을 가하지 않고 먹의 농담을 이용하여 그린 그림)가 많이 그려지게 되었다. 사대부들 사이에서는 사군자와 산수화(山水畵: 산과 강 등의 자연경관을 소재로 그린 동양화)가 유행하였는데, 안견의「몽유도원도」는 조선 초기의 회화가 중국의 산수화 기법의 영향을 강하게 받았음을 보여 준다.

조선 후기에는 실학의 영향으로 민중들의 삶과 정서를 표현한 풍속화와 민화가 발달하게 되었다. 이 시기에 정선은 실제 경치를 보고 '진경산수화'를 그렸으며, 김홍도는 당시 서민들의 풍속을 익살스럽게 그림으로 표현하였다. 또한 신윤복은 당시 사대부들의 향락 생활을 화폭에 담아 양반들의 위선을 풍자하거나, 여성들의 생활상을 섬세하게 묘사하기도 하였다. 이 외에도 일반 서민들이 그린 민화가 전해져 내려오고 있다.

「금강전도」
정선, 1676~1759

「서당」
김홍도, 1745~1806

「미인도」
신윤복, 1758 ~ 1814

6) 근대

우리나라의 근현대미술은 서양 미술 사조의 유입과 함께 시작되었다고 볼 수 있다. 대표적으로는 서양 회화와 사진이 이 시기에 들어온 것이며, 우리나라 작가들이 일본으로 유학을 가서 서양 회화를 배워 온 것이 그 시발점(始發點: 첫

출발을 하는 지점)이 되었다. 유학생 중 일부는 유학 과정에서 모더니즘 미술을 접했으며, 공부를 마치고 귀국하면서 자연스럽게 모더니즘 미술이 한국에 유입되었다. 서양의 다양한 미술 사조(인상주의, 표현주의, 입체주의, 초현실주의)가 동시에 우리나라에 유입되었고, 사조의 철학적 근간까지 다루기보다는 그 양식을 따라 하는 양상을 보이게 된다. 근현대 시기 대표적인 미술가로는 김기창, 박수근, 김환기, 이응로, 이중섭, 장욱진 등이 있다.

「자화상」, 장욱진, 1951

「가족」, 장욱진, 1973

「동산」, 장욱진, 1978

「황소」, 이중섭, 1950

「흰 소」, 이중섭, 1954

「부부」, 이중섭, 1953

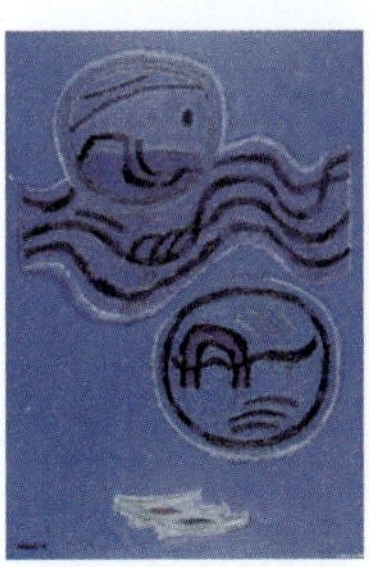
「운월」, 김환기, 1963

「집」, 김환기, 1935

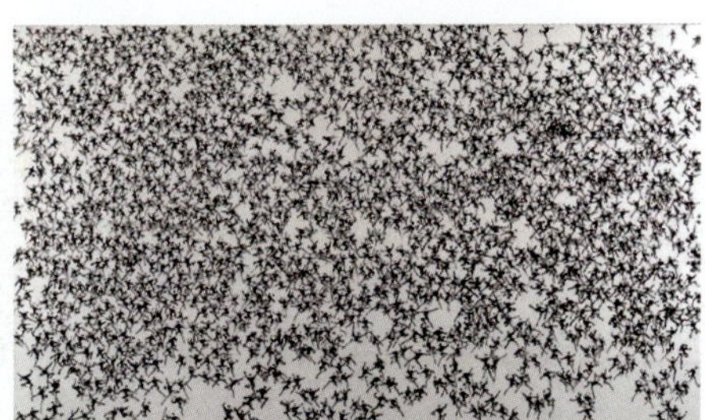
「군상」, 이응로, 1986

2. 서양미술에 대한 이해

1) 원시 및 고대(원시미술, 고대미술)

원시 및 고대

중세
- 초기 기독교
- 비잔틴
- 로마네스크
- 고딕

근대
- 르네상스
- 바로크
- 로코코
- 고전주의
- 낭만주의
- 인상주의

현대
- 야수파
- 입체파
- 표현주의
- 추상주의/다다이즘
- 팝아트
- 키네틱 아트

서양미술의 첫 단추는 늘 그렇듯 원시인들이 그린 '동굴벽화'로 시작한다. 지금으로부터 약 1만 5,000년~1만 년 전 지구상에 살던 사람들은 깊은 동굴의 벽이나 천장에 다양한 종류의 동물 그림을 남겼다. 인간이 그림을 그리기 시작한 것이 정확히 언제인지 알 수는 없지만 구석기시대 스페인의 '알타미라 동굴'과 프랑스의 '라스코 동굴'에 그려진 벽화는 지금까지 발견된 그림 중 가장 오래된 것으로 알려져 있다. 아래 동굴벽화에 나타난 그림들을 살펴보면 여러 가지 동물이 등장하는 것을 볼 수 있다. 그림 안에는 역동적으로 움직이는 동물들의 모습도 있지만 상처를 입은 들소의 모습도 있다.

「들소」, 스페인 알타미라 동굴, 기원전 15,000~기원전 10,000년경 동굴벽화

「말」, 프랑스 라스코 동굴, 기원전 15,000~기원전 10,000년경 동굴벽화

프랑스 라스코 동굴 천장에 그려진 동물들, 기원전 15,000~기원전 10,000년경

원시시대 사냥꾼들은 그들이 사냥하고자 하는 동물을 그림으로 그리기만 하면 실제로 그 동물들이 그들의 힘에 굴복할 것이라고 생각했다. 그들은 바위에 동물 그림을 그리거나 동물 옷을 입고 춤을 추는 등의 의식이 그들에게 먹이를 압도해서 잡을 수 있는 힘을 준다고 믿었던 것이다. 그 밖에도 사나운 동물들로부터 자신을 보호하고자 하는 욕구, 많은 동물을 사냥하고 싶었던 염원으로도 해석된다. 미술사의 첫 단추로 언급되는 동굴벽화는 화려한 장식을 위한 목적도, 누군가의 권위를 드높이기 위한 목적도 아니었다. 과거 사람들의 삶의 모습, 생활을 위한 염원 그 자체였음을 알 수 있다.

2) 중세(초기 기독교, 비잔틴, 로마네스크, 고딕)

로마 제국의 붕괴 이후부터 르네상스 시대까지 약 1,000년간 지속되었던 중세 시기에는 신 중심의 미술, 즉 종교미술이 발달하였다. 기독교의 영향을 많이 받은 이 시기에는 그림, 조각, 건축 등에서 종교적 이야기와 신앙 표현이 주로 다루어진다. 인간의 개성과 계몽성(啓蒙性: 지식수준이 낮거나 의식이 덜 깬 사람들을 깨우치려는 성질 또는 성향)이 억제된 중세 시기의 미술은 초기 기독교 미술, 비잔틴 미술, 로마네스크 미술, 고딕 미술로 나누어 살펴볼 수 있다.

초기 기독교 미술(4~6C)은 카타콤[Catacombs: cata(아래로, 밑으로)+tumbas(무덤들)]이라 불리는 지하 묘지 공간에서 찾아볼 수 있다. 카타콤은 초기 기독교인들이 로마 제국의 억압을 피해 예배를 지속한 공간으로, 주로 죽은 이를 위해 예식과 기도를 했던 곳이다. 카타콤 벽면에는 십자가와 물고기, 닻 등 그리스도교 상징이 새겨져 있다. 특히, 이 시기는 기독교 중심의 종교적 내용을 전달하고 알리는 것이 중요시되었기에 미술 문화와 예술의 암흑기로 불리기도 한다.

로마의 카타콤

도미틸라의 카타콤

비잔틴 미술은 5~6세기 고대 로마가 둘로 분열된 후, 점차 쇠퇴하고 있던 서(西)로마 콘스탄티노플을 중심으로 발달하기 시작했다. 비잔틴 미술은 서로 다른 문명들이 인접한 지리적 특징으로 하여금, 로마적인 지중해 문명과 동방의 사실주의, 서양의 헬레니즘 미술이 혼합된 형태를 보인다. 비잔틴 미술은 건축 내부 장식부터 회화, 작은 공예품에 이르기까지 금색으로 표현되어 있어 화려한 색채와 장식성이 돋보인다.

무엇보다 비잔틴 미술에서 빼놓을 수 없는 것은 '모자이크'이다. '모자이크'는 작은 크기의 색 대리석을 석회벽 위에 줄을 맞춰 끼워 넣어서 회화나 도안을 그리는 공예 기술이다. 당시의 주요한 대사원은 대부분 모자이크로 장식되어 있었다. 성 소피아 사원이 그 완성미를 보여 주는 좋은 예였으나, 15세기 터키인들에게 점령당하여 회교사원(이슬람교에서 예배하는 건물)으로 개축될 때 두꺼운 석회질 벽으로 고쳐지는 바람에 오늘날에는 그 일부 모습만 볼 수 있다. 비잔틴 미술의 대표적인 건축물로는 하기아 소피아 성당, 산 비탈레 성당이 있다.

라벤나 「성 아폴리나레 인 클라세 성당」의 모자이크-마테우스

라벤나 「성 아폴리나레 인 클라세 성당」의 모자이크-쿠펠

라벤나 「갈라 플라치디아의 영묘」의 모자이크

모자이크의 예

「하기아 소피아 성당」
튀르키예, 532~537

「산 비탈레 성당」
이탈리아, 548

「산마르코 대성당」
이탈리아, 1163

이후 10세기부터 12세기경까지를 로마네스크 시대라 부르며, 11세기에서 12세기 초에 걸쳐 그 전성기를 이루었다. '로마네스크'란 두꺼운 석조의 벽체,

아치, 돔을 가진 로마 건축에서 유래한 건축학적 의미이다. 로마네스크 건축은 당시 잦은 전쟁으로 인해 석재 구조를 사용한 두꺼운 벽, 둥근 아치, 튼튼한 기둥, 아케이드(arcade : 죽 늘어선 기둥 위에 아치를 연속적으로 만든 것) 공간의 특징을 가진다. 이 시기 대부분 건물은 명확한 형태를 가지고 규칙적이며 대칭적인 특징을 갖는데, 이후 고딕 양식과 비교하면 상대적으로 단조로워 보인다. 로마네스크 양식의 대표적인 건축물로는 투르네 성당, 앙굴렘 성당, 트리어 대성당이 있다.

「투르네 성당」
벨기에, 12~13세기

「앙굴렘 성당」
프랑스, 11~12세기

「트리어 대성당」
독일, 1235

고딕 미술은 로마네스크 미술에 이어 12세기 말 북부 프랑스에서 발달한 중세 유럽을 대표하는 미술 양식으로, 15세기경까지 계속되어 르네상스로 이어졌다. '로마네스크' 건축과 비교했을 때, 고딕 건축은 뾰족한 첨탑으로 인해 수직선이 강조되고, 육중한 벽이나 기둥보다는 가냘픈 기둥과 넓은 창을 가진 특징을 보인다. 또한 건물 내부를 프레스코화 대신 '스테인드글라스'로 장식하여 빛에 의한 아름다운 채색 효과를 보여 준다. 로마네스크 건축과는 달리 가느다란 기둥과 스테인드글라스 사용으로 건물 내부가 넓어지고 밝아졌다. 고딕 양식의 대표적인 건축물로는 프랑스의 파리

「성 비투스 대성당」
무하의 창문

성공회내동교회

스테인드 글라스의 예

노트르담 대성당, 샤흐트르 대성당, 아미앵 대성당, 영국의 웨스트 민스터 사원, 독일의 쾰른 대성당 등이 있다.

「파리 노트르담 대성당」
프랑스, 1345

「샤흐트르 대성당」
프랑스, 1145

「웨스트민스터 사원」
영국, 1050

- 원시 및 고대
- 중세
  - 초기 기독교
  - 비잔틴
  - 로마네스크
  - 고딕
- 근대
  - 르네상스
  - 바로크
  - 로코코
  - 고전주의
  - 낭만주의
  - 인상주의
- 현대
  - 야수파
  - 입체파
  - 표현주의
  - 추상주의/다다이즘
  - 팝아트
  - 키네틱 아트

3) 근대(르네상스, 바로크, 로코코, 고전주의, 낭만주의, 인상주의)

근세는 절대왕권과 무역 발달로 인한 신흥계급이 등장한 15~18세기로, 근세의 미술 사조는 르네상스, 바로크, 로코코로 전개된다.

르네상스 미술은 14세기에 이탈리아에서 시작되어 16세기에 걸쳐 유럽 전역에서 활발하게 이루어진 미술 양식으로, 중세 시대 신 중심의 사회에서 벗어나 인간성 회복과 해방을 위한 문화운동의 일환으로 나타났다. 르네상스 미술은 도시의 발달과 상업 자본의 형성으로 인간의 개성, 합리성, 현세적 욕구를 추구하는 반(反)중세적 특징을 가지며 문학, 미술, 건축, 자연과학 등 여러 방면에 걸쳐 유럽 문화의 근대화에 사상적 원류가 되었다. 그리고 신 중심의 미술에서 인간 중심의 미술로 전환됨에 따라 보다 객관적이고 정확한 아름다움을 표현하기 위한 원근법, 명암법, 해부학적이고 수학적인 표현법 등이 다양하게 시도되었다. 평면에 공간감과 거리감을 표현할 수 있는 원근법, 평면에 어두운 부분과 밝은 부분을 대조하여 입체감을 주는 명암 대조법, 풍부한 색채를 이용해 표현 가능한 유화 물감의 사용 등은 이 시대 대표적인 회화 기법이 되었다. 대표적인 미술가로 마사초, 레오나르도 다빈치, 미켈란젤로, 라파엘로 등이 있다.

「모나리자」
레오나르도 다빈치, 1503

「다비드」
미켈란젤로 부오나로티, 1504

「아테네 학당」
라파엘로 산치오, 1510~1511

바로크 미술은 종교개혁 이후, 17세기에 교권이 약화되면서 절대왕권을 배경으로 나타난 미술 양식이다. 바로크(baroque)는 '일그러진 진주'라는 뜻의 포르투갈어로, 왜곡된 삼단논법, 불협화음으로 인한 비정상적인 소리를 의미한다. 바로크 미술은 르네상스 양식의 균형과 조화, 이성적 규칙에 반하여, 최소한의 질서 안에서의 우연과 자유분방함을 강조한다. 또한 바로크 미술은 빛과 어둠의 대비, 동적이며 선명한 색조와 남성적 특징을 가진다. 대표적인 미술가로는 카라바조, 루벤스, 베르메르, 렘브란트, 반 다이크, 벨라스케스 등이 있다.

「계란을 부치는 노파」
디에고 벨라스케스, 1618

「세비야의 물장수」
디에고 벨라스케스, 1623

「후안 데 파레하의 초상」
디에고 벨라스케스, 1650

「십자가를 세움」
페테르 파울 루벤스, 1610

「야경」
렘브란트 반 레인, 1642

「진주 귀걸이를 한 소녀」
요하네스 페르메이르, 1665

로코코 미술은 18세기 프랑스 파리에서 귀족을 중심으로 시작되었으며, 장식에 쓰이는 조약돌이나 조개 장식을 뜻하는 '로카이유(rocaille)'에서 유래된 용어이다. 로코코 미술은 바로크 미술의 호방한 특징을 이어받았지만, 바로크 미술보다는 곡선을 사용한 장식적인 예술로 여성적이고 섬세한 특징을 가진다. 로코코 미술은 왕실 예술이 아닌 귀족과 부르주아의 예술이다. 즉, 루이 14세 사후에 프랑스 사회의 귀족 계급이 추구한 사치스럽고 우아하며, 유희적이고 변덕스러우면서도 부드러운 사교계의 예술 형태를 말한다. 루이 15세가 통치하던 당대 귀족들의 주거환경 내 가구, 옷, 식기류 등 다양한 곳에서 로코코 스타일을 찾아볼 수 있다. 18세기는 로코코뿐만 아니라 바로크, 고전주의, 낭만주의가 병존하는 시대였고, 서로 영향을 주고받는 시기였기 때문에 엄밀한 의미에서 로코코를 한 시대를 대표하는 사조라고는 볼 수 없다. 대표적인 미술가로는 바토, 샤르댕, 프라고나르, 부셰, 고야 등이 있다.

「키테라 섬으로의 출항」
앙투안 바토, 1717

「빗장」
장오노레 프라고나르, 1777

「카를로스 4세의 가족」
프란시스코 고야, 1801

이처럼 로코코 미술의 회화 주제는 주로 육체적 쾌락, 우아함, 가벼운 사랑을 담고 있다. 이후 프랑스 혁명의 발발과 신 계급의 등장은 새로운 사상과 정치적 이념을 담고 있는 미술을 필요로 하게 되었다. 이에 귀족 중심의 로코코 미술과 바로크 미술에 대한 반발로 신고전주의가 발전하게 된다. 신고전주의는 르네상스 미술인 고전적 미술을 추구하는 사조이다. 신고전주의에서는 고전적이고 역사적인 내용, 공공을 위해 개인이 희생하는 모습을 통한 엄숙함, 애국심, 영웅심 등이 강조된다. 특히, 신고전주의 회화는 연극무대처럼 한정된 공간과 단순한 구도 안에 적은 수의 인물이 등장하는 특징을 가진다. 대표적인 미술가로는 다비드, 해밀턴, 앵그르 등이 있다.

「브루투스의 맹세」
게빈 해밀턴, 1763

「호라티우스의 맹세」
자끄 루이 다비드, 1784

「그랑드 오달리스크」
장오귀스트도미니크 앵그르, 1814

낭만주의(romanticism)는 18~19세기 계몽주의와 고전주의에 반대하여 나타난 미술적 · 문학적 · 지적 사조이며, 18세기 말에 시작하여 1800~1850년 사이에 정점을 찍었다. 당시 영국의 산업혁명, 프랑스 시민혁명을 통해 자유와 독립을 위해 맞서는 혁명 정신이 확산되면서, 고전적 규범에 반대하고 인간의 이성보다는 감정과 직관, 개인의 표현을 중요시하는 문화가 형성되었다. 때문에 낭만주의 미술에서는 고전주의 미술에서처럼 인물이 틀에 박힌 듯 정형화된 모습이 아닌, 거친 붓질과 강렬한 색채를 통한 풍부한 모습으로 표현된다. 대표적인 미술가로는 제리코, 들라크루아, 존 컨스터블 등이 있다.

「메두사호의 뗏목」
테오도르 제리코, 1819

「건초 마차」
존 컨스터블, 1821

「히오스섬의 학살」
외젠 들라크루아, 1824

이후 19세기 사실주의(realism) 운동은 낭만주의와 함께 자연주의를 성행하게 한다. 사실주의 미술에서는 우리 주변에서 실제로 볼 수 있는 것들을 있는 그대로 정확하게 표현하고자 하였다. 사실주의는 이상적이거나 상상적인 것은 배제하고, 인간과 사회의 현실을 직시하여 눈에 보이는 그대로를 표현하는 것이 특징이다. 때문에 사실주의 미술에서는 가까이에서 직접 보고 경험할 수 있는 서민들의 일상적인 삶과 자연의 모습을 많이 볼 수 있다. 또한 자연주의(naturalism) 미술은 과거에 화가들이 실내에서 자연을 그리던 것에 반해, 야외로 나가 자연을 직접 마주하고 그림을 그리기 시작한 특징이 있다. 자연주의 미술에서는 자연 속에서 발견한 신비와 생명, 자연의 아름다움이 표현된다. 대표적인 미술가로는 카미유, 쿠르베, 밀레 등이 있다.

「돌 깨는 사람들」
귀스타브 쿠르베, 1849, 제2차 세계대전 중 소실

「이삭 줍는 여인들」
장프랑수아 밀레, 1857

「모르트퐁텐의 추억」
장바티스트 카미유 코로, 1864

인상주의(impressionism) 미술에서는 사실적으로 그려 왔던 전통적인 회화 기법에서 벗어나 색채, 색조, 질감 자체에 관심을 두기 시작한다. 인상주의를 추구한 화가들을 '인상파'라고도 하는데, 이들은 빛과 함께 시시각각으로 움직이는 색채의 변화를 통해 자연을 묘사하려고 하였다. 튜브형 물감과 접히는 이젤의 발명으로 인상파 화가들은 야외작업을 할 수 있게 되었고, 사물이 갖는 고유색을 부정하고 빛에 의해 변화하는 순간적인 색채(자연색)로 자연을 표현했다. 색채와 색조의 순간적 효과를 이용하여 눈에 보이는 세계를 정확하고 객관적으로 기록하려고 한 것이다. 대표적인 미술가로는 마네, 르누아르, 모네, 드가, 휘슬러 등이 있다.

「풀밭 위의 점심 식사」
에두아르 마네, 1863

「물랭 드 라 갈레트의 무도회」
오귀스트 르누아르, 1876

「발레 수업」
에드가 드가, 1874

신인상주의(neo-impressionism)는 인상주의를 계승하면서도 이것에 이론과 과학성을 뒷받침하려는 특징을 가진다. 순수한 색만을 주장하거나 혼합하는 일을 피하고, 작은 점을 색의 기본 단위로 삼아, 혼합되지 않은 순색의 점들을 이용해 형태를 완성해 가는 방식을 추구한다. 이렇게 점으로 이루어진 본래의 색들을 먼 거리에서 보면, 사람의 눈은 그 색을 자연스럽게 혼색으로 받아들이게 되는데, 이렇듯 미세한 점을 이용해 그림을 그리는 방법을 '점묘'라고 한다. 대표적인 미술가로는 쇠라, 시냑이 있다. 이후 인상주의에서 시작은 했으나, 그 영향에서 벗어나 완전히 새로운 작품 세계를 확립하고자 한 탈인상주의(post-impressionism)는 19세기 말 20세기 초에 나타났으며, 인상파의 작품을 보다 견고하게 하기 위해 표현성과 구성, 단순성의 추구, 과학적인 회화를 연구하고, 빛과 색채를 통한 감각과 감정을 표현하고자 하였다(Gombrich, 2003). 대표적인 미술가로는 쇠라, 세잔, 고흐, 고갱 등이 있다.

「그랑드자트섬의 일요일 오후」
조르주 쇠라, 1884

「별이 빛나는 밤」
빈센트 반 고흐, 1889

「타히티의 여인들」
폴 고갱, 1891

4) 현대(야수파, 입체파, 표현주의, 추상주의/다다이즘, 팝아트, 키네틱 아트)

20세기 유럽 각지에서는 기존의 형식을 파괴하고 끊임없이 새롭게 만들어 가는 혁신적인 미술운동이 일어났다. 프랑스에서는 야수주의(fauvisme)와 입체주의(cubisme), 독일에서는 표현주의(expressionismus), 네덜란드에서는 신조형주의(neoplasticisme), 소련은 절대주의(suprematisme)와 구성주의(constructivism), 이탈리아에서는 미래주의(futurism), 스위스와 미국에서는 다다이즘(dadaism)이 있다. 그 외에도 팝아트(pop art), 키네틱 아트(kinetic art), 미니멀 아트(minimal art), 옵 아트(op art), 비디오 아트(video art) 등이 있다. 이들의 공통점은 전통미술을 거부하고 작가의 생각이나 감정 표현을 중요하게 생각했다는 점이다. 즉, 현대에 들어 미술가들은 작가 자신의 시점에서 대상을 재해석함으로써 예술에 대한 진정한 가치를 탐구하고자 하였다.

먼저, 포비즘(fauvism)으로 불리기도 하는 야수파는 20세기 초반 모더니즘 예술에서 잠시 나타났던 미술 사조이다. 야수파의 흐름은 1902년 프랑스를 중심으로 시작되어 1910년까지 지속되기는 했지만, 실제 야수파 운동은 1905년부터 1907년까지 약 3년 동안 세 차례 전시회를 여는 데에 그쳤고 예술가들의 결속력 또한 약했다. 야수파의 특징은 강한 붓질과 과감한 원색의 사용, 대상의 간략화와 추상화에 있다. 특히, 그들은 눈에 보이는 것만의 진실성을 추구한 나머지 주체성과 내면의 감동을 상실한 인상파들에 반(反)하여, 자신의 감정을 표출할 수 있는 강렬하고 과장된 색채 사용을 망설이지 않았다. 야수파들의

「트루빌의 포스터」
라울 뒤피, 1906

「샤투의 센강」
모리스 드 블라맹크, 1907

「춤」
앙리 마티스, 1910

유일한 무기는 강렬한 색채였고, 그것은 그들의 젊은 생명력 자체를 의미하기도 하였다. 하지만, 왜곡된 색채와 성의 없이 보이는 거친 붓질 등을 보고 당대 예술가들은 '추한 그림', '미치광이들의 반란'이라고 비난하였고, 그들을 '야수들'이라고 조롱하는 과정에서 '~주의'가 아닌, '야수파'라는 사조가 탄생하게 되었다. 대표적인 미술가로는 마티스, 블라맹크, 뒤피, 드랭 등이 있다.

표현주의는 20세기 초에 일어난 미술의 한 양식으로, 야수파의 영향을 받아 극단적인 형태의 변형과 거친 붓 터치를 통해 내면세계를 더욱 강하게 표현하는 특징이 있다. 표현주의 미술은 인상주의의 특징인 빛과 색채의 유희로부터 벗어나려는 데 초점을 두고 있는데, 특히, 탈인상주의인 후기 인상파의 대표 화가들인 세잔, 고갱, 고흐의 그림은 이러한 표현주의의 특징을 선구적으로 보여준다. 표현주의는 기존 질서에 대한 항의와 삶의 개혁 운동 정신과 밀접하게 맞닿아 있어, 미술에서 강조하는 아름다움보다는 인간이 처한 어두운 현실(죽음, 가난, 질병, 폭력 등)을 정직하게 표현하는 데에 초점을 둔다. 대표적인 미술가로는 뭉크, 클림트, 키르히너, 프란츠 마르크 등이 있다.

「절규」
에드바르 뭉크, 1893

「키스」
구스타프 클림트, 1908

「거리의 다섯 여인들」
에른스트 루트비히 키르히너, 1913

입체주의(cubism)는 표현주의와 함께 20세기 초 프랑스에서 시작된 미술 양식으로, 조르주 브라크의 풍경화에서 비롯된 것으로 알려져 있다. 브라크가 프랑스 남쪽 지중해를 배경으로 풍경화를 그렸는데, 이를 두고 마티스가 '입체적 희한함(bizarreries cubique: 입체적인 작은 조각들로 만들어짐)'이라고 풍자하는 데에서

큐비즘이라고 부르게 되었다. 브라크가 풍경화를 그리면서 대상을 입체적인 공간으로 나누고 각 공간을 원색으로 칠하여 자연을 재구성한 것에서 출발하여, 입체주의 화가들은 점차 여러 각도에서 바라본 입체적인 형태(원통형, 입방형, 원추형)를 화폭 위에 올리기 시작하였다. 이처럼 사실적인 형태를 완전히 파괴해 버리는 새로운 미술 방식은 '파피에 콜레(papie colle)'라고 불리는 콜라주 기법을 창안하였다. 여러 가지 재료(신문, 잡지, 광고지, 악보 등)를 화면에 붙여서 꾸미는 콜라주는 표현하고자 하는 대상을 해체하고는 있으나, 그 대상이 암시하는 바가 드러나는 특징을 가진다. 대표적인 미술가로는 브라크, 피카소, 호크니 등이 있다.

「아비뇽의 처녀들」
파블로 피카소, 1907

「에스타크의 집」
조르주 브라크, 1908

「더 큰 첨벙」
데이비드 호크니, 1974

추상주의(abstract art)는 대상의 구체적인 형상을 나타내지 않고 점, 선, 면, 색과 같은 순수한 조형 요소로만 표현하는 미술 사조이다. 야수파에 의한 색채의 해방, 입체주의에 의한 사물의 분해 가능성은 추상주의 미술로 이어졌다. 추상주의는

「지저귀는 기계」
파울 클레, 1922

「구성 8」
바실리 칸딘스키, 1923

「빨강, 파랑, 노랑의 구성 II」
피트 몬드리안, 1930

그림 속에서는 구체적인 형태가 나타나지 않기 때문에 비대상(非對象) 미술(non-objective art)이라고 부르기도 한다. 대표적인 미술가로는 칸딘스키, 몬드리안, 파울 클레 등이 있다.

다다이즘(dadaism)은 제1차 세계대전 중인 1915년 스위스 취리히에서 일어나 1924년까지 유럽과 미국에서 유행한 반(反)이성, 반(反)도덕, 반(反)예술을 표방하는 미술 사조이다. 다다이즘은 기존의 가치와 질서를 철저히 부정하고 야유하며 편견과 인습, 겉치레로 가득한 기성 예술계를 풍자했다. 다다이즘을 신봉하는 자들을 다다이스트라고 하는데, 이들은 기존의 미술 양식을 파괴하며 콜라주(collage), 프로타주(frottage), 데페이즈망(depaysment) 등의 새로운 기법을 창안하였다. 대표적인 미술가로는 뒤샹, 아르프 등이 있다. 특히, 많이 알려져 있는 뒤샹은 공장에서 대량 생산된 남성용 소변기를 그대로 가져다가 「샘(Fountain)」이라는 제목을 붙이고 전시장에 올려놓아 큰 논란을 불러일으키기도 하였다. 이후 유럽 전역과 미국에 파급되었던 다다이즘은 파리로 옮겨지면서 초현실주의 속에 흡수되었다.

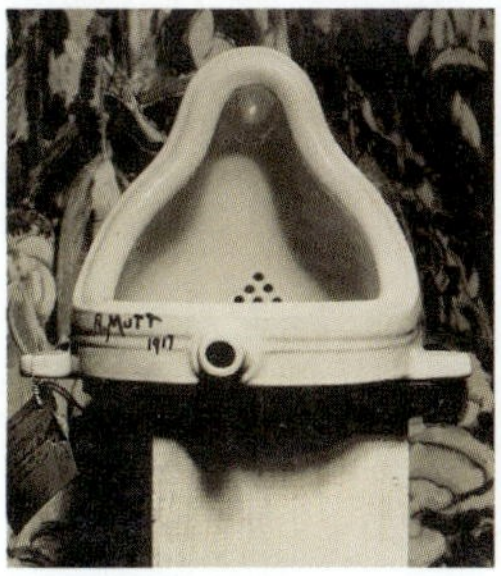

「샘」
마르셀 뒤샹, 1917, 원본 소실

「성좌」
쿠르트 슈비터스, 1920

「셔츠와 포크」
장 아르프, 1922

초현실주의(surrealism)는 다다이즘에서 출발하여 프로이트의 정신분석학 영향을 많이 받아 내면에 잠재해 있는 꿈과 무의식의 세계를 몽환적으로 표현하는 것이 특징이며, 다다이즘의 뒤를 이어 1919년부터 제2차 세계대전 발생 직후까지 약 20년 동안 프랑스를 중심으로 일어났다. "우리의 내적 세계는 눈에 보이는 세계보다 더욱 현실적이다"라는 샤갈의 말은 초현실주의자들에게 중요한 길잡이가 되었다.

초현실주의의 대표적인 미술가로는 달리, 마그리트, 샤갈, 호안 미로 등이 있다.

「나와 마을」
마르크 샤갈, 1911

「이미지의 배반」
르네 마그리트, 1929

「기억의 지속」
살바도르 달리, 1931

추상표현주의(abstract expressionism)는 1940년대 후반부터 1950년대까지 미국의 미술계에서 주목받은 미술 사조이다. 제2차 세계대전 이후, 유럽의 예술가들이 미국 뉴욕으로 많이 이주하게 되면서 뉴욕이 예술의 중심지가 되었고, 뉴욕에서 시작된 추상표현주의는 이후 세계 각국으로 전파되었다. 추상표현주의는 미국이 처음으로 세계에 영향을 미친 미술운동으로서의 의미를 갖는다. 추상표현주의의 대표적인 화가인 잭슨 폴록은 '액션 페인팅(action painting)'을 통해 그림을 그리는 과정의 중요성을 보여 준다. 액션 페인팅은 이미지가 정착된 완성된 작품에서 미적 가치를 구현하기보다는, 현실의 장에서 예술가가 표현하는 행위 그 자체에 가치를 둔다. 대표적인 미술가로는 잭슨 폴록, 프란츠 클라인, 한스 호프만, 조안 미첼, 마크 로스코 등이 있다.

「봄」
한스 호프만, 1945

「가을의 리듬 (넘버 30)」
잭슨 폴록, 1950

「스페이드의 왕」
조안 미첼, 1956

팝 아트(pop art)는 1960년대 초 뉴욕을 중심으로 출현한 미술의 장르이다. 당대 미국과 영국에서는 대량 생산과 대량 소비가 최고치에 이르게 되었고, 사람들은 자연이 아닌 대중매체와 친해지게 되었다. 때문에, 이 시기 팝 아티스트들은 반예술을 지향하면서 신문의 만화, 상업 디자인, 영화의 스틸, 대중매체의 이미지를 미술의 주제로 삼았다. 앞서 추상주의가 추상적이었다면, 팝 아트는 대중문화를 그림의 소재로 채택하여 가공 작업을 거치기에 새롭고 구상적인 특징을 갖는다. 대표적인 미술가로는 앤디 워홀, 리히텐슈타인, 올덴버그, 키스 해링 등이 있다.

「공놀이 소녀」
로이 리히텐슈타인, 1961

「금빛 매릴린 먼로」
앤디 워홀, 1962

「무지=공포」
키스 해링, 1989

키네틱 아트(kinetic art)는 기계적인 조립이나 바람 등에 의해 작품 자체가 움직이거나, 움직이는 부분을 포함하는 예술작품을 총칭한다. 키네틱 아트는 관중이 작품에 직접 참여하여 작품을 움직이는 것과, 동력을 사용하여 작품을 움직이는 두 종류로 나뉜다. 빛, 소리, 움직임, 색채 등을 종합적으로 취급하는

「플라밍고」
알렉산더 칼더, 1973

「팅겔리 분수」
장 팅겔리, 1977

「불과 물 분수」
야코프 아감, 1986

키네틱 아트는 예술 전반의 영역 구분을 모호하게 하기도 한다. 대표적인 미술가로는 칼더, 팅겔리, 아감 등이 있다.

미니멀 아트는 작가의 주관을 최대한 절제하고 극도로 단순한 제작 방식을 이용해 미술작품을 제작하는 특징을 갖는다. 대상의 본질만 남기고 불필요한 요소들을 제거하고 미술작품의 실제와 본질을 강조한다. 최소한의 색, 단순화된 수직선과 수평선, 기하학적 뼈대 등을 이용해 최대한 간결하게 표현한 것이 특징이다. 미니멀 아트는 '리터럴 아트(literal art)', '차가운 미술(cool art)', '환원적 미술(reductional art)', '프라이머리 스트럭처(primary structure)' 등 다양한 명칭으로 불리기도 한다. 대표적인 미술가로는 스텔라, 저드, 모리스, 하시미 등이 있다.

「두 기둥」
로버트 모리스, 1961

「톰린슨 공원」
프랭크 스텔라, 1959

「무제」
도널드 저드, 1991

CHAPTER **06**

영유아미술교육을 위한 환경구성

환경은 유아의 삶이 이루어지는 물리적 공간이다. 유아는 삶의 공간인 환경 안에서 안정감을 느끼며 생생한 체험과 풍성한 놀이를 한다. 또한 미적 체험을 통해 아름다움을 느끼고 공유하며 즐거움을 누리게 된다. 이러한 점에서 교사는 유아의 놀이와 풍부한 미적 체험이 일어나는 일상 공간 안에 미술환경을 구성해야 한다.

1. 미술환경 구성

영유아미술교육을 위한 환경 구성은 유아가 생활하는 모든 공간에서 구성 가능하다. 미술활동은 유아의 놀이가 전개됨에 따라 실내외 공간 구분 없이 진행될 수 있기 때문이다.

미술교육을 위한 환경은 유아의 요구에 반응적이며 유아의 미적 감각을 높이고 미적 체험을 풍부하게 하는 과정에 도움이 되도록 자주 수정 가능해야 한다. 환경이 유아에게 '제3의 교사'로서 역할을 하기 위해서는 융통성이 필요하기 때문이다. 이를 위해 유치원에 있는 사람을 둘러싼 모든 것과 사람이 쓰는 모든 것(물체, 재료, 구조물)은 유아와 성인의 행동을 조정하고, 또한 조정되기도 하는 적극적인 움직임이 있는 요소로 작동해야 한다(Gandini, 2012).

1) 실내 미술환경 구성

미술영역은 유아가 무엇인가를 만들고 싶을 때 자유롭게 드나들면서 창의적인 표현을 할 수 있는 자료와 분위기가 준비되어 있어야 한다. 미술활동은 물을 사용하는 경우가 많기 때문에 물이 있거나 물과 가까운(주로 화장실과 가까운) 곳에 배치하는 것이 좋으며 유아가 집중하는 데 방해가 되지 않는 조용한 곳이 좋다. 실내에 미술영역을 구성할 때 고려할 사항은 다음과 같다.

(1) 배치

창의적 표현을 하는 미술영역은 유아가 집중해서 작업할 수 있는 공간으로 구성되어야 한다. 따라서 소음이 많이 발생하는 활동영역과는 거리를 두는 게 좋다. 동시에 놀이를 하는 중에 필요한 것들을 즉시 만들어 놀이에 이용할 수 있도록 유아의 접근성이 좋아야 한다. 때로 여러 유아가 함께 작업하기 위해서 공간을 쉽게 넓힐 수 있도록 이동식 교구장을 활용하면 좋다. 넓은 작업공간이 필요할 경우에는 바닥 작업도 가능하도록 구성한다.

미술영역은 색을 다루는 활동을 하는 곳이기 때문에 채광이 중요하다. 이를 위해 활동실 내의 빛을 고려하여 영역을 배치해야 하며, 때로는 조도를 조정할 수 있도록 인공조명이나 암막 등을 활용한다. 여러 반이 함께 미술활동을 하면서 그 과정을 공유할 필요가 있을 때는 복도나 홀 공간 등을 활용하면 좋다. 이 경우 물감이나 접착제 등이 떨어져도 사후관리가 쉽도록 비닐이나 박스 등을 깔아 놓는다(바닥에 테이프 등으로 단단히 고정하여 유아가 미끄러지지 않도록 유의).

미술영역을 구성할 때는 감상을 위한 공간도 필요하다. 유아의 관심과 흥미를 고려한 다양한 미술작품들을 전시해 줄 필요가 있으며, 이러한 공간은 미술영역에 한정시킬 필요는 없다. 유아가 활동하는 전체 공간이 심미적일 때 즐겁게 감상할 수 있기 때문이다.

(2) 기본 설비

미술영역에 기본적으로 필요한 설비는 다음과 같다.

① 책상

책상은 혼자 또는 여럿이 함께 작업할 수 있도록 자유롭게 조합 가능한 분리된 책상이 좋다. 움직임이 큰 활동을 자유롭게 하기 위해서는 때로 의자를 치울 수도 있으며, 낮은 책상이나 바닥에서 활동할 수도 있다.

출처: 보육사 홈페이지(https://www.boyuksa.co.kr/)

② **교구장**

미술영역에는 다양한 종류의 많은 자료가 제공되기 때문에 유아가 원하는 자료를 쉽게 찾아 사용하고 편리하게 정리할 수 있도록 배치해야 한다. 연령에 맞는 높이의 교구장, 이동식과 고정식 교구장을 적절히 조합하여 효율적인 공간을 구성한다.

③ **건조대**

물감작업을 한 경우에는 작품을 건조시킬 공간이 필요하다. 전용 건조대를 사용하거나 공간이 부족할 경우 벽면에 줄을 매달아 건조와 전시를 동시에 할 수도 있다. 가정에서 사용하는 일상적인 이동식/접이식 건조대도 활용 가능하다.

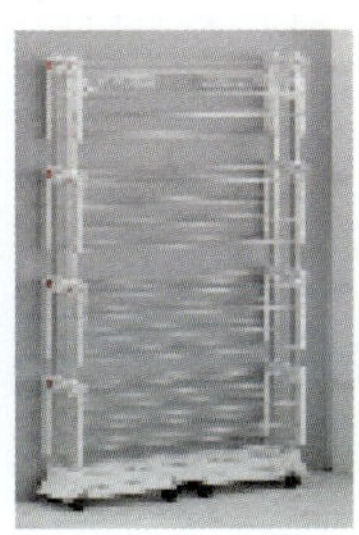

④ 전시공간

미술영역은 작품을 전시하기에 가장 유용한 공간이다. 현재 작업 중인 작품이나 완성한 작품을 전시할 수 있도록 공간을 배치하는 것이 좋으며, 벽면이나 천장, 교구장 위나 뒷면 등을 활용하는 것도 좋다.

2) 실외 미술환경 구성

유아가 계절의 변화, 날씨의 변화, 자연의 아름다움을 가장 잘 느낄 수 있는 대표적인 공간은 실외공간이다. 실외공간에서는 주로 대근육 위주의 바깥놀이를 하지만, 때로는 미술활동을 하는 최적의 공간이 되기도 한다.

(1) 지붕이 있는 공간

고정된 지붕이 있는 공간(예: 정자, 실외 목공공간, 덩굴이 있는 휴식공간 등)에서는 비교적 날씨에 제한받지 않고 미술활동을 진행할 수 있다. 실내에서 할 수 있는 거의 모든 미술활동이 가능한데, 상대적으로 넓은 공간과 주변의 자연재료들, 자연채광과 통풍이 유아에게 새로운 감각을 제공한다.

(2) 물과 가까운 공간

실외 물놀이 공간이나 수도 주변에서는 물을 사용하는 활동을 마음껏 하기에 좋다. 바닥에 물을 흘리는 것에 신경 쓸 필요가 없고 물을 퍼 나르는 수고를 덜 수 있다는 점에서 더 자유롭다.

(3) 테라스나 현관

활동실과 연결된 테라스 공간이나 출입 공간 주변의 현관은 미술활동을 진행하기에 좋은 공간이다. 유아는 실내와 실외 공간을 상대적으로 안전하고 자유롭게 이동할 수 있으며, 교사 또한 유아를 지원하기에 편리하다. 날씨가 좋은 경우 테라스나 현관에 미술활동을 준비해 줌으로써 새로운 분위기에서 즐겁게 놀이할 수 있다.

(4) 흙이나 잔디밭

바닥 깔개나 헌 이불 등을 깔고 간단한 미술활동을 할 수 있다. 그림 그리기, 색종이 접기, 만들기, 꾸미기, 염색하기 등의 다양한 활동을 진행할 수 있다.

(5) 포장된 바닥공간(주차장, 딱딱한 바닥재가 있는 놀이터 공간)

부피가 큰 작품을 만들거나 여러 명이 공동작업을 할 경우 유치원의 실외 공간 중 일부를 활용할 수 있다. 특히 물을 쓰거나 소음이 발생하는 작업은 실외공간 중 딱딱한 바닥재가 있는 곳이나 주차장 등이 좋다. 필요한 경우 천막을 친다면 작업하는 유아들이 더 편안하게 집중할 수 있다.

2. 미술작품 전시

1) 감상을 위한 심미적 환경

유아가 실내에서 생활하는 동안 아름다움을 충분히 즐기고 느낄 수 있도록 환경을 구성하는 것은 미술활동 못지않게 중요하다. 미술작품을 감상할 수 있는 공간은 유아가 주로 활동하는 활동실뿐 아니라 창문, 계단, 출입문, 천장, 복도, 바닥, 기둥, 식당, 강당 등 어느 곳이든 가능하다.

작품을 전시한다는 것은 작품을 보여 주는 동시에 작품과 관련된 이야기를 전달하는 것이다. 작품을 전시하는 공간과 주변 환경은 작품의 의미를 구체적이고 풍부하게 만들어 준다는 점에서 유아가 특정 공간에 전시된 작품을 볼 때 공간과 작품 간 관계를 지각하고 다양한 표현방법을 경험한다(박은혜 외, 2017).

미술관에 작품을 전시할 때 전시 기획자는 작가의 의도나 전시회의 주제가 드러나도록 장소, 빛, 배치 순서, 소리, 동선 등을 고려한다. 그로 인해 미술작품은 그 자체로 생명을 얻으며, 관객에게 이야기를 건네고 관객과 소통하게 된다. 유아의 작품도 '미술작품'으로 전시될 때 미적 영감을 불러일으킬 수 있다.

2) 실내 전시

유아가 만든 작품은 유아교육기관 내 어떤 공간이든지 전시와 배치가 가능하다. 복도 공간과 벽면, 중앙 홀을 활용하여 유아의 작품을 전시하는 과정에서 미술 경험은 보다 확장될 수 있다.

빗방울을 모빌로 만들어 전시

유아가 만든 조형물을 테이블과 라이트테이블에 각각 전시

벚꽃을 관찰한 뒤 팝콘으로 만든 봄꽃을 벽면에 전시

공룡박물관에 다녀온 후 유치원 중앙 로비를 박물관으로 꾸며서 놀이하기

오래되어 낡은 종이벽돌을 이용하여 전시 공간을 직접 만들고 꾸미기

3) 실외 전시

유아가 만든 미술작품을 실외에 전시함으로써 작품의 의미와 아름다움을 효과적으로 전달할 수 있다. 나무와 벽면, 때로는 계단 등에 전시함으로써 유아가 생활하는 공간에서 자연스럽게 미적 감수성을 높일 수 있다.

3. 미술교육을 위한 재료

유아는 자신의 감정과 생각을 표상하는 매개체로써 미술활동 재료를 만난다. 유아는 다양한 자료를 풍부하게 경험하고 자신만의 방식으로 재창조하는 과정을 통해서 사물에 대한 탐색, 심미적인 경험, 또래와의 상호작용, 성취감 등을 얻을 수 있다. 유아에게 위험하거나 유해하지 않는 한 모든 자료가 놀이자료가 될 수 있는 것처럼(교육부, 놀이실행자료, 2019, p.38) 미술재료의 선택 또한 유아에게 위험하거나 유해하지 않는 한 모든 것이 미술재료가 될 수 있다.

예술경험 영역의 목표인 창의적으로 표현하는 과정을 즐기기 위해서는 '다양한 미술재료와 도구로 자신의 생각과 느낌을 표현'하는 것이 중요하다. 이에 '다양한' '미술재료' '도구'에 대해 살펴볼 필요가 있다.

1) 다양한 미술재료와 도구

(1) 다양한

미술에 사용할 수 있는 재료의 범위는 거의 무제한이다. 그중 일부는 연필, 점토, 물감 등과 같은 전통적 재료이다. 두 번째로는 목재, 콜라주 재료 및 석고 등과 같이 미술에 자주 사용되는 재료이며, 세 번째 범주에는 미술과는 관련이 없지만 때로는 작품 제작에 독특한 효과를 내면서 미술경험에서 다양한 방식으로 활용할 수 있는 재료이다. 예를 들면, 포장상자, 그물, 건축용 파이프 등이 해당된다 (Lowenfeld & Brittan, 1987).

유아의 예술경험을 풍부하게 지원하기 위해서는 생각과 느낌을 표현할 수 있는 다양한 재료가 필요하다. 심미적이고 창의적인 예술경험을 위한 미술재료는 놀이자료에 대해 가지는 시각과 동일하다(교육부, 놀이실행자료, 2019, p.39-43).

또한 교사의 열린 마음과 유아의 주도성을 인정해 주는 태도는 유아가 다양한 사물을 미술재료로 사용하는 것에 영향을 미친다. 재료 자체의 다양성뿐 아니라 재료를 보는 다양하고 열린 시각이 유아로 하여금 스스로 선택한 방법으로 재료를 만나고 경험하게 하기 때문이다. 교사는 유아가 스스로 선택한 다양한 자료의 활용방법을 지켜보면서 격려하고 지원한다.

- 자연물은 좋은 자료이다. 자연물은 탐색, 관찰, 몰입을 통해 배움이 일어나도록 하는 자료인 동시에 아름다움을 표현하고 미적 경험을 할 수 있는 의미 있는 자료이다.
- 다양한 일상의 사물 또한 훌륭한 미술재료이다. 일상의 사물을 고정된 용도와 시각에서 벗어나 바라보게 되면 창의적인 표현을 위한 새로운 재료가 된다.

그러나 풍부하고 다양한 미술교육 재료가 무조건 좋은 것만은 아니다. 영유아에게 너무 많은 종류의 재료를 한꺼번에 내어 줄 경우 오히려 집중이 어렵고 산만해질 수 있기 때문이다. 이는 놀이에 기초한 교육과정에서 환경을 구성할 때 환경이 주는 정보의 비율, 양, 자극의 정도가 적절해야 함과 같은 맥락이다(박은혜 외, 2017).

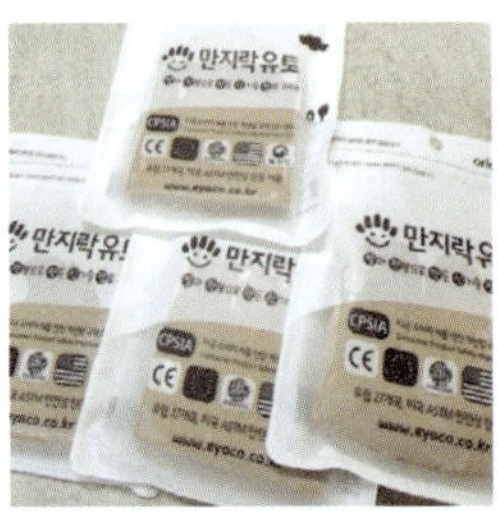

곡물점토

형광점토

페인트컵

[컬러붓펜

우유갑을 재활용하여 만든 유아 작품

(2) 미술재료

미술은 재료를 통해 의미를 전달하는 표현이라는 점에서 재료가 갖는 의미는 특별하다. 무엇을 어떻게 표현할 것인가는 어떤 재료를 선택하고 활용하느냐에 따라 달라지기(한국조형교육학회, 2016) 때문이다. 현대미술에서는 일상에서 마주할 수 있는 수많은 인공물과 자연물 모두가 표현의 재료가 된다. 재료가 갖는 의미를 정리하면 다음과 같다(곽나연, 2022에서 재인용).

- 유아가 사용하는 미술재료는 표현의 도구이기 이전에 탐구대상이자 놀잇감이라는 점이다. 따라서 '이것은 무엇인가?'라는 물질에 대한 관심에서 출발하는 것이 좋다. 유아와 재료의 만남은 보다 생생하고, 역동적인 관계를 맺는 '과정'이 되어야 한다.
- 현대미술에서 작가의 고유한 언어가 재료를 통해 나타나는 것처럼 미술교육에서도 재료는 유아의 표현을 결정짓는 중요한 요소이다. 재료의 선택에 따라 작품의 형태, 색깔, 질감 등이 달라지기 때문에 미술재료는 주제보다 유아의 미술표현에 더 큰 영향을 미친다.
- 감각적인 물성을 지닌 재료는 유아에게 원초적인 표현욕구를 불러일으킨다는 점에서 매우 중요하다. 표현활동 초반에는 호기심과 욕구를 유발하고, 탐색과정에서는 물질적·감성적 체험을 제공하며, 작품 제작 과정에서는 아이디어를 시각 구조로 변형시켜 의미를 전달한다는 점에서 각 과정마다 각기 다른 교육적 의미를 갖는다.
- 미술교육에서 사용되는 미술재료는 표현의 수단 또는 매체를 넘어 그 자체가 교육 활동의 주제나 목적이 될 수도 있다. 따라서 재료를 수업의 주제나 탐구대상으로 적극적으로 다룰 수 있다.

아른하임(Arnheim, 1974)은 유아는 자신의 경험이나 사용 가능한 자료에 의존하여 표현하는 경향이 있다고 하였으며, 아이즈너(Eisner, 1972)는 미술표현 자료는 매우 다양할 뿐 아니라, 시각적이며 촉각적인 특성이 있으므로 이들과 어떻게 소통하느냐가 작품 완성에 영향을 미칠 수 있음을 강조하였다(김은심, 2019). 로웬펠드(Lowenfeld,

1952)는 미술재료를 선택하고 사용기법을 개발하는 데 중요한 요인으로 다음의 다섯 가지를 제안한다.

- 모든 재료와 기법은 유아가 표현하려는 의도에 도움이 되어야 한다.
- 유아가 미술재료를 사용할 준비가 되어 있을 때, 적당한 재료를 제시하는 것이 교사의 중요한 역할이다.
- 유아의 욕구에 알맞은 여러 종류의 재료를 동시에 사용하는 것이 유용하다. 이러한 과정에서 유아는 다양한 제작 순서를 경험할 수 있고 감수성이 확장될 수 있다.
- 교사는 모든 유아가 스스로 기법을 개발할 수 있도록 도와주어야 한다. 교사가 직접 기법을 찾아 주는 것은 유아의 개별적인 접근을 방해하는 것이다.
- 미술재료와 재료를 다루는 기술은 목적을 위한 수단일 뿐이며, 유아의 표현 의도와 분리하여 기법을 가르칠 수 없다.

미술재료는 다양한 기준으로 분류가 가능하다. 교사는 이러한 분류를 참고하여 영유아가 다양한 재료를 탐색하고 체험할 수 있도록 선택의 기준으로 활용하면 좋다. 재료의 형태와 가공 여부에 따른 기준(김삼랑, 1992; 류재만, 2004)을 참고하여 정리하면 다음과 같다.

〈표 6-1〉 재료의 형태에 따른 분류

구분	재료
입자로 구성된 재료	흙, 조약돌, 모래, 톱밥, 쌀, 콩, 도토리, 솔방울, 밤, 은행, 달걀껍데기, 단추, 구슬, 바둑알 등
가루로 구성된 재료	밀가루, 녹말가루, 석고가루 등
선으로 구성된 재료	실, 노끈, 테이프, 막대, 성냥개비, 이쑤시개, 나뭇가지, 철사류, 수수깡, 고무줄 등
면으로 구성된 재료	종이류, 판지, 포장지, 은박지, 헝겊, 비닐류, 벽지류, 유리, 아크릴판, 스티로폼, 함석 등
부피를 가진 재료	찰흙, 지점토, 밀가루점토, 컬러클레이, 고무찰흙, 비누, 솜, 목재, 스펀지, 벽돌, 빈 깡통, 플라스틱 통, 종이상자 등

〈표 6-2〉 자연재와 인공재에 따른 분류

구분		재료
자연 재료	식물	나뭇잎, 짚, 곡식, 씨앗, 옥수수 껍질, 왕겨, 수세미, 솔잎, 솔방울, 열매, 조롱박, 죽순 껍질 등
	석재	모래, 조약돌, 바둑알, 벽돌 등
	목재	나무토막, 나무껍질, 나무뿌리, 톱밥, 우드페이퍼, 코르크, 베니어합판, 나무젓가락, 나무주걱, 이쑤시개, 성냥개비 등
인공 재료	철재	철사, 클립, 머리핀, 못, 깡통, 철판, 구리판, 아연판, 알루미늄판 등
	섬유	실, 털실, 헝겊, 노끈, 털, 솜, 망사, 스타킹 등
	점토	찰흙, 석고, 종이찰흙 등
	합성류	비누, 지우개, 스펀지, 스티로폼, 수수깡 등
	종이	색종이, 켄트지, 한지, 두꺼운 종이, 신문지, 골판지, 휴지 등
	유리	유리판, 각종 유리병 등

(3) 도구

미술재료를 다루고 표현하기 위해서는 도구가 필요하다. 일반적인 영유아용 기본 도구, 미술용 도구, 일상적인 생활 도구를 함께 제공할 수 있다. 유아는 재료의 특성에 맞는 도구를 선택하고 사용하는 경험을 하는 동시에 도구 자체가 갖는 특성을 활용하여 창의적 작품을 시도하고 만들게 된다.

2) 재료와 도구 제시

미술영역은 재료의 특성에 따라, 도구의 기능에 따라, 유아의 필요에 따라 잘 배치되어 있을 때 유아가 쉽게 사용하고 동기 유발 효과도 높아진다. 복잡하고 정리되지 않은 영역은 유아를 당황하게 하고, 유아의 관심을 끌지 못한다(이정환 · 김희진, 2017).

커티스와 카터(Curtis & Carter, 2008)는 자료를 제시할 때 유아가 자료를 깊게 탐색하게 하면서 유아의 관심과 동기를 유발하는 방식으로 제시하는 것을 강조한다.

(1) 유아가 자료를 깊게 탐색하기

유아는 먼저 자료가 가진 다양한 특징과 가능성을 탐색해야 한다. 왜냐하면 유아는 자료의 특성을 완전히 이해하고 난 후에야 자신이 과거에 알던 것과 연계시킬 수 있기 때문이다. 이러한 연계가 이루어지면서 유아는 다양한 자료를 의도적으로 사용하게 된다.

- 어린이의 능력과 가능성을 믿고 자료 제시하기
- 친숙한 자료를 새로운 방법으로 사용하게 하기
- 자료의 미적 가치를 최대한 활용하기
- 다양한 용도로 사용할 수 있는 자료 활용하기
- '장난감'이 아닌 실제 사물과 양질의 사물 제공하기
- 어린이의 관심이 확장되면 이에 맞춰 추가적인 자료 제공하기

(2) 유아의 관심과 동기를 불러일으키는 방식으로 자료 제시하기

- 자료를 질서 있고 아름답게 배열하기
- 자료의 배경을 마련해 주기
- 알맞은 용기에 담아 주기
- 다른 특성을 가진 유사한 자료를 모아 주기
- 크기(큰 것, 작은 것)나 높이(낮게, 높게)를 다양하게 주기
- 자료가 어떻게 사용될 수 있는지를 알려 주는 방식으로 제시하기

- 흥미를 다시 불러일으키기 위해 다른 방식으로 재배열하기
- 자료를 더 잘 이해하고 사용할 수 있도록 책이나 시각적 자료를 함께 제시하기

CHAPTER **07**

영유아미술교육의 접근

영유아를 위한 미술교육은 누리과정의 예술경험 영역에 해당되며, 아름다움과 예술에 관심을 가지고 창의적 표현을 즐기는 것을 목표로 한다. 이러한 목표를 구체적으로 살펴보면 다음과 같다.

① 자연과 생활 및 예술에서 아름다움을 느낀다.
② 예술을 통해 창의적으로 표현하는 과정을 즐긴다.
③ 다양한 예술 표현을 존중한다.

유아는 자연과 생활 및 예술에서 아름다움을 느끼고, 즐기며, 존중하고, 찾아보며, 표현하고 친숙해진다. 이러한 행동적 핵심어(류재만 외, 2023, p.175)에서 드러나는 바와 같이 예술경험은 유아 자신의 경험과 행동으로 구성되어야 한다(누리과정 예술경험: 자연과 생활 및 예술에서 아름다움을 느낀다, 예술을 통해 창의적으로 표현하는 과정을 즐긴다, 다양한 예술 표현을 존중한다, 예술적 요소에 관심을 갖고 찾아본다, 다양한 미술재료와 도구로 자신의 생각과 느낌을 표현한다, 다양한 예술을 감상하며 상상하기를 즐긴다, 서로 다른 예술 표현을 존중한다, 우리나라 전통예술에 관심을 갖고 친숙해진다).

이번 장에서는 위의 내용에 근거하여 영유아를 위한 미술교육의 접근방법을 살펴보고자 한다. 놀이 가운데 만나는 미술, 계획된 활동으로 만나는 미술, 온라인 활동으로 만나는 미술, 시각문화교육으로 만나는 미술, 융합교육으로 만나는 미술로서 다섯 가지 접근법으로 살펴본다.

1. 놀이 가운데 만나는 미술

유아가 주도권을 가지고 놀이하는 흐름을 따라가다 보면 교사는 유아의 놀이 가운데서 미술경험과 연결되는 순간과 만나게 된다. 그러한 상황에서 미술놀이로 자연스럽게 전이되는 과정은 유아에게 진정한 기쁨과 즐거움을 주는 예술적 경험이 되며, 창조적인 조형활동으로 확장될 수 있다. 다음에서는 유아가 커피박(커피콩에서 커피액을 추출하고 남은 부산물)을 탐색하고 놀이하는 과정에서 자연스럽게 미술활동으로 연결되는 사례를 소개한다. '놀이 가운데 만나는 미술활동'을 통해 예술적 체험은 자연스럽게 유아의 삶 속으로 스며들게 된다.

커피박 놀이[1]

커피박을 탐색하고 가루로 놀이하는 것에 흥미를 가지며 유아들의 놀이가 무르익어 가면서 미술놀이(커피로 그림 그리기, 커피박으로 그림 그리기)로 이어졌다. 유아는 커피박 가루로 점토를 만들고, 만든 커피박 점토는 나만의 화분 만들기로 이어졌다. 커피박으로 향기 주머니까지 만들게 된 유아들은 이를 유치원의 '또또장터'에서 팔게 되었다.

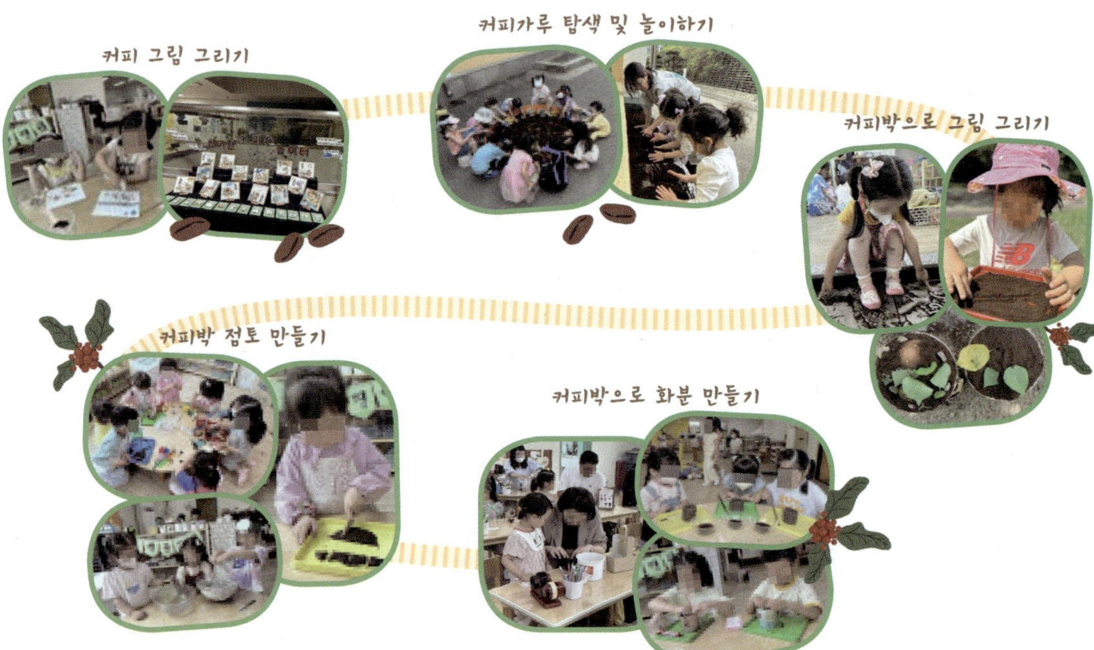

1) 연성대부속유치원 놀이 사례

[커피박 점토로 화분 만들고 꾸미기]

커피박 점토로 만든 화분이 완성되자 유아들은 너무나 신기해했어요. "우~와~ 단단해졌어요. 점토는 말랑말랑했잖아요."라고 하며, 우리가 만든 화분이 건조되면서 단단해진다는 것을 경험하게 되었어요. 완성된 화분에 그림을 그려 나만의 화분으로 표현해 보았어요.

[동시 짓기 - "우리 목소리가 들려요! 또 듣고 싶어요"]

달님반 유아들은 커피박으로 놀이하기를 너무나 좋아했어요. 가루와 점토로 놀이하며 느낀 감정과 생각을 각자 자신의 말로 표현해 보았어요. "보들보들 구름 같아요", "말랑말랑 우리 아빠 배", "엄마 아빠에게 안기는 느낌이에요". 유아들이 표현한 말을 녹음하고 이를 모으자 멋진 동시로 완성되었답니다.

[커피박으로 향기 주머니 만들기]

"또 사용하고 또 사용하는 장터(또또장터)"에 우리들이 만든 향기 주머니를 판매하게 되었어요. 그래서 좀 더 멋지게 만들 수 있는 방법에 대해 이야기하다가 "색깔이 더 예뻐지면 좋겠어요."라는 유아들의 생각에 교사는 커피를 녹인 물을 제시해 주었고, 커피물로 우리가 만든 탈취제와 화분에 색을 칠했어요. 색이 더 진해지고 반짝반짝하게 변해서 모두 기뻐하였답니다.

2. 계획된 활동으로 만나는 미술

교사는 유아의 흥미와 관심을 고려하면서 심미감과 예술적 감각을 확장할 수 있는 미술활동을 계획한다. 이는 단기간에 걸친 활동으로 이루어지기도 하고, 때로는 시간의 흐름과 함께 활동을 반복함으로써 예술적 경험을 심화·확장하기도 한다. 교사가 계획한 활동으로 만나는 미술은 계절·명절·행사 등과 관련하여 제공되는 경우, 또는 프로젝트 관련 활동으로 전개될 수 있다. 경우에 따라 교사가 계획한 미술활동으로 시작하였으나, 활동 중간에 유아의 흥미와 관심에 따라 그 주도권이 유아에게로 넘어가기도 한다.

다음은 유아의 호기심과 질문에서 시작되어 교사가 계획한 미술감상활동으로 진행된 경우이며, 방과후 학급에서 시작되어 유치원 전체 학급으로 활동이 확장된 예이다.[2)]

에바 알머슨 활짝 핀 꽃 명화 재구성

날씨가 따뜻해진 봄날에 밖으로 나가 바깥놀이와 산책을 하던 유아들은 꽃에 대해 관심을 보였다. 교사는 유아들이 꽃에 관심을 보이자 이를 봄과 관련된 명화 감상활동을 계획하여 연결시켰다. 명화 감상 후 아이들은 "우리도 활짝 핀 꽃을 한번 만들어 보고 싶어요!"라는 유아의 요구로 이어져서 다 함께 작품을 만들고 유치원 중앙 공간에 전시하게 되었다.

「활짝 핀 꽃」
에바 알머슨, 2018

2) 연성대부속유치원 사례

연성대학교부속유치원 방과후 친구들의 '활짝 핀 꽃'

* 놀이의 시작

"왜 꽃 색깔이 서로 달라요?"

"꽃에서 향기로운 냄새가 나요!"

"날씨가 따뜻해요! 봄이 찾아왔나 봐요!"

"나비는 어디로 날아갈까?"

"꽃냄새를 맡고 나비가 놀러 왔나봐요."

"꿀을 먹으러 왔나봐요?"

"옷도 꽃이다!"

남계우의 '꽃과 나비', 에바알머슨의 '활짝 핀 꽃' 명화를 함께 보았어요

- 봄과 관련된 명화를 감상해요
  -남계우 '꽃과 나비', 에바알머슨 '활짝 핀 꽃'

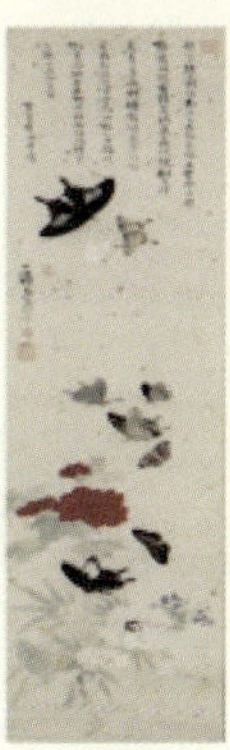

"그림이 왜 길어요?"

"나비가 왜 많아요?"

"저 글자는 어떻게 읽어요?"

만 3세

그림 속 많은 나비에 관심을 가진 유아와 함께 대칭 나비를 그려보았어요!

만 4세

나비 색깔에 관심을 가진 유아와 함께 색종이로 알록달록한 나비를 만들어 보았어요!

만 5세

나비 날개 무늬에 관심을 가지게 된 유아와 함께 데칼코마니 기법으로 만들어 보았어요!

"우리도 '활짝 핀 꽃'을 만들어보고 싶어요!"

휴지 꽃을 만들어요.

습자지 꽃을 만들어요.

오일 파스텔로 그림을 그려요.

눈송이 폼폼이로 꽃을 표현해요.

휴지꽃을 물들여요. (약병 / 스프레이)

꽃 도장으로 봄을 표현해요.

작품에 우리 이름을 새겨요.

[3세] 5월 호수반 놀이 이야기

놀이 계획

감상) 명화를 감상해요.

동화) '봄 속으로 풍덩'을 감상해요.

미술) 알록달록 작품을 꾸며요. / 종이로 다양하게 만들어요.

보드게임) 봄 꿀을 가져오자!

협동) 현수막으로 꾸민 에바 알머슨

기본생활습관: 내 감성을 바르게 표현해요.
안전교육: 바르게 먹어요. (약물 안전교육)

감상) 명화를 감상해요.

유아들과 함께 에바 알머슨(활짝 핀 꽃)과 신사임당(초충도)의 명화를 감상하는 시간을 가져보았습니다.
명화를 감상하는 방법에 관해 이야기를 나눈 후 유아들이 다양한 방법으로 명화를 감상하였습니다.
"꽃을 보고 꿀벌이 날아올 것 같은데요?", "봄이 와서 놀러 왔나 봐요!" 명화 속 곤충과 알록달록 꽃을 보며 명화 속에 숨어 있는 그림에 관심을 가진 후 유치원 바깥 산책을 통해 명화 속 꽃, 마음에 드는 꽃을 찾아 바깥 풍경도 감상하는 시간을 가져보았습니다~^^

동화) '봄 속으로 풍덩' 동화를 감상해요.

"어떻게 풍덩 빠지지?"
"봄비?"
'봄 속으로 풍덩' 동화를 함께 감상해 보는 시간을 가져 보았습니다. 제목이 가려진 책 표지를 보며 함께 제목을 추측해 본 후 동화를 감상해 보았습니다.
동화책, 미디어로 여러 번 동화를 감상하고 다양한 봄꽃과 움직이는 모습에 즐거움을 느끼고 집중해서 감상하는 모습을 보였습니다.
동화를 감상한 후 장면을 다시 회상하며 꽃 이름에 대해 알아본 후 가장 기억에 남는 꽃에 관해 이야기를 나누었습니다.
책을 모두 감상한 후 '내가 책 제목을 만든다면?'이라는 질문에 유아는 "꽃비", "곰돌이 소풍" 이야기하며 책 제목을 다시 지어 보기도 하였답니다.

미술) 알록달록 꾸며요.

다양한 명화와 봄 풍경을 감상 후 미술재료를 통해 명화, 봄을 꾸며 보는 시간을 가져 보았습니다.
냅킨과 휴지로 나비와 꽃을 만들어 보며 약병, 스프레이를 사용하여 물감을 담아 다양한 색깔로 물들여 보았습니다.
이 과정에서 "분홍색이랑 파란색을 섞어 보고 싶어요!" 이야기하며 색혼합에도 알아갈 수 있었습니다.^^
"제가 화가 될 수 있어요!", "저는 이렇게 표현할 거예요~." 다양한 색칠도구를 사용하여 자신만의 작품을 만들어 갈 수 있었던 호수반이었습니다.^^

미술) 종이로 만들어요.

일상에서 자주 쓰이는 냅킨과 사용하고 남은 조각 종이를 사용하여 미술작품을 만들어 보는 시간을 가져보았습니다!
일상에서 사용하는 냅킨, 무늬가 있는 냅킨을 비교하고 탐색해 보면서 무엇을 만들고 싶은지 이야기를 나누었고 유아는 꽃, 개미, 나비 등 다양한 의견을 이야기해 주었습니다.
"ㅇㅇ이 나비랑 내 나비랑 같이 날아가네?", "더듬이도 있었으면 좋겠어요" 무늬가 있는 냅킨을 접어 나비를 만들고 아이디어를 내는 모습, 하얀색 냅킨으로 꽃을 만들어 꽃 이름을 지어 주는 모습 등을 보이며 같은 냅킨이지만 다름을 느끼고 다양하게 꾸밀 수 있었습니다.
조각 종이와 색종이를 활용하여 모자이크 기법을 표현해 보는 시간을 가져보았습니다.
모자이크 기법에 관해 이야기를 나눈 후 다양한 종류, 다시 사용할 수 있는 종이를 고르며 찢어서 표현해 보았습니다.
종이를 직접 찢어 보는 과정에서 즐거움을 느끼며 선 안에 맞추어 종이를 붙여 보았으며, 종이를 길고 작게 찢어 자유롭게 표현해 보는 과정에서 선 안이 아닌 꽃 옆에 붙이며 "꽃잎이 날아가요."라고 이야기하며 창의적으로 표현할 수 있었습니다.

보드게임) 봄 꿀을 가져오자!

봄과 관련된 보드게임 'Hanna honeybee' 보드게임을 협동하여 놀이하는 시간을 가져보았습니다.
보드게임 구성물을 함께 살펴보고 게임 규칙을 알아가며 호수반이 정한 약속을 지키며 놀이를 해 보았습니다.
꽃을 넣으면 꿀 그림으로 변하는 것에 즐거움을 느끼고 꿀이 나올 때 벌을 흉내 내며 놀이하는 모습을 보이기도 하였습니다^^.
보드게임의 규칙을 알고 경험해 보았던 유아는 새롭게 하는 유아에게 게임 규칙을 설명해 주기도 하며 함께 협동심을 기르며 게임을 해 볼 수 있었습니다.

협동) 현수막으로 꾸민 에바 알머슨

에바 알머슨의 '활짝 핀 꽃'을 감상 후 유아는 "나비랑 곤충도 있었으면 좋겠어요!", "머리카락이랑 옷도 입혀 줘요!", "밖에서 꽃을 가져와요!" 이야기하며 명화 감상을 통해 유아들이 직접 의견을 내어 주면서 명화를 함께 재구성해 보는 시간을 가져보았습니다!
유아들이 이야기한 의견으로 봄꽃 그려보기, 다양한 재료로 꽃 만들기, 봄 곤충 만들기가 이루어졌고 작품을 모아 현수막에 유아들의 작품을 스스로 붙여 꾸며 보는 시간을 가져보았습니다.
형님들과 함께 꾸며 가는 에바 알머슨 작품으로 빈 종이가 점점 채워지는 것을 보며 뿌듯함을 느끼고 형님반들과의 친밀감을 더욱 쌓을 수 있는 시간이 되었습니다^^

[4세] 가람반의 5월 놀이 이야기

놀이 계획

[동화]
- '생명을 꿈꾸는 씨앗' 감상
- '씨앗이 자라면 어떻게 될까' 감상

[음악]
- '멘델스존의 봄노래' 감상
- '차이코프스키의 봄의 왈츠' 감상

[바깥놀이]
- 봄에 볼 수 있는 동식물이 있어요

[과학]
- 냅킨 위에 그린 꽃그림을 관찰해요

[미술]
- 냅킨 위에 꽃그림을 그려요
- 봄에 관찰할 수 있는 곤충을 꾸며요

[신체]
- 습자지로 봄꽃을 표현해요
- 천으로 나비를 만들어요

[협동]
- "에바 알머슨의 활짝 핀 꽃" 명화를 재구성해요

기본생활습관: 놀이터에서 지켜야 할 약속
안전교육 : 미세먼지 오존 비상대응

[동화] 생명을 꿈꾸는 씨앗 & 씨앗이 자라면 어떻게 될까 / [음악] 멘델스존의 봄노래 & 차이코프스키의 봄의 왈츠

"씨앗이 자라면 어떻게 변할까?"
"꽃, 열매, 나무도 원래는 작은 씨앗이었구나!"
지속적으로 봄에 관심을 가지며 꽃이 피어나기 전 어떤 모습이었는지 궁금증을 느껴 동화를 감상하며 호기심을 해소해 보았습니다.
"노래를 감상하니까 봄처럼 따뜻해요."
봄의 느낌을 떠올리고 다양한 음악을 경험하며 바른 자세로 감상하는 태도를 길러보았습니다. 감상을 통해 느낀점을 언어적으로 표현하며 상상력을 길러 보았답니다.

[바깥놀이] 봄에 볼 수 있는 동식물이 있어요

"나비가 향기로운 꽃 냄새를 맡고 있나 봐."
"꽃과 곤충을 찾으러 바깥놀이터에 가고 싶어요!"
주변에서 발견할 수 있는 자연의 아름다움에 흥미를 느껴 자유롭게 바깥놀이하는 시간을 가져 보았습니다. 다양한 방식으로 탐색하며 궁금한 것을 탐구하는 과정에 즐겁게 참여하고 심미적 감수성을 길러 보았답니다.

[과학] 냅킨 위에 그린 꽃그림을 관찰해요

"나는 꽃으로 훨훨 날아가는 나비를 그릴 거야."
"냅킨을 물에 넣으면 어떻게 변할까?"
냅킨과 매직을 활용하여 바깥놀이터에서 관찰한 자연을 그림으로 표현해 보았습니다. 냅킨과 물이 만났을 때 어떻게 변화할지 궁금증을 느껴 도구를 활용하여 물체의 변화를 관찰해 보았답니다.

[미술] 봄에 관찰할 수 있는 곤충을 꾸며요

"봄에 볼 수 있는 곤충은 무엇이 있을까?"
봄에 볼 수 있는 식물뿐만 아니라 생명체에도 관심을 가져 봄에 관찰할 수 있는 곤충을 이야기 나누며 알아보고 자유롭게 꾸며 보았습니다. 소근육을 협응하고 조절하며 창의적으로 표현해 보았답니다.

[신체] 습자지로 봄꽃을 표현해요 & 천으로 나비를 만들어요

"하늘 위에서 눈꽃이 펑펑 내리고 있어요."
"봄바람에 꽃잎이 살랑살랑 흩날리는 것 같아요."
대근육, 소근육을 활용하여 습자지를 탐색하며 친구들과 함께 감상한 음악에 맞춰 봄꽃이 흩날리는 모습을 춤과 움직임으로 표현해 보았습니다.
"나비도 만들고 싶어요!"
"어떤 재료로 만들어볼까?"
여러 가지 형태로 꽃을 표현하자 나비를 만들고 싶다고 이야기하며 빵끈을 구부려서 더듬이를 만들 것을 제안하여 창의적으로 표현해 보았습니다.

[협동] '에바 알머슨의 활짝 핀 꽃' 명화를 재구성해요

"친구들과 함께 에바 알머슨의 그림을 꾸미고 싶어요!"
명화를 꾸미기 위해서 어떤 재료가 필요한지 자신의 생각을 이야기 나누며 친구들과 생각을 공유해 보았습니다. '에바 알머슨의 활짝 핀 꽃' 명화가 그려져 있는 현수막을 여러 가지 종류의 미술재료(종이접기, 습자지, 물감, 파스텔 등)로 협력하여 꾸며 보았답니다.

[5세] 바다 · 여울반의 5월 놀이 이야기

놀이 계획

〈감상〉
- '꽃향기에 나비 날고' 동화 감상
- '꽃과 나비' 남계우의 명화 감상

〈보드게임〉
할리갈리 / 과수원 까마귀 / 성벽을 오르는 개구리(HABA)

〈수조작〉
레고 – 브릭큐

〈미술〉
- 현수막에 표현하는 에바 알머슨의 '활짝 핀 꽃' (협동미술)

〈신체〉
- 바다, 여울 피구왕!

〈요리〉
- 우리가 직접 간식을 준비해요! (모닝빵에 과일잼을 발라 먹어요.)

동화: 꽃향기에 나비 날고 / 명화: 꽃과 나비

〈동화 감상〉
동화를 읽기 전, 어떤 내용일지 유추해 보며 제목이 왜 꽃향기에 나비 날고 인지 생각해 보았습니다. "맨 앞에 나비가 날아가서요!, 뒤에 꽃이 많아서 날아 왔나?"라며 떠오르는 생각들을 이야기해 보았습니다. 우리나라 민화의 아름다움을 느껴 보며 "우리도 책에 있는 나비처럼 꾸며요" 라며 에바 알머슨을 이어서 꾸며 보려고 합니다.

〈명화감상〉
바깥놀이 시간을 통해 유아들과 함께 산책하며 다양한 모양과 색깔의 나비가 있는 봄 풍경을 감상해 보았던 경험을 회상하며 남계우의 꽃과 나비 그림을 감상하였습니다. 유아들과 함께 현수막과 다양한 미술재료를 사용하여 에바 알머슨의 '활짝 핀 꽃' 명화를 재구성하고 있는 것에 대해 함께 이야기하며 오늘 감상해 본 남계우의 '꽃과 나비' 도 함께 꾸며 보고 싶다는 유아들의 의견을 반영하여 명화 재구성 놀이가 지속되고 있습니다.

친구들과 함께하는 즐거운 보드게임!

보드게임 시작 전 유아들과 함께 우리가 지킬 보드게임 약속으로는 어떤 약속이 있을지에 대해 생각하고 게임을 진행하였습니다. 글자를 읽을 수 있는 유아들이 게임 방법을 읽고 친구에게 알려주며 함께 놀이에 참여할 수 있도록 도움을 주는 모습 또한 함께 관찰할 수 있었습니다.
친구들과 함께 여러 보드게임을 즐겨보았습니다. 내가 알고 있는 보드게임의 진행방법을 친구들에게 친절하게 알려주는 모습도 볼 수 있었습니다. "져도 괜찮아~ 재밌었어!"라며 승패와 상관없이 친구들과 함께하는 즐거움을 느끼는 시간을 가지고 있습니다.

미술) 현수막으로 꾸미는 에바 알머슨

에바 알머슨의 '활짝 핀 꽃' 작품을 현수막에 인쇄하여 유아들에게 제공해 주었습니다. 우리가 감상해 왔던 경험이 있어 기억하고 있었고, 어떻게 꾸밀 수 있을지 이야기를 나누어 보았습니다. "그림으로 그려요, 색종이로 접어요, 물감으로 꾸며요"와 같이 여러 방법을 이야기해 주어 우선 크레파스를 제공하여 현수막에 그림을 그려볼 수 있도록 하였습니다. 어떤 것을 그리면 좋을지 질문을 하여 스탠바이미로 에바 알머슨의 작품을 띄어 주어 참고하여 그릴 수 있도록 하였고, "꽃 많이 그려야지~, 자세히 보면 나뭇가지도 있어!"라며 친구들과 함께 현수막에 그림을 그려 보고 있습니다.

색종이로 접어보는 봄

색종이와 미술재료를 사용하여 봄에 볼 수 있는 꽃과 나비, 곤충을 접어 보는 시간을 가져 보았습니다. 친구들을 도와주며 접어볼 수 있도록 격려해 주는 모습을 보였습니다. "선생님! 나비 접기도 있는데 제 방법도 한번 봐봐요!"라고 이야기하며 색종이를 반으로 접어 반쪽 나비를 그린 후, 가위를 사용하여 오려서 데칼코마니 모양을 만들었습니다. 그리기 도구를 사용하여 데칼코마니 나비를 꾸민 후 현수막으로 꾸미는 에바 알머슨의 '활짝 핀 꽃'에 꾸며 주었습니다. 바다, 여울반 친구들은 완성된 작품을 기대하며 다양한 미술재료를 사용하여 명화 재구성 놀이에 관심을 갖고 흥미를 느끼고 있습니다.

레고 브릭큐 에센셜_새로운 레고가 생겼어요!

다양한 작품을 만들 수 있는 설명서도 있어 친구들과 함께 힘을 합쳐 조립해 보기도 하고, 자신이 원하는 모양을 만들어 완성한 작품으로 상상력을 펼쳐 역할놀이를 하는 모습도 보였습니다. 도움을 주는 모습도 볼 수 있었고, 설명서를 보며 "내 자동차는 이 톱니바퀴 모양 달아 볼래!", "나는 작은 바퀴랑 큰 바퀴 둘 다 끼워 볼래! 시합해 보자!"라며 함께 완성하려는 모습이 보였습니다.

바다, 여울은 피구왕!

바다반과 여울반이 함께 강당에서 피구 게임을 해 보았습니다. 피구 방법에 대해 설명을 하고 경기 규칙과 안전에 대한 약속도 이야기를 나눈 후 피구를 시작해 보았습니다. 함께 모여서 피구 규칙을 설명하는 시간을 갖고 교사 2명이 먼저 시범을 보이며 어떨 때 아웃인지, 아웃된 후에는 어떻게 하는 것인지 설명을 해 주었습니다.

요리) 우리가 간식을 직접 준비해요!

오후간식으로 나오게 된 모닝빵과 딸기잼을 우리가 직접 준비를 해 보았습니다. "여기 빵 뚜껑 조금 열려 있다!, 조금 더 뜯어서 잼 발라야지!" 친구들과 함께 앉아 위생장갑을 끼고 만들기 시작하였습니다. "직접 만들어서 먹으니까 더 맛있어요, 재밌어서 또 하고 싶어요!"라며 우리가 직접 간식을 준비해서 먹어 보는 즐거움을 느끼며 맛있게 먹어 보았습니다.

그림책으로 만든 겨울 액자

유아와 함께 자연친화 활동을 진행하던 부속유치원 교사들은 대학 유아교육과 학생들의 ESG 프로젝트 전시를 견학하는 것이 의미 있다고 판단하여 전시회 관람을 계획하였다. '일상의 재활용품 다시(re:) 태어나다' 전시회를 보고 온 부속유치원 유아들은 자신만의 그림책 액자를 만들어 보고 싶어 하였고, 그중 '꿈꾸는 상자'는 유치원 유아에게 새로운 표현의 계기가 되었다.

3. 온라인 활동으로 만나는 미술

COVID-19의 전 세계적 확산은 미술감상과 체험의 방식 또한 변화시켰다. 물리적 접촉과 이동이 제한된 상황에서 사람들은 오프라인 대신 온라인에서 서로 연결되고, 미술관 관람 방식에서도 변화가 일어났다. 각 미술관에서 제공하는 온라인 전시의 비중이 점점 높아지면서, 온라인에서의 미술감상이라는 새로운 경험을 즐기게 되었다.

이러한 현상은 유아의 미적 체험과 예술경험 활동에도 영향을 주었는데, 가상 미술관·박물관에 접속하여 다양한 미술작품을 만날 수 있는 좋은 기회가 된다. 유아는 여러 작가들의 작품을 감상하고, 시대별 작품들을 만나며, 다양한 재료와 유형의 예술작품들을 체험할 수 있다. 최근에는 AR, VR 등의 기술을 활용하여 시공간을 초월한 예술체험활동이 가능하게 되었는데, 필요한 경우 교사가 유아의 연령을 고려하여 선택적으로 활용할 수 있다.

유아미술교육에서 온라인 미술관·박물관을 활용하는 활동의 교육적 가치는 다음과 같다.

- 초고해상도의 디지털 이미지로 제공하는 미술작품들을 선명하고 자세하게 관찰하고 감상할 수 있다. 실제 작품을 보는 것처럼 생생하게 감각할 수 있으며, 작은 부분도 크게 확대하여 자세히 살펴볼 수 있다는 장점이 있다.
- 디지털네이티브인 영유아에게 디지털 매체는 익숙하다. 온라인 미술관·박물관이 소장하고 있는 수많은 아름다운 작품을 더욱 자주 만나고 감상할 수 있다는 점에서 풍부한 감상환경을 갖게 한다.
- 공간 이동 없이 미술관과 박물관을 방문하여 유아의 경험을 확장할 수 있는 기회가 된다. 국내뿐 아니라 세계 여러 나라의 미술관과 박물관에 접속하여 예술경험을 할 수 있으며 이는 자연스럽게 새로운 호기심과 탐구의 기회가 된다.

다음은 온라인 미술관을 활용한 미술활동의 실제 사례이다.[3)]

명화 따라 하기

게티뮤지엄 명화 패러디

"당신이 가장 좋아하는 미술작품을 고르세요. 집 안에 있는 아이템 세 가지를 찾으세요. 그리고 그 아이템들과 함께 작품을 '재창조' 해 보세요."

2020년 게티뮤지엄의 '미술작품 놀이' 제안은 전 세계적인 호응을 받았다. 누리꾼들의 패러디 작품들은 '거리두기'로 떨어져 있지만 '함께 놀이하는 인간'의 감각을 일깨운다(경향신문, 2020. 4. 22., 명화 패러디로 격리도 즐겁게....)

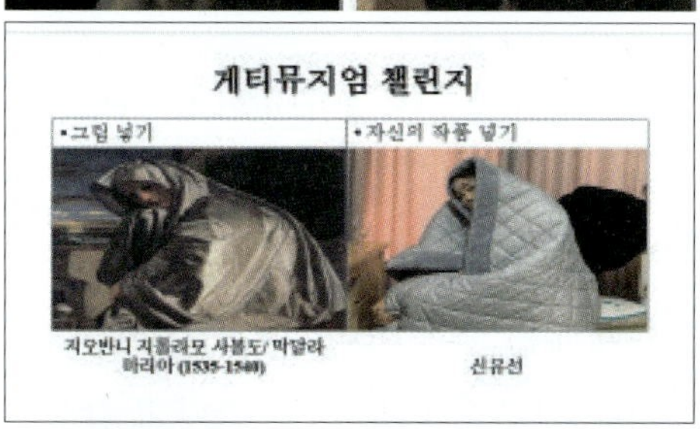

3) 전주비전대학 유아교육과 학생들의 작품

유아의 미술 체험에 유용한 가상 미술관·박물관으로 다음의 기관들이 있으며, 각 기관에서 유아의 작품들을 가상 공간에 전시함으로써 자체적으로 온라인 체험을 확장하기도 한다.

기관	주소	내용
국립현대미술관	www.mmca.go.kr	• 어린이미술관
	https://www.mmca.go.kr/digitals/digitalMain.do	• 디지털 미술관
가나아트파크	http://www.artpark.co.kr/	• 어린이체험관
드림톡톡어린이미술관	https://cafe.daum.net/CJCG	• (구) 청주어린이미술관
리움미술관	https://www.leeumhoam.org/	• 영상·자료 〉 어린이·청소년
부산시립미술관	https://art.busan.go.kr/index.nm	• 어린이미술관 • 소장품 고화질 보기 • 온택트
성북구립미술관	https://sma.sbculture.or.kr/sma/index.do	• 어린이미술관 꿈자람 • 소장품 갤러리 • 서울시 최초 자치구 미술관
수원시립미술관	https://suma.suwon.go.kr/main/main.do	• 소장품갤러리(연도별)
	수원시립북수원전시관	• (구) 수원시립어린이미술체험관 • 어린이 생태문화예술 공간
씽크씽크미술관	http://www.thinkthink.net/index.php?branch=s	
현대어린이책미술관	https://www.hmoka.org/main/index.do	• 다이어리 〉 작가, 작품, 영상
국립중앙박물관	https://www.museum.go.kr/site/main/home	• 전시 〉 디지털 실감 영상관/온라인전시관
	https://www.museum.go.kr/site/main/home	• 어린이박물관 • 전시 〉 온라인 전시(메타버스에서 만나는 어린이 박물관)
구글아트앤컬처	https://artsandculture.google.com/	• 【Art camera】: 고화질 예술작품 탐색 • 360도 동영상: 360도로 문화 체험 • 카테고리별 탐색: 아티스트, 재료, 장소, 역사적 인물, 역사적 사건 등 • 주제별 탐색
게티	https://www.getty.edu/	• Explore Art 〉 Art collection, Talks & Videos, Images for Download • 예술탐구 〉 아트컬렉션, 강연 및 동영상, 다운로드용 이미지

4. 시각문화교육으로 만나는 미술

오늘날 우리는 다양한 시각적 이미지들에 둘러싸여 일상을 살아가고 있다. 개인의 선택과 상관없이 매 순간 새로운 시각적 이미지를 만나고 이를 통해 정보를 얻고 즐거움을 누리기도 한다.

미술은 자신의 느낌과 생각을 시각적으로 표현함으로써 주변 세계와 소통하고 이해하며 관계를 구성해 가는 인류 보편의 언어이다. 최근 들어 급격히 발달한 매체의 변화는 새로운 '시각문화'를 만들어 냈다(초등학교 미술과 교육과정, 2022).

미술교육에서 말하는 시각문화는 회화, 조각, 공예, 디자인 등의 전통적인 개념뿐만 아니라 일상생활 속 모든 시각적인 문화현상을 포괄하는 것이다. 대중문화, 건축, 광고, 인터넷과 각종 동영상 등 다양한 이미지가 포함된다(류재만 · 손지현, 2023).

모든 유아는 태어나면서부터 세상과 소통하고 세상에 대해 배운다. 세상에 관심을 갖고 세상이 무엇인지 알려고 하는 것이다. 이러한 과정에서 유아는 주변과 관계를 맺으면서 소통하고 세상을 살피고 돌본다. 유아는 세상의 모든 사람, 모든 것과 관계를 맺고 싶어 하며 놀이하면서 아주 작은 것도 주의 깊게 살피며 아끼고 돌본다(교육부, 놀이이해자료, 2019. p.15). 이는 유아의 일상적 삶 속에서 이루어지는 것이며, 놀이에서 가장 잘 발현된다. 따라서 유아가 생활 주변에서 만나고 부딪히는 다양한 시각적 이미지들은 유아가 세상을 이해하고 배우는 하나의 통로가 되며 의미 있는 기호로 작용한다. 이러한 관점에서 시각문화는 유아의 삶과 놀이, 그리고 배움에 영향을 미친다.

미술교육에서 시각문화교육이 필요한 이유는 다음과 같다(이주연 외, 2020).

- 세상에 관심을 갖고 주변과 관계를 맺으며 소통하는 유아에게 생활 전반에 스며든 시각문화는 중요한 일상의 환경이 되었다. 다양한 시각적 문화양상을 인지하고 이해할 필요가 있다.
- 주변의 시각문화를 미적으로 감상할 수 있는 시각적 문화감수성을 기르기 위함이다.

- 수많은 시각문화 콘텐츠를 그대로 수용하기보다는 비판적으로 미적 가치를 판단할 수 있는 능력이 필요하기 때문이다.
- 예술을 삶 속으로 끌어들이며 삶 속에서 예술을 즐기게 한다.
- 미래의 문화산업에 필요한 인재 양성 측면에서 필요하다.

우리나라의 시각문화 미술교육은 교육과정에서 찾아볼 수 있다. 시각문화 미술교육은 2007 개정 미술과 교육과정에서 처음 소개되면서, 학습자에게 필요한 문화적 소양능력과 시각문화 학습의 중요성을 강조하였다. 그중 미적 체험영역에서 시각문화 환경, 표현영역에서 영상표현 등을 새롭게 제시하였다.

2015 개정 미술과 교육과정에서는 시각적 소통능력과 미술문화이해능력을 포함하였다. 시각적 소통능력은 변화하는 시각문화 속에서 이미지 · 정보 · 시각매체를 이해하고 비판적으로 해석하며 소통할 수 있는 능력으로, 사회 변화에 따른 교육적 요구를 잘 반영한 것으로 평가되었다.

2022 개정 미술과 교육과정에서는 시각적 소통 역량을 교과역량으로 설정하였다. 시각적 역량은 다양한 매체에 기반한 시각문화를 비판적으로 이해하고 활용하여 시각적으로 소통하는 것을 의미한다. 이는 미적 체험의 핵심 아이디어로서 이미지에 대한 비판적 이해가 시각적 소통과 문화적 참여의 토대가 됨을 강조(교육부, 2022)한 것이다.

누리과정에서 추구하는 인간상인 감성이 풍부한 사람은 예술을 사랑하고 존중하며 자신을 둘러싼 주변 세계에 경이감과 아름다움을 느끼고 즐길 수 있는 풍부한 문화적 감수성을 지닌 사람을 의미한다. 유아는 다양한 사물과 매체, 사람과 자연에 민감하고 주변의 다양한 예술과 문화에 관심을 가지며 그 속에서 아름다움과 재미를 발견한다. 또한 유아는 이러한 아름다움을 다양한 언어로 표현하는 것을 좋아하고 즐긴다.

이때 미술은 중요한 시각언어로서 유아의 표현활동에 있어 매우 중요하다. 특별히 다양한 시각적 문화 환경 속에서 아름다움을 느끼고 즐기는 것은 새로운 매체를 이용한 예술적인 창작활동으로 나아가게 하며, 유아의 삶 속에서 시각문화를 즐기게끔 한다는 점에서 중요하다. 개정 누리과정은 유아가 일상과 놀이 속에서 아름다움을 발견하고 공감하며, 이를 다양한 예술로 표현하면서 문화를 향유하는 사람으로 성장해 갈 수 있도록 돕는다는 점에서 더욱 그러하다.

누리과정의 목표가 일상에서 아름다움을 느끼고 문화적 감수성을 기른다는 점은 유아의 생활 주변을 둘러싸고 있는 시각문화에 대한 교육적 접근이 필요함을 시사한다. 즉, 교육과정의 목표가 유아가 자연과 문화에 대한 감수성을 바탕으로 일상 속에서 아름다움을 느끼고 즐기는 마음을 가지도록 돕는 것이라면, 우리의 생활 전면에 스며들어 있는 광고, 동영상, 그래픽 등의 시각문화에 대해서도 동일하게 아름다움을 찾고 미적 감수성을 예술적으로 표현하는 과정을 즐길 수 있어야 한다. 이는 자연과 문화에 대해 열린 마음을 가지고 향유하는 경험에서 시작해야 한다. 유아교육기관은 미술활동을 통하여 유아가 문화적 공감능력과 심미적 감수성을 키워 갈 수 있도록 도와야 한다. 이러한 과정에서 유아는 일상에서 아름다움을 느끼고 문화적 감수성이 풍부한 사람으로 성장해 나갈 것이다.

북카페 약속표지판[4]

북카페 놀이를 진행하던 중에 서로 지켜야 할 약속과 규칙을 정할 필요성을 이야기 나누게 되었다. 함께 정한 약속들을 누구나 보기 쉽게 만들기 위해서 약속표지판을 제작하게 되었고 이는 다음과 같은 시각이미지로 기호화되었다.

4) 연성대부속유치원 사례

숲속반 마스코트 만들기 (기호화 놀이)[5]

우리 반에 가장 잘 어울리는 마스코트를 만들기 위해서 우선 유치원의 마스코트를 살펴보고 숲속반, 산들반을 대표하는 마스코트를 소그룹으로 만들어 보았다. 만든 마스코트를 활용하여 실내화 주머니, 키링 등을 만들었으나 그림으로 표현했을 때 유아마다 모양이 다름을 발견하고 모두가 같은 그림으로 표현할 수 있는 간단한 기호로 표현해 보고자 하였다. 이를 위해 지도에 사용되는 기호와 색깔을 확인해 보고, 숲속반, 산들반의 상징을 떠올리며 간단한 도형을 활용하여 마스코트를 기호화하였다.

아이들이 만든 마스코트

5) 연성대부속유치원 사례

거북이와 함께 천천히 걸어요[6)]

복도와 계단에서 안전하게 다니기 위해 '천천히 걸어요'라는 표지판을 만든 사례이다. '거북이'라는 이미지를 시각화하여 바닥에도 붙이고 표지판을 만들어 세우기도 하며 이를 홍보하는 영상도 만들게 되었다.

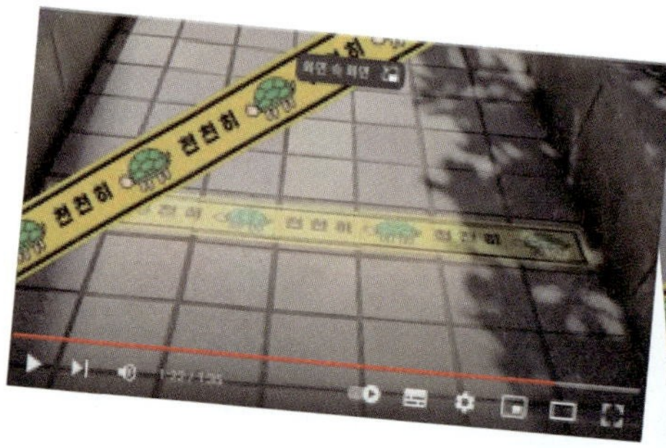

카이스트 배상민 교수 랩실의 화장실 표지판 만들기[7)]

6) 아이코리아 부속유치원 사례. 출처: 아이코리아 TV

7) 출처: 집사부일체 이게 바로 산업디자인이다! 카이스트 디자인 투어

5. 융합교육(STEAM)으로 만나는 미술

STEAM은 과학(Science), 기술(Technology), 공학(Engineering), 예술(Arts), 수학(Mathemaitcs)을 의미하며 문화예술까지 포함한 전체적인 융합교육 체계이다. 융합교육인 STEAM은 유아교육에서 강조하는 통합교육과 기본적으로 그 맥락을 같이하는 것으로서, 미래사회의 역량으로 거론되는 창의 · 융합을 위해서도 중요하다. STEAM의 구성요소 중 '감성적 체험은 학습자의 감동적인 경험(heart-on)과 체험을 강조하며, 이는 미술활동을 포함한 예술경험에서 구현 가능하다.

융합교육으로 만나는 미술활동은 유아에게 적합한 통합적 접근으로서 의미 있으며, 삶 속에서 즐기는 예술적 경험활동을 위해서도 적절하다. 다음은 미술활동과 연계 · 통합된 융합교육(STEAM)의 사례이다.

빛상자 만들어 놀이하기[8)]

거울지를 활용하여 빛 상자를 만들어 빛놀이를 하는 활동이다.
색을 칠한 거울지를 다양한 크기와 모양으로 휘어서 상자 안에 구성하고, 조명을 비추어 빛과 색의 혼합을 느끼는 활동이다. 상자를 여러 방법으로 쌓아보면서 재구성할 수 있으며, 천장과 벽면에 비친 색 그림자를 관찰하며 즐길 수 있는 융합활동이다.

8) 연성대 유아과학교육 모의 수업 중 예비교사들이 발표한 내용

명화 속으로 들어가기[9)]

존 에버렛 밀레이의 「가을 낙엽」 명화를 감상하고 명화 속으로 들어가 보는 체험감상활동을 하였다. 크로마키 기법을 활용하였으며, 패스트패션이 환경을 오염시키는 원인이라는 것을 알게 되어 낙엽으로 옷을 표현하고 사과 대신 지구를 들고 있는 모습으로 재연하였다.

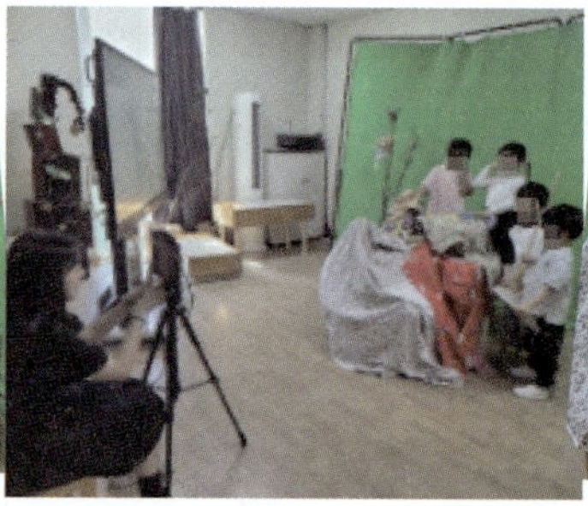

9) 연성대부속유치원 사례

CHAPTER 08

영유아미술교육의 평가

1. 영유아미술교육 평가의 목적

평가(評價, Evaluation)란 어떤 대상의 가치를 규명하는 일을 말한다. 그러므로 교육에서 평가는 교육적 수행에 대한 가치를 판단하는 것이라고 할 수 있다(위키피디아). 영유아미술교육에서는 미술활동의 전 영역에 걸쳐 영유아의 균형적인 발달, 교육과정의 수행 방법 및 수준의 적절성, 효율 등을 살펴보는 것이라고 할 수 있다. 그러므로 영유아미술교육에서 평가란 미술활동을 하고 나서 그 결과물에 국한된 평가라기보다 미술활동을 진행하는 과정에서 유아들이 내적·외적 발달이 얼마나 이루어지고 어떤 어려움이 있는지 살펴보는 것이라고 할 수 있다.

영유아미술교육 평가의 목적은 우선 영유아미술 능력의 발달 정도를 살펴보는 것에 있다. 특정 활동 하나로 모두 알기는 어렵지만, 시간의 간격을 두고 영유아가 미술활동에 참여하는 것과 그 결과물을 관찰하여 영유아미술 능력이 어떻게 성장하였는지 파악하는 것이 필요하다.

둘째로는 진행하고 있는 미술활동의 목표가 적절하였는지 확인하는 것이다. 영유아에게 제시된 미술활동을 수행하는 동안 그 목표와 수준이 적절했는지 평가하여, 다음 활동을 계획하는 데 사용할 수 있다. 이는 교사의 미술 교육과정 수행에 대한 평가라고도 할 수 있다.

다음으로는 교사와 학부모에게 영유아의 미술활동 발달 정도에 대한 구체화된 정보 제공을 위한 목적이 있다. 영유아미술활동의 결과물 또는 그 과정에서 나타난 발달 특성은 교사와 학부모에게 구체적인 상담의 자료로 사용할 수 있으며, 영유아의 발달을 위해 가정과 기관이 협력할 수 있는 기초가 된다.

이러한 목적을 위하여 영유아미술교육 평가는 한 번에 마무리되는 것이 아니고 주기적이며, 지속적으로 영유아미술 발달에 대한 평가, 교사에 대한 평가, 미술활동 자체에 대한 평가가 이루어져야 한다(이정욱, 임수진, 2021).

2. 영유아미술교육 평가의 내용

영유아미술교육에 대한 평가는 영유아가 미술활동을 어떻게 수행하는가에 대한 것을 평가의 기준으로 하는 것과(Barnes, 2021), 미술활동을 통하여 영유아의 각각의 발달 영역에서 어떤 내용으로 평가할 수 있는가를 기준으로 제시하는 방법이(Schirmacher, 1988) 있다.

1) 영유아의 미술활동 수행에 대한 평가

반스(Barnes)는 그의 저서 『*Teaching Art to Young Children* 3ed』(2021)에서 미술활동을 위한 평가를 다섯 가지로 제시하였다.

(1) 미술활동 과정 평가

- 미술활동 수행 시 창의적 · 독창적 수행이 가능한가?
- 새로운 활동에 대한 호기심을 가지는가?
- 지속적 미술활동 수행이 가능한가?
- 다른 영유아와의 협력이 이루어지는가?
- 시각적 자극에 대해 반응하는가?
- 어려움을 극복하는가?

(2) 미술도구 및 재료 사용 능력 평가

- 다양한 미술재료 선택 및 사용이 가능한가?
- 적절한 도구 선택 및 사용이 가능한가?

(3) 매체 사용 능력 평가

- 색 혼합 능력이 있는가?
- 매체의 본질을 이해하고 사용하는가?

(4) 대상에 대한 분석 및 평가

- 사물의 유사점과 차이점 구분 능력이 있는가?
- 전시된 작품에 관심을 가지는가?
- 선, 색, 모양 등 미술적 어휘 사용이 가능한가?
- 자신의 작업 수행 정도에 대한 판단이 가능한가?

(5) 영유아 발달 수준에 대한 평가

- 작업 내용이 영유아의 수준에 적절한가?
- 자신감을 가지고 작업을 수행하는가?
- 아이디어를 창의적으로 표현하는가?
- 주제에 적절하게 접근하는가?
- 예술작품을 감상하고 자신이 좋아하는 것에 대한 이유를 설명할 수 있는가?

2) 영유아 발달 영역에 대한 평가

쉬르마허(Schirrmacher, 1988)는 영유아의 발달 영역에 따라 미술활동 평가 항목을 제시하였다.

(1) 신체 발달

- 다양한 미술도구의 사용 가능 여부
- 도구 사용을 위해 대 · 소근육 통제 가능 여부
- 활동에 집중, 지속적 참여 여부
- 미술활동 완결

(2) 사회성 발달

- 혼자서도 잘 수행하는지 여부
- 책임감 있게 활동을 수행하는지

- 모방보다 자신의 독특한 생각을 전개하는지
- 다른 영유아와의 협력
- 다른 영유아에 대한 수용 및 인정

(3) 정서 발달

- 자신의 실수에 대한 인정
- 미술활동에 대한 자신감
- 작품을 통한 자신의 느낌, 감정 표현
- 자신의 활동 만족하고 즐거워하는지
- 정서적으로 만족스럽게 자료를 생략 · 왜곡 · 과장하는지

(4) 인지 발달

- 작품에 대한 제목 부여 및 설명 가능
- 예술적 어휘 사용 가능 여부
- 주제에 대한 일반적 표상 사용 여부
- 색, 색혼합, 모양에 대한 지식
- 개인적으로 중요한 사건 등에 지식 반영 여부
- 사람을 그릴 수 있는지

(5) 창의성 발달

- 다양한 매체 탐색, 발견, 실험 가능
- 매체의 창의적 사용
- 섬세하고 정성을 들이는지
- 독창성, 상상력, 창의력이 나타나는지
- 아름다움에 대한 예술적 어휘로 서술 가능한지

(6) 미학적 발달

- 자신이 좋아하는 활동을 선택하여 수행하는 능력
- 자신이나 타인의 작품에서 미적 요소를 사용하여 감상하는 능력
- 다양한 스타일의 예술작품 감상

3. 영유아미술교육 평가의 방법

영유아미술교육에 대한 평가 방법은 대상에 따라 구분할 수 있다. 즉, 영유아의 미술 발달에 대한 평가, 교사에 대한 평가, 미술활동 자체에 대한 평가로 나눌 수 있다. 미술활동은 교사가 계획하여 수행하므로 교사에 대한 평가에서 함께 평가할 수 있다.

1) 영유아미술 발달에 대한 평가

영유아의 미술 발달에 대한 평가는 어떤 목적을 가지고 평가하는가에 따라 다양한 방법을 사용할 수 있다. 일반적으로 관찰을 통한 평가가 많이 이루어지고, 이와 함께 포트폴리오가 함께 작성되는 경우가 많다.

(1) 관찰을 통한 평가

민혜영, 유은석, 임경령(2023)은 영유아의 미술활동에 대한 평가는 영유아가 수행하는 미술활동 전 과정을 지속적으로 관찰하며 기록하는 것이 필요하며, 다음의 내용으로 관찰할 수 있다고 설명하고 있다.

- 어떤 활동을 선호하는가?
- 다양한 매체를 활용하여 창의적으로 표현하는가?
- 미술활동에 즐겁게 자신감을 느끼고 참여하는가?
- 미술작품을 끝까지 마무리하여 완성하는가?

- 미술활동의 결과에 스스로 만족하는가?
- 소근육을 잘 조절하는가?

또한 이러한 관찰을 할 때 관찰의 목적을 정하고, 아래에서 제시하는 다양한 평가표 등의 방법을 사용하여 관찰하고, 기록한 내용을 분석하여 활용하는 것이 필요하다.

① 행동목록법(체크리스트)

행동목록법은 어느 한 시점에서 영유아미술활동을 관찰하여 특정한 기술이나 행동이 나타나는지에 관심이 있을 때 사용한다(양연숙 외, 2014).

〈표 8-1〉 행동목록표

평가유형	평가 내용	예	아니오	비고
활동 과정에 대한 평가	• 영유아 개인이 활동을 좋아했는가? • 자신감을 가지고 활동에 참여했는가? • 다른 친구들과 같이 작업했는가? • 영유아의 가위 사용이 능숙했는가?			
자료 다루는 능력에 대한 평가	• 다양한 재료와 도구를 사용했는가? • 다양한 재료와 도구의 사용법을 알고 있었는가? • 혼자서 구멍을 뚫을 수 있는가?			
매체 사용 능력 평가	• 색을 적절하게 선택할 수 있는가? • 매체를 적절하게 다루는가?			
대상 변별력, 분석력 평가	• 사물의 유사점과 차이점을 변별할 수 있는가? • 색, 선, 모양, 어두움, 밝음 등에 관련된 미술적 어휘를 사용할 수 있는가?			
유아 개별적 발달 평가	• 유아 개인의 신체, 사회, 정서, 창의적 발달 수준에 적합했는가? • 활동 난이도가 유아에게 적절했는가? • 작은 조각을 이용하여 콜라주를 하거나 조그만 붓을 잡을 수 있을 정도의 소근육이 발달되어 있는가?			

② 평정 척도법

영유아의 미술작품, 활동 과정, 언어적 반응 등 유아의 미술 발달에 대한 종합적 정보를 평가하기 위해서는 평정 척도가 필요하다. 평정 척도를 활용한 영유아미술활동 평가지는 다음과 같다(양연숙 외, 2014).

〈표 8-2〉 영유아미술활동 평정 척도 평가지

영유아미술활동 평가지

이름:　　　　　　성별:　　　　　　생년월일:

구분	행동내용	1=전혀 그렇지 않다 2=그렇지 않다 3=보통이다 4=그렇다 5=매우 그렇다				
		5	4	3	2	1
탐색	다양한 물체를 사용하여 탐색, 실험, 발견한다.					
	물체를 탐색하는 과정을 즐긴다.					
	다양한 감각을 사용한다.					
	감각기관을 통하여 사물의 속성과 개념을 인식한다.					
	사물의 물리적 변화에 대해 호기심을 가진다.					
표현	표현활동을 위한 기초능력으로 신체 협응 및 조절이 가능하다.					
	다른 유아를 모방하지 않고 자신의 아이디어를 표현한다.					
	미술자료를 이용하여 자신의 느낌, 경험, 생각을 표현한다.					
	여러 가지 재료를 다양한 방법으로 활용한다.					
	자신감 있게 표현활동을 한다.					
감상	자신의 미술작품에 자긍심을 가진다.					
	다른 사람의 아이디어, 스타일, 작품을 인정한다.					
	다양한 미술작품에 대하여 관심을 가진다.					
	미술작품에 대한 느낌을 언어로 표현한다.					
	미적 요소(색, 선, 양감, 패턴, 공감, 질감)를 안다.					
	미적 요소를 토대로 감상하고 토론한다.					
	미술작품의 공통점과 차이점을 인식한다.					

③ 일화 기록법

일화기록법은 한가지 행동이나 상황에 초점을 맞추어 기록하는 관찰 방법이다. 영유아의 미술활동 상황, 미술활동에서의 상호작용 등의 행동에 초점을 맞추어 기록하면 영유아 개인의 특성을 이해할 수 있다. 구체적 행동 사례나 사건과 관련된 상황을 자세히 기록할 수 있다(양연숙 외, 2014).

(2) 포트폴리오를 활용한 평가

영유아의 포트폴리오란 영유아의 작품을 정기적으로 수집하여 정리한 것이다. 영유아의 발달과 학습 증거를 체계적으로 모은 작품집으로 미술도구를 사용하는 능력, 흥미의 변화, 개념 발달 등을 시간의 변화에 따라 수집할 수 있다.

① 포트폴리오 항목

다음과 같은 항목을 포트폴리오에 포함시킬 수 있다.

〈표 8-3〉 포트폴리오 구성 항목

항목	세부 항목
미술작품	입체 작품(사진)/ 평면 작품
영유아 면담	좋아하는 미술활동, 작품, 자료
교사 관찰	활동 종류, 소요시간, 일화 기록 등
부모 면담	가정에서의 미술활동, 좋아하는 미술활동
미술활동 과정	도입/전개/마무리, 교사, 유아, 자료 간 상호작용
영유아의 언어적 반응	자신의 작품 및 과정 설명/ 자기 평가

② 포트폴리오 목차 정리

수집된 자료를 목차를 정하여 정리한다. 내용에 대한 목차로 평면 작품, 입체 작품, 부모 면담, 미술활동 과정 관찰지 등으로 정리할 수 있다.

③ 포트폴리오 작업 표본 정리

영유아가 한 말, 작품 등을 사진이나 비디오 등을 활용하여 기록할 수 있다.

사진을 포트폴리오에 넣기 위해 포스트잇 등을 활용하여 간략히 내용을(상황, 목적, 장소, 유아 이름, 장면의 의미) 기록하면 효과적으로 사용이 가능하다.

작업 표본 정리는 대체로 클리어파일을 활용하는 경우가 많은데 최근에는 애플리케이션을 활용하여 정리하기도 한다. 예를 들어, 'Padlet' 애플리케이션을 활용하면 영유아 작품을 한 반 전체로 모을 수도 있고, 각 영유아 개인별로 모아 pdf파일 생성이 가능하므로 보관 및 학부모에게 전송이 편리하다.

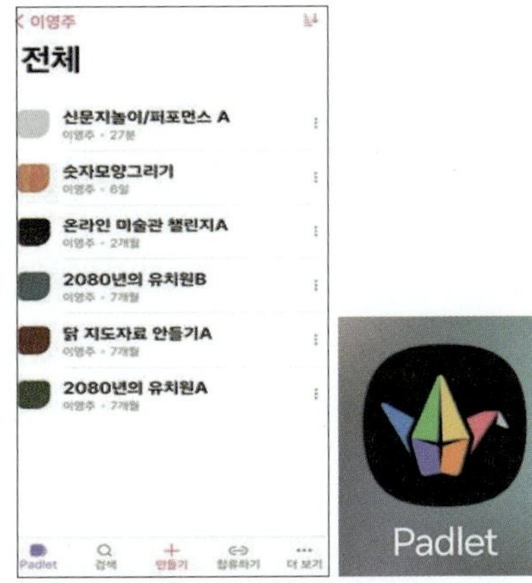

Padlet 애플리케이션을 활용하여 포트폴리오 목차 만들기

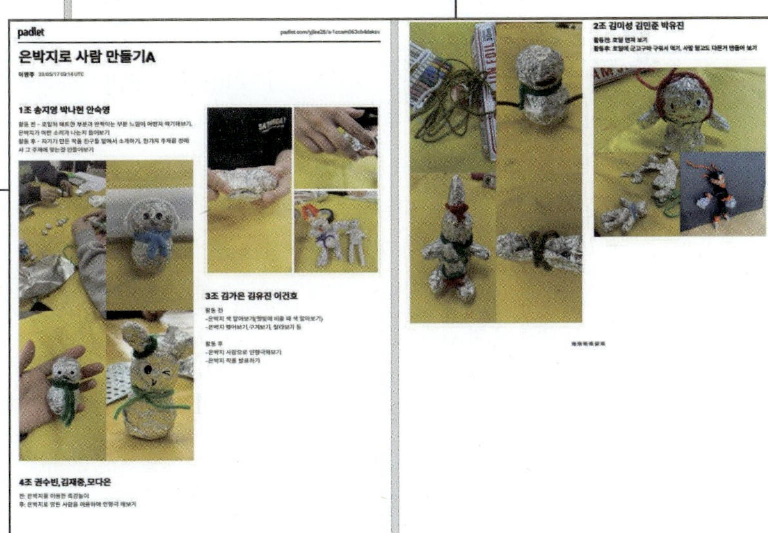

대학생들이 미술 시간에 만든 자료를 Padlet 애플리케이션으로 포트폴리오를 작성한 예

④ 종합 평가

포트폴리오의 목적은 영유아 개인의 성장과 발달, 시간의 흐름에 따른 변화를 관찰하는 것이므로 자료들에 대한 종합적인 평가를 하는 것이 좋다.

2) 교사에 대한 평가

영유아의 미술활동을 수행하는 교사 개인의 자질, 특성, 효능감 등에 대해 스스로 평가해 볼 수 있다. 코스트너(Koster, 2001), 쉬르마허(Schirrmacher, 1998), 이영자(1998)의 평가항목 기초로 이숙재, 이봉선, 김경란(2002)이 재인용한 평가 목록표는 다음과 같다. 아래의 평가 목록표에서 미술활동 자체에 대한 평가도 함께할 수 있다.

〈표 8-4〉 교사의 영유아미술교육 프로그램 평가 목록표

영유아미술교육 프로그램 평가 목록표				
평가 날짜:				
	4	3	2	1
교사의 자질 평가				
• 영유아미술 발달 단계와 특징을 이해한다.				
• 느낌이나 생각을 자유롭게 표현하도록 허용적인 분위기를 조성한다.				
• 영유아와 언어적·비언어적으로 적절하게 상호작용한다.				
• 교사 자신이 창의적이며 독창적이다.				
미술활동 평가				
• 미술활동이 영유아의 흥미 및 발달 수준에 적합하다.				
• 개별활동 및 집단활동이 균형 있게 실시된다.				
• 탐색, 표현, 감상 등 다양한 미술활동이 선정된다.				
• 미술활동이 다른 교과 영역과 통합된다.				
지도방법 평가				
• 영유아를 주의 깊게 관찰하며 필요한 시기에 적절히 개입한다.				
• 영유아 각자의 흥미에 따라 활동하도록 충분한 시간을 제공한다.				
• 영유아 스스로 탐색, 표현, 감상하도록 격려한다.				
• 미적 요소를 찾고 활용할 수 있도록 확산적 질문을 사용한다.				
• 미술활동을 다른 영역의 활동을 확장하도록 유도한다.				

환경 구성 평가				
• 영역 배치와 활동 공간이 적절하다.				
• 다양한 미술 매체 및 자료와 도구가 제공된다.				
• 미술활동과 관련된 각 영역에 적절한 자료가 준비된다.				
• 유아의 흥미를 끌 수 있는 창의적인 미술자료가 제공된다.				
• 미술자료가 보충되고, 교체되며, 새로운 자료가 첨가된다.				
• 자료가 효율적으로 비치되어 있고 영유아가 손쉽게 사용할 수 있다.				

* 4: 매우 그렇다 / 3: 그렇다 / 2: 그렇지 않다 /1: 매우 그렇지 않다

CHAPTER 09

영유아미술교육의 실제

: 아름다움 찾아보기 & 교사의 역할

- 9장 탐색활동, 10장 표현활동, 11장 감상활동의 연계 -

탐색활동		표현활동		감상활동	
		Anything can be brush & everything can be painted	p.281		
숲속 액자 만들기	p.223	나뭇잎으로 다양하게 표현하기	p.274	낙엽 요정이 보내준 가을 명화	p.344
낙엽 가루&나뭇잎으로 인형 만들기	p.228	가을 자연물로 모양 만들기	p.297		
나뭇잎 스펙트럼	p.231				
낙엽 탐색하기	p.248				
		돌멩이와 나뭇가지에 물감으로 칠하기	p.295		
자연물 탐색하기	p.236	채소와 과일로 동물 만들기	p.287	명화 속 다양한 동물 감상 & 동물 친구 만들기	p.362
꽃과 나뭇잎 다양하게 탐색하기	p.226	꽃과 곤충 세밀화 그리기	p.290	명화 속 다양한 꽃 감상 & 세밀화 그리기	p.367
주물럭 주물럭 하기	p.233	Raindrop painting	p.293	봄을 그린 명화 감상 & 봄의 색 만들기	p.338
물감통 짜서 그리기	p.234	물감으로 다양하게 표현하기	p.271	화가들의 여름 풍경	p.341
코인티슈 물들이기	p.238	빛과 그림자로 표현하기	p.301	명화 속 사람들과 함께 춤추기	p.359
다양한 방법으로 물 탐색하기	p.245				
		다양한 물건에 물감 묻혀서 찍기	p.277		
		공과 구슬 굴리기	p.279	자화상 감상 & 나의 얼굴 그리기	p.351
		여러 가지 선으로 표현하기	p.268	우리나라의 건축물 감상	p.373
		선이 지나간 자리	p.285	풍속화 감상 & 생활 속 이야기 그림 그리기	p.355
		진흙에 스케치하기	p.267	명화 속 다양한 집 감상 & 내가 살고 싶은 집 설계하기	p.370
흙을 다양하게 탐색하기	p.251	흙 물감으로 그림 그리기	p.283	세계 여러 나라의 건축물 감상 & 도시 설계하기	p.377
파스타 재료로 놀이하기	p.240	흙점토/색점토/곡물점토로 놀이하기	p.262		
눈 탐색하기	p.253	쉐이빙 크림으로 표현하기	p.265	따뜻한 나라에 사는 코코가 보낸 편지	p.347

※ 영유아 미술활동은 영유아에게 의미 있는 미적 경험을 제공할 수 있도록 미술활동 간(탐색, 표현, 감상)의 통합을 강조한다. 본 교재 '영유아 미술교육의 실제편'의 9장(탐색활동의 실제), 10장(표현활동의 실제), 11장(감상활동의 실제)의 내용은 융통성 있게 연계해서 진행 가능하다. 예를 들어, 선으로 같이 묶여 있는 '꽃과 나뭇잎 다양하게 탐색하기(9장)'를 한 후, '꽃과 곤충 세밀화 그리기(10장)'와 '명화 속 다양한 꽃 감상하기(11장)'를 연계해서 진행할 수 있다. 그리고 'Anything can be brush & everything can be painted(11장)'와 같이 어느 활동과도 연계 가능한 내용은 맨 앞에 배치하였다.

1. 탐색을 위한 계획과 실행

영유아가 아름다움을 찾아보며 탐색하는 것은 미술을 위한 첫 번째 행위이기도 하다. 아름다움을 찾고 느끼는 행위는 개인의 감성과도 연결된다. 자신의 생각과 느낌을 감성적으로 표현하기 위해서는 아름다움을 발견하고 느낄 줄 알아야 한다. 영유아는 자신을 둘러싼 환경으로부터 아름다움을 느끼는 과정에서 자신의 감정을 들여다보게 되고 주변의 여러 사물, 현상과 자신의 감정을 자연스럽게 연결하고 표현하는 방법을 터득하게 된다. 또한 아름다움의 형태를 깊이 있게 탐색하는 과정에서 새로운 아이디어를 발견할 수 있다. 즉, 주변의 아름다움을 찾아보고 탐색하는 과정을 통해 영유아는 세상을 가득 채우고 있는 아름다움을 자신만의 생각과 느낌으로 더욱 풍부하게 표현할 수 있게 되고, 감정적으로도 더욱 깊이 있는 감상활동을 할 수 있게 된다.

2. 탐색을 위한 교사의 역할과 교사-영유아 상호작용

영유아가 아름다움을 찾고 탐색하는 것을 돕기 위해서는 일상 속 자연스러운 상황과 맥락 안에서 영유아의 탐색활동이 자연스럽게 이루어질 수 있도록 성인이 지원해야 한다.

첫째, 영유아가 일상생활 속에서 오감을 통해 탐색하는 기회를 제공한다. 영유아에게 주변의 사물, 자연물, 자연현상, 미술재료, 일상생활용품 등 다양한 감각적 자극을 제공하여 오감을 활용한 탐색을 유도한다. 다양한 질감의 재료나 도구를 사용하여 영유아가 자신의 오감을 활용하고 탐색할 수 있는 기회를 제공할 수도 있으며, 영유아와 함께 자연으로 나가 자연물이나 자연현상 등을 오감을 통해 탐색할 수 있다. 자연은 오감을 활용한 다양한 감각적 경험이 가능한 공간이다. 무엇보다 영유아가 일상생활에서 오감을 통한 탐색활동을 충분히 할 수 있도록 하기 위해서는 성인인 교사나 부모가 먼저 사물과 현상에 호기심을 갖고 탐색하려는 자세를 지녀야 할 것이다.

나뭇잎의 전체적인 모양/낱장의 모양, 나뭇잎의 개수, 잎맥의 생김새와 색깔에 대한 관심

장소에 따라 물방울이 다양하게 맺힌 모습, 물방울의 모양과 크기, 움직임에 대한 호기심

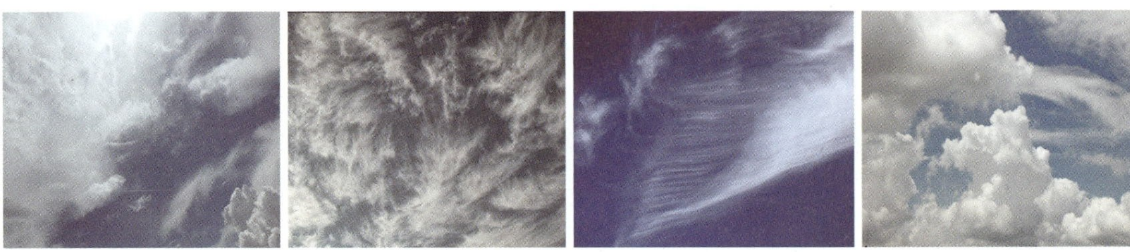

구름의 모양, 크기, 색, 움직임 등에 대한 관심과 관찰

둘째, 영유아와 아름다움을 탐색할 기회가 주어졌을 때 미술의 요소와 원리를 떠올리며 함께 이야기 나눈다. 아름다움을 마주한 상황이 주어졌음에도 불구하고 영유아와 이야기를 나누는 게 어려울 수 있다. 이러한 경우에는 앞서 언급되었던 미술의 요소와 원리를 생각할 수 있다. 영유아와 함께 주변에서 다양한 '색채'를 발견하고 탐색하게 되었을 때, '색채'에 대한 생각과 느낌을 말로 표현해 보거나 다양한 미술재료(예: 물감, 색연필, 셀로판지 등)로 색채를 표현해 봄으로써 색채에 대한 관찰력을 향상시키고 색채의 다양성을 이해하도록 할 수 있다. 자연에서 발견한 꽃잎과 나뭇잎의 모양과 배열 상태를 자세히 관찰함으로써 '모양'과 '공간'을 이해할 수 있고, 자연으로부터 느껴지는 다양한 촉감(예: 거칠고 딱딱한 나무껍질, 풀의

매끄러운 표면, 돌멩이의 다양한 질감 등)을 통해 '질감'을 경험할 수 있다. 영유아가 모양, 공간, 질감 등에 대해 자신의 생각과 느낌을 말로 자유롭게 표현해 볼 수 있도록 교사가 대화를 이끌어 가는 것도 중요하다. 교사가 미술의 요소와 원리를 충분히 이해하고, 이를 토대로 영유아와 상호작용할 때, 영유아는 주변의 아름다움을 느끼는 데에서 나아가 아름다움의 요소와 원리를 보다 구체적으로 발견하고 탐색하려는 자세를 갖게 될 것이다.

〈꽃잎의 다양한 모습을 탐색할 수 있다〉

"꽃잎이 어떤 색인지? 다른 색들도 보이는지?"
"꽃잎에 어떤 색깔들이 섞여 있는지?"
"꽃이 어떤 모양으로 생겼는지?"
"꽃잎 한 장은 어떤 모양인지? 꽃잎이 여러 장 모였을 때에는 어떤 모양인지?"
"꽃의 가운데와 바깥 부분의 색이 어떻게 다른지?"
"꽃(꽃잎)을 만지면 어떤 느낌이 들 것 같은지?"
"어떤 꽃의 색이 가장 마음에 드는지? 가장 마음에 든 이유는 무엇인지?"
"색연필로 꽃을 그린다면, 어떤 색깔의 색연필을 사용하고 싶은지?"

〈자연 속 다양한 질감을 탐색할 수 있다〉

"나무를 안고 만져 보면 어떤 느낌인지?"
"이 나무와 저 나무를 만졌을 때, 같은 느낌인지? 다른 느낌인지?"
"강아지풀을 만지면 어떤 느낌이 들 것 같은지?"
"이 돌멩이는 만지면 기분이 어떠한지?"

<〈세상의 색들은 모두 다 다른 색임을 탐색할 수 있다〉

빨강, 노랑, 초록으로 불리는 색들조차도
자세히 보면 모두 다 다른 색이고,
저마다의 아름다움을 지니고 있음을 느낄 수 있도록
한다.

셋째, 여러 날에 걸쳐 시간과 공간을 달리하여 탐색의 기회를 충분히 제공한다. 자연은 시간에 따라 변화하면서 조화로운 아름다움을 보여 주기도 하고, 새로운 공간감을 느끼게끔 해 준다. 같은 공간이더라도 일출과 일몰에 따라 느껴지는 공간의 색채가 다르고, 같은 장소에 있는 벚나무 꽃잎의 양과 색깔은 어제와 오늘이 다르다. 이처럼 다양한 시간과 공간 안에서 자연을 탐색함으로써 영유아는 아름다움을 더욱 깊이 있게, 풍부하게 느낄 수 있을 것이다. 또한 시간에 따라 조화롭게 변화하는 자연을 관찰하면서 영유아는 자연과의 연결감을 강화할 수 있다. 자연과의 연결감은 영유아에게 또 다른 자극이 되어, 또 다른 표현과 감상활동의 원동력으로 작용할 수 있을 것이다. 그러므로 교사는 시간의 흐름 속에서 조용히, 다채롭게 변화하고 있는 자연 풍경과 자연물 안에서 영유아가 탐색을 여유롭게 지속할 수 있는 기회를 제공한다.

〈시간대마다 변화하는 하늘의 모습을 함께 탐색할 수 있다〉

"하늘에 어떤 것들이 보이는지?"
"하늘의 색은 어떠한지?"
"어제 본 하늘과 오늘 본 하늘은 어떤 점이 다른지?"
"어떤 하늘이 마음에 드는지?"
"구름 사이로 나오는 선(빛줄기)이 보이는지?"
"오늘은 구름이 많은데, 구름의 모양이 어떠한지?"
"선생님은 커다란 하트 구름을 찾았는데, ○○이는 무엇을 찾았는지?"

〈계절에 따라 변화하는 자연을 탐색할 수 있다〉

"유치원 마당 나무의 잎이 원래는 무슨 색깔이었는지?"
"지금은 나뭇잎 색깔이 어떻게 보이는지?"
"나뭇잎의 어느 부분에서 색깔이 변하고 있는지?"
"어떤 색깔이 새롭게 보이기 시작하는지?"
"색이 점점 어떻게 변화할 것 같은지?"

3. 영유아 탐색교육의 실제

숲속 액자 만들기 유아

활동목표

* 나뭇잎의 다양한 생김새(크기. 모양. 색)를 관찰한다.
* 나뭇잎을 배열하여 자신의 생각과 느낌을 표현한다.

2019 개정 누리과정과의 연계

- 예술경험 〉 아름다움 찾아보기 〉 자연과 생활에서 아름다움을 느끼고 즐긴다.
  〉 예술 감상하기 〉 서로 다른 예술 표현을 존중한다.
- 자연탐구 〉 탐구과정 즐기기 〉 주변 세계와 자연에 대해 지속적으로 호기심을 가진다.
  〉 자연과 더불어 살기 〉 주변의 동식물에 관심을 가진다.

활동자료

- 바구니(나뭇잎을 모아 담을 바구니)
- 액자로 사용 가능한 일상생활용품(네임택, L홀더 파일, 액자 틀 등), 투명테이프
- 디지털카메라

Tip1.
활동이 일회적으로 이루어질 수도 있지만, 재료를 순차적으로 준비(네임택→투명 아세테이트지→액자 틀)하여 여러 차례에 걸쳐 이루어질 수도 있다.

활동방법

① **유아들과 함께 야외로 나간다.**

② **활동에 필요한 재료를 준비한다.**

- 유아들에게 네임택을 하나씩 나누어 준다.
- 나무와 나무 사이에 투명테이프를 활용해 액자 틀을 설치한다.
- 다양한 크기와 모양의 액자 틀을 준비한다.

> Tip2.
> 활동에 사용되는 액자 틀은 유리가 끼워져 있지 않고 틀만 있는 것으로 준비한다. 크기와 모양이 다양할수록 결과물의 형태 또한 다채롭게 나타날 것이다.

③ **액자를 만들며 낙엽을 탐색한다.**

a. 네임택 액자: 작은 나뭇잎을 네임택 안에 넣어 액자를 만든다.

b. 투명테이프로 만든 액자 틀: 나뭇잎을 가지고 와서 자유롭게 붙이며 액자를 만든다.

c. 액자 틀: 바닥에 놓인 액자 틀 안에 나뭇잎을 자유롭게 배열하여 액자를 완성한다.

네임택에 나뭇잎을 넣어 만든 작은 액자

투명테이프 액자 틀에 나뭇잎을 붙여 꾸민 액자

④ **유아들의 모습을 기록한다.**

- 유아들이 자유롭게 나뭇잎을 탐색하는 모습, 나뭇잎으로 액자를 만드는 모습, 완성된 숲속 액자 결과물을 디지털카메라로 기록한다.

  a. 네임택 액자: 유아들이 개별적으로 만든 네임택 액자를 모빌처럼 매달아 전시한다.

  b. 투명테이프로 만든 액자: 사진 찍기를 원하는 유아들이 액자 안에서 자세를 취하면 디지털카메라로 기록한다.

> Tip3.
> 유아들이 직접 디지털기기를 활용해 자신의 작품을 찍어 볼 수도 있다.

c. 액자 틀: 보관이 어려우므로 유아들이 나뭇잎으로 꾸몄을 때 바로 디지털 카메라로 바로 기록한다.

⑤ **활동을 회상한다.**

- 디지털카메라의 기록을 보며 지난 활동을 회상한다.
- 다른 친구들의 작품을 감상하며 함께 이야기 나눈다.

연계활동

감상하기
– 친구들의 작품 감상하기(본 활동과 연계)

→

탐색하기
– 숲속 액자 만들기(본 활동)

↙

표현하기
– 나뭇잎으로 다양하게 표현하기(p.274)

↖

꽃과 나뭇잎 다양하게 탐색하기 유아

활동목표

- 다양한 자연물(꽃, 나뭇잎, 돌멩이)을 관찰한다.
- 자연물을 배열하여 자신의 생각과 느낌을 표현한다.

2019 개정 누리과정과의 연계

- 예술경험 〉 아름다움 찾아보기 〉 자연과 생활에서 아름다움을 느끼고 즐긴다.
  〉 예술 감상하기 〉 서로 다른 예술 표현을 존중한다.
- 자연탐구 〉 탐구과정 즐기기 〉 주변 세계와 자연에 대해 지속적으로 호기심을 가진다.
  〉 자연과 더불어 살기 〉 주변의 동식물에 관심을 가진다.

활동자료

- 도화지(흰색, 검은색), 풀, 디지털카메라

활동방법

1. 꽃과 나뭇잎으로 자유롭게 꾸미기

- 실외놀이 시간에 유아들이 꽃과 나뭇잎을 자유롭게 탐색한다.
- 바닥에 떨어진 꽃과 나뭇잎으로 자신의 생각을 표현한다.
- 유아들이 꽃과 나뭇잎으로 구성한 것을 디지털카메라로 기록한다.
- 유아들이 다양한 공간(콘크리트, 흙, 모래, 자갈밭, 돌, 벤치 등)에서 꾸며 본다.

꽃잎, 나뭇잎, 돌멩이, 솔잎 등으로 만든 얼굴

2. 도화지에 꽃과 나뭇잎으로 꾸미기

- 도화지 위에 꽃, 나뭇잎을 배열하여 자신의 생각을 표현한다.
- 도화지 위에 꽃, 나뭇잎을 붙여 자신의 생각을 표현한다.

유아들의 작품을 야외 공간에 전시한 모습

연계활동

감상하기
– 친구들의 작품 감상하기(본 활동과 연계)

탐색하기
– 꽃과 나뭇잎 다양하게 탐색하기(본 활동)

표현하기
– 나뭇잎으로 다양하게 표현하기(p.274)

낙엽 가루 & 나뭇잎으로 인형 만들기 유아

활동목표

* 다양한 종류의 낙엽과 나뭇잎을 관찰한다.
* 낙엽과 나뭇잎의 특징을 이용해 인형을 만든다.

2019 개정 누리과정과의 연계

• 예술경험 〉 아름다움 찾아보기 〉 자연과 생활에서 아름다움을 느끼고 즐긴다.
　〉 창의적으로 표현하기 〉 다양한 미술재료와 도구로 자신의 생각과 느낌을 표현한다.
　〉 극놀이로 경험이나 이야기를 표현한다.
　〉 예술 감상하기 〉 서로 다른 예술 표현을 존중한다.
• 자연탐구 〉 탐구과정 즐기기 〉 주변 세계와 자연에 대해 지속적으로 호기심을 가진다.
　〉 생활 속에서 탐구하기 〉 물체의 특성과 변화를 여러 가지 방법으로 탐색한다.
　〉 자연과 더불어 살기 〉 주변의 동식물에 관심을 가진다.

활동자료

- 낙엽을 모을 바구니, 갈퀴, 낙엽 가루를 소분할 접시
- 도화지, 그리기 도구(사인펜, 네임펜 등), 꾸미기 재료(모형 눈, 빵끈, 털실, 모루 등), 펀치, 나무젓가락, 풀(물풀, 목공풀)

활동방법

1. 낙엽 가루로 인형 만들기

➡ 야외활동에 앞서 '낙엽으로 만들기'를 할 예정임을 유아들에게 미리 알려 주어, 유아들이 낙엽을 탐색하고 모으는 데 적극적으로 참여하도록 한다.

① 유아들과 함께 야외로 나간다.

② 낙엽을 자유롭게 탐색한다.

- 낙엽이 많이 쌓여 있는 장소를 찾는다.
- 갈퀴를 사용해 비슷한 종류의 낙엽끼리 모은다.
- 낙엽을 필요한 만큼 바구니에 담는다.

낙엽을 탐색하며 갈퀴로 모으는 모습

낙엽을 부수고 비슷한 색깔끼리 나누는 모습

③ 낙엽을 부수어 가루로 만든다.

- 낙엽을 여러 방법(손으로 부수기, 공이로 찧기)으로 부순다.
- 낙엽 가루의 색에 따라 접시에 분류하여 담는다.

④ 낙엽 가루를 사용해 그림을 그린다.

- 그리고 싶은 것(로봇, 인형, 사람, 히어로 등)을 생각한다.
- 그리고 싶은 것을 간단히 스케치한다.
- 낙엽 가루로 꾸미고 싶은 부분에 접착제(물풀, 목공풀 등)를 바른다.
- 원하는 질감과 색깔의 낙엽 가루를 해당 부분에 붙인다.
- 그리기 도구(네임펜, 사인펜)와 꾸미기 재료로 그림을 완성한다.

유아들이 낙엽 가루를 사용해 그린 그림

완성한 인형으로 놀이하기

⑤ 낙엽 가루로 만든 그림(로봇, 인형, 사람, 히어로 등)으로 인형놀이를 한다.

- 그림을 가위로 오려 내고, 나무젓가락을 붙여 손잡이를 만든다.
- 다양한 장소(인형극장 틀, 야외 공간, 교실 등)에서 친구들과 함께 놀이한다.

2. 나뭇잎으로 인형 만들기

➡ 야외활동에 앞서 '나뭇잎으로 만들기'를 할 예정임을 유아들에게 미리 알려주어, 유아들이 나뭇잎을 탐색하고 모으는 데 적극적으로 참여하도록 한다.

① 활동에 필요한 재료를 준비한다.

- 코팅된 나뭇잎: 인형을 만드는 데 기본판으로 사용하도록 교사가 미리 준비한다.
- 꾸미기 재료: 모형 눈, 빵 끈, 모루, 털실 등을 준비한다.
- 펀치: 펀치로 구멍을 뚫어 꾸미기 재료로 머리카락, 팔, 다리 등을 표현한다.

② 나뭇잎을 탐색하며 바구니에 모은다.

③ 코팅된 나뭇잎을 고른다.

④ 나뭇잎 인형을 만든다.

- 코팅된 나뭇잎 주변에 방금 주워 온 나뭇잎을 덧붙인다.
- 꾸미기 재료로 다양하게 꾸민다.

코팅된 나뭇잎 주변을 꾸미고 있는 유아

연계활동

감상하기
– 친구들의 작품 감상하기(본 활동과 연계)

탐색하기
– 낙엽 가루 & 나뭇잎으로 인형 만들기 (본 활동)

표현하기
– 나뭇잎으로 다양하게 표현하기(p.274)

나뭇잎 스펙트럼 유아

활동목표

- 나뭇잎 색의 아름다움을 경험한다.
- 나뭇잎의 다양한 색깔에 호기심을 가지고 관찰한다.

2019 개정 누리과정과의 연계

- 예술경험 〉 아름다움 찾아보기 〉 자연과 생활에서 아름다움을 느끼고 즐긴다.
- 자연탐구 〉 탐구과정 즐기기 〉 주변 세계와 자연에 대해 지속적으로 호기심을 가진다.
  〉 생활 속에서 탐구하기 〉 일상에서 모은 자료를 기준에 따라 분류한다.
  〉 자연과 더불어 살기 〉 주변의 동식물에 관심을 가진다.
  〉 생명과 자연환경을 소중히 여긴다.

활동자료

- OHP용지(투명 용지), 낙엽 담을 바구니, 매직펜, 매직테이프(표면에 접착력 있음)

활동방법

1. 비슷한 생김새끼리 모아 보기

- 실외놀이 시간에 유아들이 나뭇잎을 자유롭게 탐색한다.
- 나뭇잎을 바구니에 모은다.
- 생김새(모양, 색)를 기준으로 나뭇잎을 분류한다.

비슷한 나뭇잎끼리 모으기

투명한 용지에 나뭇잎 붙이기

전시한 모습

2. 색의 변화에 따라 나열해 보기

- 나뭇잎의 다양한 색깔을 탐색한다.
- 나뭇잎을 색의 변화에 따라 나열해 본다.

낙엽을 모아서 들고 있는 유아

낙엽을 책상에 나열한 모습

연계활동

감상하기
- 나뭇잎의 다양한 색깔 감상하기 (본 활동과 연계)

→

탐색하기
- 나뭇잎 스펙트럼(본 활동)

↙

표현하기
- 나뭇잎으로 다양하게 표현하기(p.274)

↖

주물럭 주물럭 하기 영아

활동목표

* 손가락과 손바닥을 다양한 방법으로 움직인다.
* 손을 사용해 새로운 촉감을 경험한다.

0–1세 2024 개정 표준보육과정과의 연계

- 신체운동 · 건강 〉 신체활동 즐기기 〉 다양한 감각을 경험한다.
  〉 대소근육을 조절한다.
- 예술경험 〉 창의적으로 표현하기 〉 다양한 미술재료를 경험한다.

활동자료

- 지퍼백, 물감, 투명테이프

활동방법

① 활동에 필요한 재료를 준비한다.

- 지퍼백 안에 약간의 간격을 두고 물감(2~3가지)을 적당량 짠다.
- 지퍼로 잘 닫은 뒤, 입구 부분을 투명테이프로 한 번 더 마감한다.
- 영아들이 앉는 자리에 지퍼백이 움직이지 않도록 테이프를 이용해 부착한다.

② 지퍼백 안에 담긴 물감을 손바닥, 손가락을 이용해 눌러 본다.

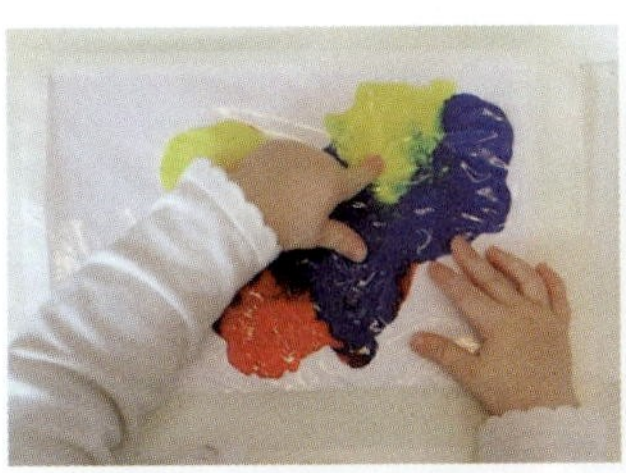

Tip1.
지퍼백 안에 물감 이외에 밀가루풀을 넣을 수도 있다. 영아들이 활동에 익숙해지면 '구슬'과 같이 부피감이 있는 물건을 함께 넣어 줄 수도 있다.

연계활동

감상하기
– 물감이 섞인 모습 감상하기(본 활동과 연계)

→

탐색하기
– 주물럭 주물럭 하기(본 활동)

표현하기
– 물감으로 다양하게 표현하기(p.271)

물감통 짜서 그리기 영아

활동목표

- 손에 힘을 줘서 물감을 짠다.
- 자신의 생각과 느낌을 물감으로 표현한다.
- 물감을 짰을 때 나타나는 다양한 모양에 관심을 가진다.

2세 2024 개정 표준보육과정과의 연계

- 신체운동 · 건강 〉 신체활동 즐기기 〉 다양한 감각을 경험한다.
  〉 신체를 인식하고 움직인다.
- 예술경험 〉 창의적으로 표현하기 〉 다양한 미술재료와 도구로 표현한다.
- 자연탐구 〉 생활 속에서 탐구하기 〉 친숙한 물체를 감각으로 탐색한다.

활동자료

- 물감이 들어 있는 물감통(또는 물감을 약병에 넣어 준비함), 도화지, 건조대

Tip1.

영아들이 손으로 눌러 짜기에 적합한 물감통을 구입할 수도 있으며, 약병에 물감을 담아 직접 준비해 줄 수도 있다. 약병을 활용하는 경우 영아들의 손 크기를 고려하여 약병의 크기(대. 중. 소)를 적절히 선택해서 제공할 수 있다.

출처: 이케아 공식홈페이지 (https://www.ikea.com)

활동방법

① 활동에 필요한 재료를 준비한다.

- 물감통: 영아가 손으로 눌러 짜기에 적합한 통에 물감을 담아 준비한다.
- 도화지: 다양한 크기의 도화지(개인 활동용, 집단 활동용)를 준비한다.
- 건조대: 물감이 빨리 마르지 않을 것을 고려하여 건조대를 준비한다.

② 손으로 물감통을 눌러 물감을 짠다.

- 물감통을 양손으로 세게/약하게 눌러 본다.
- 물감통을 한 손으로 세게/약하게 눌러 본다.

③ **자신의 생각과 느낌을 자유롭게 표현한다.**

- 팔을 크게 움직이며 물감을 짜서 선을 그려 본다.
- 손에 힘을 주고 한 지점에 물감을 많이 짜 본다.
- 팔을 여러 방향으로 움직이며 다양한 선을 그려 본다.
- 자신이 그리고 싶은 대로 물감통을 움직인다.
- 물감 위에 물감을 한 번 더 겹치도록 짜 본다.

④ **활동을 마무리한다.**

- 활동을 마친 영아들의 작품을 건조시킨다.
- 완성된 작품은 벽면에 게시하고 자유롭게 감상한다.

Tip2.
영아들이 물감통을 짜서 그림 그리기에 익숙해지면 면봉을 제공하여 활용해 보도록 할 수 있다. 지면에 이미 묻어 있는 물감을 이용해 면봉으로 그림을 그리거나 점을 찍는 등의 기법이 가능하다.

연계활동

감상하기
– 물감이 섞인 모습 감상하기(본 활동과 연계)

→

탐색하기
– 물감통 짜서 그리기(본 활동)

↙

표현하기
– 물감으로 다양하게 표현하기(p.271)

↖

자연물 탐색하기 영아 / 유아

활동목표

[영아] * 주변의 다양한 자연물에 호기심을 갖는다.
* 신체 감각을 통해 자연물을 다양하게 탐색한다.

[유아] * 주변의 다양한 자연물에 호기심을 갖고 지속적으로 관찰한다.
* 자연물을 탐색하며 아름다움을 느낀다.
* 자연물로 자신의 생각과 느낌을 표현한다.

0–1세 2024 개정 표준보육과정과의 연계

- 예술경험 〉 아름다움 찾아보기 〉 자연과 생활에서 아름다움을 느낀다.
- 자연탐구 〉 탐구과정 즐기기 〉 주변 환경과 자연에 대해 호기심을 가진다.
  〉 사물과 자연 탐색하기를 즐긴다.

2세 2024 개정 표준보육과정과의 연계

- 예술경험 〉 아름다움 찾아보기 〉 자연과 생활에서 아름다움을 느낀다.
- 자연탐구 〉 탐구과정 즐기기 〉 주변 환경과 자연에 대해 호기심을 가진다.
  〉 사물과 자연 탐색하기를 즐긴다.

2019 개정 누리과정과의 연계

- 예술경험 〉 아름다움 찾아보기 〉 자연과 생활에서 아름다움을 느끼고 즐긴다.
- 자연탐구 〉 자연과 더불어 살기 〉 주변의 동식물에 관심을 가진다.

활동자료

- 주변의 자연물, 자연물을 수집할 통(바구니), 모래놀이 놀잇감(삽, 숟가락, 그릇, 접시 등)

활동방법

① 영유아들과 함께 야외로 나가 자연과 다양한 자연물을 탐색한다.

- 영아들이 다양한 감각(시각, 촉각, 후각)을 통해 자연물을 탐색해 볼 수 있도록 교사가 상호작용한다.
- 유아들이 다양한 감각기관을 활용해 자연물을 탐색 및 표현해 볼 수 있도록 한다.

> **Tip1.**
> 자연물 탐색하기 활동은 영유아들이 실외에서 자연스럽게 경험할 수 있다. 영유아들이 자연물을 탐색한 다음 자연물로 자유롭게 놀이할 수 있도록 환경을 마련해 준다.

② 자연물로 놀이 및 표현활동을 한다.

- 자연물을 자유롭게 수집한다.
- 모래놀이 놀잇감으로 다양하게 놀이한다.

③ **자연물로 놀이 및 표현활동을 한다.**

- 자연물을 자유롭게 수집한다.
- 모래놀이 놀잇감으로 다양하게 놀이한다.

연계활동

감상하기
- 명화 속 다양한 꽃 감상(p.367)
- 야외학습 사진 감상하기(본 활동과 연계)

➔

탐색하기
- 자연물 탐색하기(본 활동)

표현하기
- 흙 물감으로 그림 그리기(p.283)
- 꽃과 곤충 세밀화 그리기(p.290)
- 돌멩이와 나뭇가지에 물감으로 칠하기(p.295)

코인티슈 물들이기 영아

활동목표

* 스포이트를 사용해 물감을 떨어뜨려 본다.
* 물감이 번지고 색이 섞이는 과정을 탐색한다.
* 여러 가지 색의 아름다움을 경험한다.

2세 2024 개정 표준보육과정과의 연계

- 예술경험 〉 창의적으로 표현하기 〉 다양한 미술재료와 도구로 표현한다.
- 자연탐구 〉 생활 속에서 탐구하기 〉 친숙한 물체를 감각으로 탐색한다.
  〉 생활 도구에 관심을 가진다.

활동자료

- 개인 쟁반 또는 접시, 코인티슈, 키친타월(페이퍼타월), 도화지, 스포이트, 물감통

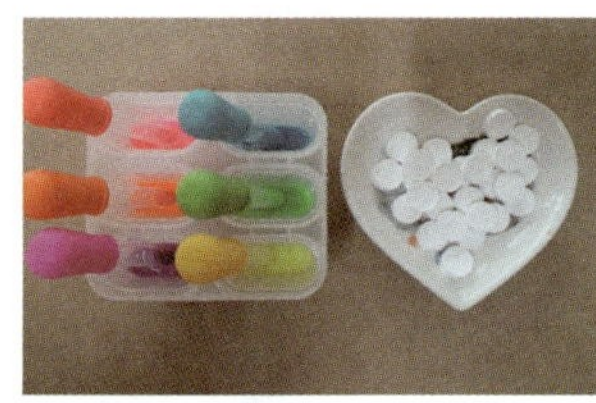

유의점
키친타월(페이퍼타월)과 코인티슈는 환경오염의 원인이 될 수 있으므로 미술활동에 활용할 경우에는 반드시 환경을 고려(예: 실행 횟수 및 사용량 제한 및 활동을 마친 후 재활용 방안 등)하여 실시하도록 한다.

활동방법

① **코인티슈 물들이기 준비를 한다.**
- 물과 물감을 적당한 농도로 섞어 물감 통에 준비한다.
- 키친타월(페이퍼타월 또는 도화지)을 쟁반 위에 준비한다.
- 키친타월(페이퍼타월 또는 도화지) 위에 코인티슈를 여러 개 올려놓는다.

② **스포이트로 물감을 떨어뜨린다.**
- 교사가 스포이트로 물감을 떨어뜨리는 방법(손가락 끝으로 가볍게 잡고 누름)을 보여 준다.
- 스포이트를 활용해 물감을 자유롭게 떨어뜨린다.

Tip1.
물감의 색이 섞이는 활동이므로 교사가 어떠한 색을 미리 준비하느냐에 따라 결과물이 달라질 수 있다. 색이 혼합되었을 때 심미적으로 아름다운 색 몇 가지를 준비하는 것도 방법이다.

스포이트를 가로로 뉘여서 물감 떨어뜨리기

스포이트 끝에 맺힌 방울을 보고 신기해하는 영아

키친타월 위에 물감 바로 떨어뜨리기

Tip2.
본 활동은 목적에 따라 개인 또는 집단으로 실시할 수 있다.

③ **다양한 변화를 탐색한다.**

- 물감이 번지는 것을 관찰한다.
- 색이 섞이는 것을 관찰한다.
- 코인티슈가 부풀어 오르는 것(크기가 변하는 것)을 관찰한다.

코인티슈가 물감에 번지는 모습

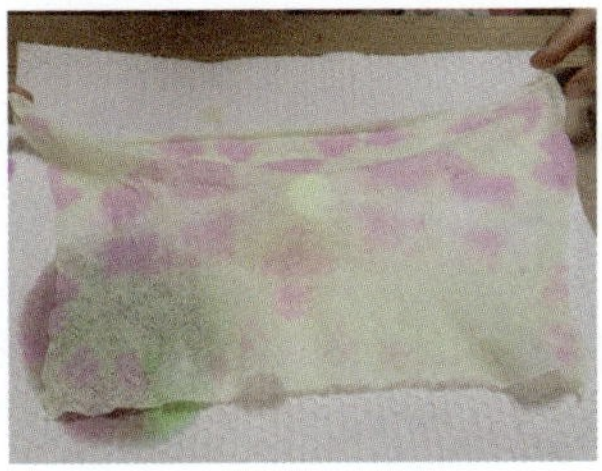

물들인 코인티슈를 펼친 모습

④ **활동을 마무리한다.**

- 결과물을 건조대에 올려 잘 말린다.
- 코인티슈와 키친타월 모두 전시 가능하다.

Tip3.

스포이트로 그림을 그리는 활동은 실외 아스팔트 바닥에서도 가능하다. 영아들이 실외자유놀이를 할 때 자연스럽게 활동이 이루어질 수 있다.

연계활동

감상하기
– 코인티슈 물들이기 작품 감상하기 (본 활동과 연계)

→

탐색하기
– 코인티슈 물들이기(본 활동)

↙ ↖

표현하기
– Raindrop Painting(p.293)

파스타 재료로 놀이하기 영아

활동목표

* 다양한 종류의 파스타 재료를 탐색한다.
* 파스타 재료의 특징(모양, 촉감, 크기 등)에 관심을 가진다.
* 파스타 재료를 오감으로 탐색하며 즐거움을 느낀다.

0~1세 2024 개정 표준보육과정과의 연계

• 신체운동 · 건강 〉 신체활동 즐기기 〉 다양한 감각을 경험한다.
〉 대소근육을 조절한다.
• 예술경험 〉 창의적으로 표현하기 〉 다양한 미술재료를 경험한다.
〉 모방하기를 즐긴다.

2세 2024 개정 표준보육과정과의 연계

• 신체운동 · 건강 〉 신체활동 즐기기 〉 다양한 감각을 경험한다.
〉 대소근육을 조절한다.
• 예술경험 〉 창의적으로 표현하기 〉 다양한 미술재료와 도구로 표현한다.
〉 상상놀이를 한다.

활동자료

- 스텐 바트, 쟁반, 주방 놀잇감(컵, 밥그릇, 숟가락 등), 뚜껑이 있는 용기(페트병, 밀폐용기)
- 종이접시, 빨대(주름빨대 포함), 양면테이프, 물감, 물감 접시, 도화지 또는 전지
- 밀가루 반죽, 점토놀이 도구(찍기 틀, 밀대 등)
- 다양한 종류의 파스타(스파게티, 리가토니, 로티니, 링귀니, 마카로니, 파르펠레, 페투치니 등)

스파게티

리가토니

로티니

파르펠레

마카로니

Tip1.

활동이 이루어지는 책상 주변에 돗자리 등의 깔개를 깔고 활동을 진행하면, 활동이 끝난 뒤 정리정돈이 용이하다. 또는 바닥에 떨어진 일부 재료들을 영아들이 직접 소형 빗자루와 쓰레받기를 이용해 담아서 정리하도록 독려할 수 있다.

활동방법

1. 마카로니와 스파게티 면 탐색하기

Tip2.
재료에 대한 탐색이 충분히 이루어진 뒤, 학급 영아들의 흥미와 발달 수준을 고려하여 도구를 순차적으로 제시(도구의 가짓수와 수량을 고려)한다.

① 활동에 필요한 재료를 준비한다.

- 깊은 스텐 바트에 마카로니를 담아서 준비한다.
- 넓은 스텐 바트에 스파게티 면을 담아서 준비한다.

② 마카로니와 스파게티 면을 다양한 방법으로 탐색한다.

- 감각기관을 이용해 탐색한다.
  a. 손으로 만지고 눌러 보기, 손 넣어서 휘저어 보기, 한 움큼 잡아 보기
  b. 양손에 스텐 바트를 잡고 흔들어 보기
  c. 스파게티 면 부러뜨리기
  d. 다양한 소리(부러지는 소리, 바트에 부딪히는 소리 등) 들어 보기
- 다양한 도구를 활용해 탐색한다.
  a. 밥그릇, 컵에 마카로니 담아 보기
  b. 여러 가지 방법(손, 숟가락, 삽, 컵 등)으로 마카로니 옮겨 담아 보기
  c. 마카로니와 스파게티 면을 봉지(지퍼백, 봉투, 페트병, 밀폐용기 등)에 담아 보기
  d. 다양한 용기 안에 넣고 흔들며 소리 들어 보기

③ 마카로니와 스파게티 면으로 자유롭게 놀이한다.

- 안쪽에 양면테이프를 붙인 종이접시 위에 마카로니와 스파게티 면으로 자유롭게 꾸며 본다.
- 구멍이 있는 파스타(리가토니, 마카로니)를 빨대에 끼워 본다.

Tip3.
영아들의 월령 차에 따른 흥미와 발달 수준을 고려하여 활동이 진행(감각탐색 중심→표현활동)될 수 있도록 한다.

종이접시 위에 꾸미기

빨대에 파스타 끼워서 꾸미기

친구와 서로 도와가며 꾸미는 영아들

④ **활동을 마무리한다.**

- 영아들이 감각기관과 다양한 도구를 이용하여 파스타를 탐색하는 장면을 사진으로 기록한다.
- 영아들이 종이접시 위에 꾸민 결과물을 벽면(평면조형물), 교구장이나 선반(입체조형물)에 전시한다.

2. 파스타로 밀가루 반죽 꾸미기

① **활동에 필요한 재료를 준비한다.**

- 천연색소를 넣어 만든 밀가루 반죽을 준비한다.
- 충분한 양의 파스타를 소분하여 준비한다.

② **파스타와 밀가루 반죽으로 자유롭게 놀이한다.**

- 파스타를 밀가루 반죽 안에 숨기고 찾기
- 밀가루 반죽에 파스타 꽂기

- 밀가루 반죽 위에 파스타 올려서 꾸미기(생일 케이크, 얼굴 등)

밀가루 반죽에 스파게티 면을 꽂고 있는 영아들

케이크를 만들어 생일축하 놀이를 하는 영아들

3. 스파게티 면(스파게티면 붓)으로 끼적이기

① 활동에 필요한 재료를 준비한다.

- 스파게티 면 붓을 준비한다.
  a. 마른 스파게티: 물에 불리지 않은 단단한 면을 소량씩 묶어서 준비한다.
  b. 불린 스파게티: 면을 소량씩 묶은 다음, 그 끝만 뜨거운 물에 넣어 불려서 준비한다.
- 오목한 그릇에 물과 물감을 적당히 풀어 준비한다.

② **스파게티 면 붓으로 자유롭게 탐색하고 표현한다.**

- 마른/불린 스파게티 면 붓을 (물감을 묻히지 않고) 도화지에 문지르기
- 물감을 묻힌 스파게티 면 붓을 수직으로 잡고 콕콕 찍기
- 물감을 묻힌 스파게티 면 붓을 수직/수평으로 잡고 문지르기(칠하기)

스파게티 면 붓으로 다양하게 탐색하고 있는 영아들

③ **활동을 마무리한다.**

- 완성된 결과물을 벽면에 게시하고 함께 감상한다.

연계활동

감상하기
– 파스타 재료로 만든 결과물 감상
(본 활동과 연계)

➔

탐색하기
– 파스타 재료로 놀이하기(본 활동)

표현하기
– 파스타 재료로 다양하게 표현하기
(본 활동과 연계)

다양한 방법으로 물 탐색하기 영아

활동목표

* 여러 가지 방법으로 물을 탐색한다.
* 탐색 과정에서 물의 다양한 변화(모양, 움직임, 빠르기 등)를 관찰한다.
* 물을 탐색하는 과정에서 즐거움을 느낀다.

0–1세 2024 개정 표준보육과정과의 연계

- 신체운동 · 건강 〉 신체활동 즐기기 〉 다양한 감각을 경험한다.
  〉 대소근육을 조절한다.
- 예술경험 〉 창의적으로 표현하기 〉 다양한 미술재료를 경험한다.
  〉 모방하기를 즐긴다.
- 자연탐구 〉 탐구과정 즐기기 〉 사물과 자연 탐색하기를 즐긴다.
  〉 생활 속에서 탐구하기 〉 친숙한 물체를 감각으로 탐색한다.

2세 2024 개정 표준보육과정과의 연계

- 신체운동 · 건강 〉 신체활동 즐기기 〉 다양한 감각을 경험한다.
  〉 대소근육을 조절한다.
- 예술경험 〉 창의적으로 표현하기 〉 다양한 미술재료와 도구로 표현한다.
  〉 상상놀이를 한다.
- 자연탐구 〉 탐구과정 즐기기 〉 사물과 자연 탐색하기를 즐긴다.
  〉 생활 속에서 탐구하기 〉 친숙한 물체를 감각으로 탐색한다.
  〉 생활 도구에 관심을 가진다.

활동자료

- 다양한 종류의 용기(플라스틱 수조, 컵 등), 어린이용 거품입욕제

활동방법

1. 일상생활용품을 가지고 다양하게 놀이하기

- 다양한 종류의 용기를 가지고 자유롭게 놀이하기
- 어린이용 거품입욕제를 넣어 거품 만들며 놀이하기

Tip1.

가정에서는 영아가 목욕을 하는 과정에 자연스럽게 이루어질 수 있으며, 다양한 재활용품 용기들을 제공할 수 있다. 단, 용기의 안전성(날카로운 부분, 부품 탈락, 돌출 여부 등)을 반드시 확인한다.

재활용품 놀잇감을 물에 띄워 놀이하기

2. 놀잇감을 활용해 다양하게 놀이하기

① 재활용품으로 만든 놀잇감으로 놀이한다.

- 교실에서 재활용품으로 만든 놀잇감을 실외로 가지고 나와 물에 띄우며 놀이한다.

코팅지로 만든 투명 수로에서 놀이하기

② 코팅지로 투명 수로를 만들어 놀이한다.

- 코팅지에 네임펜 또는 매직펜으로 자유롭게 그림을 그린다.
- 코팅지를 둥글게 말아 연결하여 수로를 만든다.
- 투명 수로로 물을 흘려보낸다.

③ 낚시 놀이를 한다.

a. 물고기: 영아들이 그린 물고기를 코팅한 뒤, 물고기의 몸 여러 부분에 클립을 끼운다.

b. 낚싯대: 젓가락으로 낚싯대를 만들고, 리본테이프로 낚싯줄을 연결한다. 리본테이프 끝에 자성이 있는 물체(예: 자석, 자성이 있는 블록 등)를 매단다.

Tip2.
물고기의 몸에 클립을 많이 끼울수록 낚시 성공률이 높아진다. 또한 클립이 빠지는 걸 방지하기 위해 클립에 테이프를 부착할 수 있다.

④ 페트병으로 투명 수로를 만들어 놀이한다.

- 페트병의 위, 아래 부분을 잘라 가운데 부분만 남긴다.
- 자른 페트병 여러 개를 연결해 투명 수로를 만든다.
- 투명 수로로 물을 흘려보낸다.

Tip3.
상품화된 낚싯대 놀잇감을 사용하는 것도 가능하지만 일상생활용품(젓가락, 리본테이프, 자성이 있는 물체)을 활용해서 쉽게 만들 수도 있다.

직접 만든 장비로 낚시하는 영아들

페트병을 연결해 만든 수로에서 놀이하는 유아들

3. 색 물웅덩이 만들어 놀이하기

- 장화를 신고 물웅덩이 안에 들어가기/웅덩이 안에서 걸어 보기/첨벙거리기
- 막대기(나뭇가지, 젓가락 등)로 젓기

비가 온 뒤에 생긴 물웅덩이에 관심을 보이는 영아들

- 물웅덩이 안에 물감을 넣고 저어 보기
- 물웅덩이의 색 변화를 관찰하기
- 색 물웅덩이 안에 들어가기

물웅덩이에 물감 섞기

연계활동

감상하기
– 물놀이 모습이 담긴 자신의 사진 감상하기 (본 활동과 연계)

➔

탐색하기
– 다양한 방법으로 물 탐색하기(본 활동)

표현하기
– 흙 물감으로 그림 그리기(p.283)

낙엽 탐색하기 영아 / 유아

활동목표

[영아] * 낙엽을 탐색하는 과정에서 즐거움을 느낀다.
* 나뭇잎 색의 아름다움을 경험한다.

[유아] * 다양한 방법으로 낙엽을 탐색한다.
* 나뭇잎의 다양한 색깔에 호기심을 가지고 관찰한다.

0–1세 2024 개정 표준보육과정과의 연계

- 예술경험 〉 아름다움 찾아보기 〉 자연과 생활에서 아름다움을 느낀다.
- 자연탐구 〉 탐구과정 즐기기 〉 주변 환경과 자연에 대해 호기심을 가진다.
  〉 사물과 자연 탐색하기를 즐긴다.
  〉 자연과 더불어 살기 〉 주변의 동식물에 관심을 가진다.

유의점

계절에 따른 동식물 안전 사고에 유의하여 활동이 진행될 수 있도록 한다. 숲으로 갈 때는 긴팔티과 긴바지를 착용하여 물림 사고가 발생하지 않도록 한다.

2세 2024 개정 표준보육과정과의 연계

- 예술경험 〉 아름다움 찾아보기 〉 자연과 생활에서 아름다움을 느낀다.
- 자연탐구 〉 탐구과정 즐기기 〉 주변 환경과 자연에 대해 호기심을 가진다.
  〉 사물과 자연 탐색하기를 즐긴다.
  〉 자연과 더불어 살기 〉 주변의 동식물에 관심을 가진다.

2019 개정 누리과정과의 연계

- 예술경험 〉 아름다움 찾아보기 〉 자연과 생활에서 아름다움을 느끼고 즐긴다.
  〉 예술적 요소에 관심을 갖고 찾아본다.
- 자연탐구 〉 탐구과정 즐기기 〉 주변 세계와 자연에 대해 지속적으로 호기심을 가진다.
  〉 자연과 더불어 살기 〉 주변의 동식물에 관심을 가진다.

활동자료

- 디지털카메라, 자연물 담을 바구니, 돗자리, 물티슈 등
- 돋보기, 휴대용 현미경, 디지털 현미경

활동방법

① 영유아들과 함께 야외로 나간다.

② 자유롭게 낙엽을 탐색한다.

- 영아들이 야외학습 공간에서 자유롭게 자연을 체험하도록 한다.
  a. 다양한 자연물(낙엽, 돌멩이, 나뭇가지 등)을 만지고 느껴 본다.
  b. 마음에 드는 자연물을 모아 본다.

c. 교사와 함께 낙엽을 수북하게 쌓아 본다.

d. 수북하게 쌓인 낙엽 위를 걸어 본다/뛰어 본다.

낙엽을 자세히 들여다보고 있는 영아

도화지 위에 낙엽을 자유롭게 구성하고 있는 영아

플라타너스 낙엽이 떨어진 공원에서 산책하고 있는 영아들

- 유아들이 자유롭게 자연을 탐색하고 관찰하도록 한다.
  - a. 다양한 자연물(낙엽, 돌멩이, 나뭇가지 등)을 모아 본다.
  - b. 자연물을 여러 가지 방법(돋보기, 휴대용 현미경, 디지털 현미경 등)으로 관찰한다.
  - c. 비슷한 색깔, 모양의 낙엽끼리 모아 본다.

Tip1.

자연물(낙엽, 돌멩이, 나뭇가지 등)로 다양하게 꾸며 보는 표현활동을 할 계획이라면, 야외학습 시간을 이용해 자연물을 수집할 수 있다.

Tip2.

야외에서 가지고 온 자연물을 다양한 방법으로 관찰(예: 육안으로 관찰하기, 돋보기나 현미경으로 관찰하기, 물에 담아서 관찰하기, 빛에 비추어서 관찰하기 등)하고, 활동에 사용해 볼 수 있도록 환경을 마련해 준다.

d. 낙엽을 크기, 색깔 순서대로 놓아 본다.

e. 낙엽으로 자신의 생각과 느낌을 표현한다.

젯소를 바른 지면 위에 낙엽 올려 꾸미기

코팅지에 낙엽 구성하기

연계활동

감상하기
- 나뭇잎으로 만든 작품 감상하기
  (본 활동과 연계)

탐색하기
- 낙엽 탐색하기(본 활동)

표현하기
- 나뭇잎으로 다양하게 표현하기(p.274)
- 돌멩이와 나뭇가지에 물감으로 칠하기(p.295)

흙을 다양하게 탐색하기 영아

활동목표

* 여러 가지 방법으로 흙을 탐색한다.
* 탐색 과정에서 흙의 다양한 촉감 변화(부드러움, 끈적거림 등)를 경험한다.
* 흙을 탐색하는 과정에서 즐거움을 느낀다.

0–1세 2024 개정 표준보육과정과의 연계

- 신체운동 · 건강 〉 신체활동 즐기기 〉 다양한 감각을 경험한다.
  〉 신체와 주변을 탐색한다.
- 자연탐구 〉 탐구과정 즐기기 〉 사물과 자연 탐색하기를 즐긴다.

2세 2024 개정 표준보육과정과의 연계

- 신체운동 · 건강 〉 신체활동 즐기기 〉 다양한 감각을 경험한다.
  〉 신체를 인식하고 움직인다.
- 자연탐구 〉 탐구과정 즐기기 〉 사물과 자연 탐색하기를 즐긴다.

활동자료

- 모래놀이 용구(큰 삽, 작은 삽, 양동이, 접시, 냄비, 큰 숟가락, 작은 숟가락, 물조리개 등)
- 중장비 놀잇감(레미콘, 트럭, 굴삭기 등)
- 도화지(8절, 4절), 전지, 붓(큰 붓, 페인트용 붓 등)

활동방법

① 맨발로 흙/모래를 밟아 본다.

- 영아 혼자서 스스로 흙/모래를 밟는다.
- 교사의 도움을 받아 흙/모래를 밟는다.
- 흙/모래가 싫은 영아들은 물놀이용 신발(샌들, 아쿠아슈즈 등)을 신고 밟는다.

유의점
흙이 신체에 묻는 것을 싫어하는 영아들이 있을 수 있으므로, 영아들의 발달 수준과 흥미, 흙(물)에 대한 친숙함 정도 등을 모두 고려하여 활동을 점진적으로 진행한다.

② 흙/모래를 여러 가지 방법으로 탐색한다.

- 손으로 흙/모래를 높이 쌓는다.
- 교사와 함께 두꺼비집을 만든다.
- 흙/모래에 물을 부어서 촉촉하게 만든다.
- 삽을 사용해 흙/모래를 옮겨 본다.
- 삽으로 구덩이를 깊게 판다.

Tip1.
영아들이 흙/모래를 충분히 탐색한 뒤, 활발하게 놀이하기 시작하면 모형 놀잇감을 추가적으로 제시하여 상상놀이를 지원할 수도 있다.

③ 흙/모래를 다양한 방법으로 표현한다.

- 성 만들기: 양동이에 흙을 눌러 담은 뒤, 뒤집어서(양동이를 빼내어) 성을 만든다.
- 수로 만들기: 삽으로 흙을 파서 길을 만들고, 길에 물을 붓는다.
- 음식 만들기: 주방 그릇에 흙을 담고, 자연물로 꾸며 음식을 만든다.
- 중장비로 놀이하기: 다양한 중장비 놀잇감(트럭, 굴삭기 등)으로 놀이한다.
- 흙 물감으로 그림 그리기:
  a. 양동이 안에 흙과 물을 적당히 섞어 흙 물감을 만든다.
  b. 도화지 위에 흙 물감으로 그림을 그린다.

④ 흙/모래를 싫어하는 영아들은 실내에서 실내놀이용 모래로 놀이한다.

- 흙/모래를 싫어하는 영아들은 실내에 모래놀이 공간을 만들어 제공한다.
- 낮은 책상 아래에 돗자리(깔개)를 깔고, 다양한 놀잇감(찍기 틀, 삽, 양동이 등)과 함께 제공한다.

Tip2.
실내에서 흙/모래 탐색하기가 이루어지는 경우, 모래를 라이트박스(라이트테이블) 위에 올려 놓고 탐색하는 것도 가능하다.

연계활동

감상하기
– 흙 물감으로 그린 그림 감상하기 (본 활동과 연계)

➔

탐색하기
– 흙을 다양하게 탐색하기(본 활동)

표현하기
– 흙/모래를 다양한 방법으로 표현하기 (본 활동과 연계)
– 흙 물감으로 그림 그리기(p.283)

눈 탐색하기 영아

활동목표

* 여러 가지 방법으로 눈을 탐색한다.
* 눈의 다양한 변화를 경험한다.
* 눈을 탐색하는 과정에서 즐거움을 느낀다.

0~1세 2024 개정 표준보육과정과의 연계

- 신체운동 · 건강 〉 신체활동 즐기기 〉 다양한 감각을 경험한다.
  〉 신체와 주변을 탐색한다.
- 예술경험 〉 아름다움 찾아보기 〉 자연과 생활에서 아름다움을 느낀다.
- 자연탐구 〉 탐구과정 즐기기 〉 사물과 자연 탐색하기를 즐긴다.

2세 2024 개정 표준보육과정과의 연계

- 신체운동 · 건강 〉 신체활동 즐기기 〉 다양한 감각을 경험한다.
  〉 신체를 인식하고 움직인다.
- 예술경험 〉 아름다움 찾아보기 〉 자연과 생활에서 아름다움을 느낀다.
- 자연탐구 〉 탐구과정 즐기기 〉 사물과 자연 탐색하기를 즐긴다.

활동자료

- 모래놀이 용구(삽, 양동이, 접시, 냄비, 숟가락, 다양한 모양의 눈 집게 등), 아이스크림 스쿱
- 중장비 놀잇감(레미콘, 트럭, 굴삭기 등)
- 물감, 약병

활동방법

① 눈을 밟으며 다양하게 탐색한다.

- 눈을 밟을 때의 느낌을 경험한다. 눈을 밟을 때 나는 소리를 듣는다.
- 눈 위에 생긴 내 발자국을 관찰한다. 눈 위에 생긴 여러 발자국을 관찰한다.
- 고개를 들어 내리는 눈을 맞아 본다.
- 나뭇가지에 쌓인 눈을 (교사가) 털어낼 때, 떨어지는 눈을 맞아 본다.
- 주변의 다양한 사물(놀이기구, 나무, 울타리 등)에 내려앉은 눈을 감상한다.
- 수북이 쌓인 눈 위에 누워서 팔과 다리를 움직인다.
- 눈 위에 손으로 그림을 그린다.
- 눈을 양손으로 뭉친다.

② **여러 가지 도구를 사용해 눈으로 표현해 본다.**

- 성 만들기: 양동이에 눈을 눌러 담은 뒤, 뒤집어서(양동이를 빼내어) 성을 만든다.
- 아이스크림 만들기: 아이스크림 스쿱으로 눈을 떠서 아이스크림을 만든다.
- 중장비로 놀이하기: 다양한 중장비 놀잇감(트럭, 굴삭기 등)으로 놀이한다.
- 눈 위에 물감으로 그림 그리기
  a. 약병 안에 물과 물감을 적당히 섞어 준비한다.
  b. 손으로 물감을 짜서 눈 위에 그림을 그린다.
- 눈 집게(별똥별 모양, 오리 모양, 다양한 동물 모양 등)로 눈을 뭉쳐 본다.
- 눈사람 만들기: 교사와 함께 눈사람을 만든다.

③ **실내에 눈을 담아 와 물감 그림을 그린다.**

- 실외에서 넓은 스텐 바트에 눈을 편평하게 담아 온다.
- 약병의 물감을 짜서 눈 위에 그림을 그린다.

연계활동

감상하기
– 눈으로 만든 것 사진 기록 감상하기 (본 활동과 연계)

→

탐색하기
– 눈 탐색하기(본 활동)

↙

표현하기
– 물감으로 다양하게 표현하기(p.271)

↖

CHAPTER **10**

영유아미술교육의 실제

: 창의적으로 표현하기 & 교사의 역할

- 9장 탐색활동, 10장 표현활동, 11장 감상활동의 연계 -

탐색활동	표현활동	감상활동
	Anything can be brush & everything can be painted p.281	
숲속 액자 만들기 p.223	나뭇잎으로 다양하게 표현하기 p.274	낙엽 요정이 보내준 가을 명화 p.344
낙엽 가루&나뭇잎으로 인형 만들기 p.228	가을 자연물로 모양 만들기 p.297	
나뭇잎 스펙트럼 p.231		
낙엽 탐색하기 p.248		
	돌멩이와 나뭇가지에 물감으로 칠하기 p.295	
자연물 탐색하기 p.236	채소와 과일로 동물 만들기 p.287	명화 속 다양한 동물 감상 & 동물 친구 만들기 p.362
꽃과 나뭇잎 다양하게 탐색하기 p.226	꽃과 곤충 세밀화 그리기 p.290	명화 속 다양한 꽃 감상 & 세밀화 그리기 p.367
주물럭 주물럭 하기 p.233	Raindrop painting p.293	봄을 그린 명화 감상 & 봄의 색 만들기 p.338
물감통 짜서 그리기 p.234	물감으로 다양하게 표현하기 p.271	화가들의 여름 풍경 p.341
코인티슈 물들이기 p.238	빛과 그림자로 표현하기 p.301	명화 속 사람들과 함께 춤추기 p.359
다양한 방법으로 물 탐색하기 p.245		
	다양한 물건에 물감 묻혀서 찍기 p.277	
	공과 구슬 굴리기 p.279	자화상 감상 & 나의 얼굴 그리기 p.351
	여러 가지 선으로 표현하기 p.268	우리나라의 건축물 감상 p.373
	선이 지나간 자리 p.285	풍속화 감상 & 생활 속 이야기 그림 그리기 p.355
	진흙에 스케치하기 p.267	명화 속 다양한 집 감상 & 내가 살고 싶은 집 설계하기 p.370
흙을 다양하게 탐색하기 p.251	흙 물감으로 그림 그리기 p.283	세계 여러 나라의 건축물 감상 & 도시 설계하기 p.377
파스타 재료로 놀이하기 p.240	흙점토/색점토/곡물점토로 놀이하기 p.262	
눈 탐색하기 p.253	쉐이빙 크림으로 표현하기 p.265	따뜻한 나라에 사는 코코가 보낸 편지 p.347

※ 영유아 미술활동은 영유아에게 의미 있는 미적 경험을 제공할 수 있도록 미술활동 간(탐색, 표현, 감상)의 통합을 강조한다. 본 교재 '영유아 미술교육의 실제편'의 9장(탐색활동의 실제), 10장(표현활동의 실제), 11장(감상활동의 실제)의 내용은 융통성 있게 연계해서 진행 가능하다. 예를 들어, 선으로 같이 묶여 있는 '꽃과 나뭇잎 다양하게 탐색하기(9장)'를 한 후, '꽃과 곤충 세밀화 그리기(10장)'와 '명화 속 다양한 꽃 감상하기(11장)'를 연계해서 진행할 수 있다. 그리고 'Anything can be brush & everything can be painted(11장)'와 같이 어느 활동과도 연계 가능한 내용은 맨 앞에 배치하였다.

1. 표현을 위한 계획과 실행

자신이 찾아낸 아름다움이나 생각과 느낌을 표현하는 것은 의사소통 행위와도 유사하다. 영유아의 언어적 표현은 아직 제한적이나, 영유아기 미술표현 능력은 영유아가 여과 없이 스스로를 표현 가능하게 해 준다는 것을 알 수 있다. 미술은 감정을 표현하고 처리하는 과정에 중요한 역할을 한다. 다양한 미술의 요소와 원리를 통해 감정을 시각적으로 처리하고 표현함으로써 정서를 잘 표현하고, 또한 잘 이해하고 조절할 수 있게 한다. 뿐만 아니라 영유아는 다양한 재료와 도구를 사용하여 아름다움의 요소를 표현하는 과정을 통해 문제를 인식하고 해결하는 과정 또한 경험할 수 있다. 아름다움을 찾고 탐색한 경험을 토대로 자신의 아이디어를 구체화하고, 이를 표현하는 과정을 통해 자신을 표현하는 또 다른 방법을 터득하게 된다. 아름다움을 표현하는 것은 인간의 본능이기도 하다. 미술표현활동이란 단지 보여지는 결과물을 만들기 위한 목적을 지니는 것이 아니라, 태초부터 인간이 언어를 대신해 자신의 생각과 느낌을 표현하는 것 자체의 의미를 지닌다. 그러므로 영유아가 미술표현을 통해 전달하는 개별적인 메시지들을 모두 존중하고, 더 나은 표현으로 이어질 수 있도록 지원해야 할 것이다.

2. 표현을 위한 교사의 역할과 교사-영유아 상호작용

영유아가 아름다움을 찾고 탐색한 것을 자유롭게 표현하도록 돕기 위해 성인은 아래와 같은 내용으로 다각도의 지원을 할 필요가 있다.

첫째, 영유아에게 미술표현활동을 할 수 있는 유연하고 개방적인 시간과 공간을 제공한다. 교사는 영유아가 자유롭게 자신을 표현할 수 있도록 엄격한 규칙이나 제약 없이 자유롭게 미술활동을 즐길 수 있는 시간과 공간을 제공할 수 있다. 예로 미술활동을 위한 공간을 조성할 때 책상과 의자를 배치한 일반적인 공간 배치도 가능하겠지만, 다양한 공간(예: 바닥에서 미술활동이 가능한 공간, 누워서 그림을 그리는 공간, 종이를 수직으로 세워서 그려 보는 공간, 야외 미술활동 공간 등)을 마련할 수 있다. 또한 미술활동을 위한 시간을 충분히 확보하여 자유롭게 미술 작업에 몰두하고, 자신의 아이디어를 자유롭게 표현할 수 있는 시간적 여유를 제공한다. 하나의 결과물을 만들어 내기 위한 미술활동이 아닌, 영유아 개개인의 창출물과 미술활동 과정 자체에 의미를 두는 미술표현활동이 된다면 영유아의 미술표현을 더욱 풍부하게 할 수 있을 것이다.

나무 줄기를 그리기 공간으로 활용
출처: https://www.icanteach-mychild.com

훌라후프를 그리기 공간으로 활용
출처: https://www.pinterest.co.kr/

외벽을 그리기 공간으로 활용
출처: https://www.pinterest.co.kr/

책상 아랫면을 그리기 공간으로 활용
출처: https://artteacherblog.wordpress.com

책상을 뒤집어 그리기 공간으로 활용
출처: https://www.pinterest.co.kr/

자연 속 공간을 활용
출처: https://www.pinterest.co.kr/

실내 공간 전체를 그리기 공간으로 활용
출처: https://www.pinterest.co.kr/

둘째, 영유아의 자유로운 미술표현을 존중한다. 영유아의 미술표현 결과물에 대해 교사는 무의식적으로 자신의 기준에 따라 평가를 내리는 말(예: "참 잘 그렸다.", "예쁘게 그렸네.")을 하기도 한다. 영유아가 표현한 각 작품에는 그들만의 이야기가 내재되어 있다. 그러므로 영유아의 이야기를 경청하고 이해하려고 하는 것이 다음의 표현활동으로 이어지게 하는 교사의 중요한 자세가 될 것이다. 교사는 영유아의 미술표현을 주의 깊게 관찰하고, 무엇을 표현하려고 하는지 이해하려 노력하고 그것 자체를 존중해야 한다. 교사가 자신의 미의 기준을 영유아에게 내비친다면, 아이들은 교사가 원하는 방향으로 표현하려고 할 수 있다. 그러므로 영유아가 자신의 생각과 느낌을 표현하는 과정에 교사가 개입하지 않고 그들의 자유를 존중하는 자세가 필요하다.

영유아가 표현한 결과물을 언어적으로 칭찬해 줄 수도 있지만, 영유아가 원하는 대로 자유롭게 게시하는 것도 암묵적인 칭찬이 될 수 있다. 가정뿐만 아니라 기관에서도 개별 유아의 표현을 존중하는 비형식적인 전시는 얼마든지 이루어질 수 있다.

그림책 속 주인공을 그린 아이의 표현을 어떻게 칭찬해 줄 수 있을까? "그림책이랑 정말 똑같이 그렸네."라는 칭찬도 가능하겠지만 주인공의 파란 눈, 줄무늬 옷, 동그랗고 낮은 코 등을 표현한 것에 대해서도 칭찬해 줄 수 있지 않을까?

무엇을 그린 것인지 잘 모르겠지만, 아직은 미완성의 느낌이 드는 작품이다. 사인펜이라는 도구를 사용해 자신이 알고 있는 여러 가지 모양(동그라미, 하트, 꽃 등)을 그리고 여러 가지 색으로 줄무늬를 표현한 부분들이 눈에 띈다.

전반적으로 색이 연하게 표현된 아이의 작품이다. 연한 분홍으로 일관되게 표현되기는 했으나 자세히 들여다보면 그림 속 사람들의 표정이 매우 재미있다. 눈의 모양과 크기, 코의 생김새 등이 저마다 다르다. 아이의 표현에 대해 구체적으로 함께 이야기하며, 아이의 생각을 들어보는 것도 좋은 상호작용이 될 것이다.

셋째, 영유아가 자신의 관심사나 상상력을 바탕으로 자유롭게 주제를 선택할 수 있도록 한다. 교사는 다양한 주제(예: 계절, 동물, 가족, 친구, 여행, 과일 등)를 제안하여 영유아가 관심 있는 주제를 선택할 수 있도록 돕거나, 그림책이나 이야기를 활용하여 주제를 제시하고 어린이들이 이를 바탕으로 시각적으로 표현하도록 할 수 있다. 앞서 아름다움을 탐색하는 과정에서 영유아가 주변 환경에서 관찰하고 경험한 것(예: 자연, 동물, 인물, 자연현상 등)들을 토대로 자신만의 주제를 선택할 수 있도록 도울 수 있다. 또한 다른 친구들과 함께 이야기를 나누며 주제를 공유하고 아이디어를 교환하는 과정에서 다양한 관점을 수용하고, 표현하는 방법을 다각도에서 바라보는 경험을 가질 수 있도록 한다. 미술표현활동의 계획에서 실행 및 평가의 단계까지 영유아를 적극적으로 참여시키기 위해서는 표현의 주제 선택권부터 영유아에게 있어야 할 것이다. 일정한 순서에 따라 만들어 내야 하는 미술활동(예: 미술 키트)이나 특정 도안을 같은 방식으로 채워야 하는 등의 미술활동(예: 도안에 색칠하기)을 통해서는 영유아의 적극적인 표현활동을 도울 수 없을 것이다. 다양한 미술재료와 도구 제공, 미술의 다양한 기법 등을 통해 자신의 생각과 느낌을 각자만의 방식으로 표현하도록 돕는 교사의 지원이 필요하다.

집에서 편안한 자세로 누워 있는 엄마를 보고 그림

엄마와 아빠를 그림

선인장을 보고 그림

「해바라기」, 반 고흐, 1888

「론 강의 별이 빛나는 밤」, 반 고흐, 1888

유아가 자신이 좋아하는 화가의 작품을 보고 따라 그림

엄마가 좋아하는 동물인 '코끼리'를 그려서 선물함

3. 영유아 표현교육의 실제

흙점토/색점토/곡물점토로 놀이하기 영아

활동목표

- 감각을 활용해 점토를 다양한 방법으로 탐색한다.
- 자신의 생각과 느낌을 점토로 표현한다.
- 점토를 만지며 즐거움을 느낀다.

2세 2024 개정 표준보육과정과의 연계
- 신체운동 · 건강 〉 신체활동 즐기기 〉 다양한 감각을 경험한다.
  〉 신체를 인식하고 움직인다.
- 예술경험 〉 창의적으로 표현하기 〉 다양한 미술재료와 도구로 표현한다.
- 자연탐구 〉 탐구과정 즐기기 〉 사물과 자연 탐색하기를 즐긴다.
  〉 생활 속에서 탐구하기 〉 친숙한 물체를 감각으로 탐색한다.

참고하세요
색점토를 활용해 무언가를 만들기에 앞서 영아들이 충분히 자유롭게 탐색해 보는 시간을 갖도록 한다. 영아들이 점토에 익숙해지는 정도를 고려하여 재료를 순차적으로 제공(예: 도구의 제공 유무, 도구의 가짓수 조절 등)한다.

Tip1.
시판되는 색점토가 아닌, 천연색소를 넣어서 만든 밀가루 점토를 활용하는 것도 가능하다. 점토(찰흙, 색점토, 밀가루점토)의 종류에 따라 촉감이 다르므로 다양하게 경험해 보는 것도 좋다.

활동자료

- 찰흙(또는 색점토), 점토 놀이 도구(점토판, 점토용 칼, 밀대, 찍기 틀 등), 꾸미기 재료 등

활동방법

① 손을 사용해 점토를 다양하게 탐색한다.

- 큰 점토 덩어리를 손으로 주무른다.
- 점토 덩어리를 손으로 떼어낸다(뜯어낸다).
- 점토 덩어리를 손바닥으로 치거나, 주먹으로 두드린다.
- 점토를 손바닥 사이에 올리고(경단처럼) 동그랗게 굴린다.
- 점토 덩어리를 점토판 위에 올려놓고 손바닥으로 누른다.

다양한 방법으로 점토를 탐색하고 있는 영아

② **다양한 도구를 사용해 점토를 탐색한다.**

- 점토용 송곳, 찍기 틀로 눌러서 무늬를 만든다.
- 점토용 송곳으로 덩어리에 구멍을 뚫는다.
- 점토 칼/점토용 가위로 덩어리를 자른다.
- 밀대로 점토를 납작하게 민다.
- 점토를 압착해 (국수처럼) 가느다랗게 뽑아낸다.

Tip2.
교사는 점토를 탐색하는 다양한 방법을 숙지하고, 영아들과 언어적 상호작용을 할 수 있다.

③ **점토로 만들고 싶은 것을 자유롭게 만든다.**

- 영아들에게 친숙한 일상생활의 소재(예: 생일 축하하기, 음식 만들기, 국수 만들기, 얼굴 꾸미기 등)를 중심으로 표현활동이 자연스럽게 이루어질 수 있다.

자신에게 친숙한 것(얼굴, 케이크, 사람)을 만든 경우

자신이 좋아하는 동물을 만든 경우

실제 생일에 사용되었던 초와 빨대를 사용해 케이크를 만든 경우

점토로 음식을 차린 경우

④ 친구들과 함께 만들어 본다.

연계활동

감상하기
- 점토로 만든 다양한 작품을 감상하기 (본 활동과 연계)

→

탐색하기
- 점토를 다양한 방법으로 탐색하기 (본 활동과 연계)

↙

표현하기
- 흙점토/색점토/곡물점토로 만들기 (본 활동)

↖

쉐이빙 크림으로 표현하기 영아

활동목표

- 신체 움직임을 통해 쉐이빙 크림을 탐색한다.
- 자신의 생각과 느낌을 쉐이빙 크림으로 표현한다.
- 쉐이빙 크림을 만지며 즐거움을 느낀다.

0–1세 2024 개정 표준보육과정과의 연계

- 신체운동 · 건강 〉 신체활동 즐기기 〉 다양한 감각을 경험한다.
  〉 신체와 주변을 탐색한다.
- 예술경험 〉 창의적으로 표현하기 〉 다양한 미술재료를 경험한다.

2세 2024 개정 표준보육과정과의 연계

- 신체운동 · 건강 〉 신체활동 즐기기 〉 다양한 감각을 경험한다.
  〉 신체를 인식하고 움직인다.
- 예술경험 〉 창의적으로 표현하기 〉 다양한 미술재료와 도구로 표현한다.

활동자료

- 쉐이빙 크림(또는 휘핑크림), 물감, 붓, 스크래퍼, 주방 놀잇감(숟가락, 주걱, 냄비 등)
- 김장용 깔개, 비닐, 유아용 앞치마 등

활동방법

① 활동을 위한 공간을 준비한다.

- 책상에서 하는 경우: 책상 위는 비닐로 덮고, 책상 아래는 깔개(비닐 등)를 깐다.
- 벽면에 하는 경우: 벽에 비닐(또는 투명 아세테이트지)을 부착하고, 벽면에 맞닿는 바닥에는 깔개(비닐, 돗자리 등)를 깐다.
- 투명 이젤에서 하는 경우: 이젤 주변에 깔개를 준비한다.

② 활동에 필요한 재료를 준비한다.

- 물감을 섞지 않은 쉐이빙 크림을 준비한다.
- 물감을 섞은 쉐이빙 크림을 준비한다.
  a. 교사가 미리 물감을 섞어 그릇에 나눠 담아 준비하는 방법
  b. 교사가 물감을 짜 주면, 영아가 숟가락으로 섞어서 준비하는 방법

유의점

바닥에 비닐을 까는 경우, 영아들이 미끄러지지 않도록 유의한다. 양말을 벗고 맨발로 활동에 참여하는 것도 좋다.

Tip1.

활동 장소(책상, 벽, 이젤 등)에 따라 신체 움직임(수평적, 수직적) 또한 달라진다는 점을 고려하여, 다양한 장소에서 활동을 시도해 보는 것도 좋다. 활동을 위한 공간을 준비할 때에는 항상 영아들의 안전에 유의한다.

③ **쉐이빙 크림을 다양한 방법으로 탐색한다.**

- 문지르기: 한 손/양손으로 천천히/빠르게 문지르기
- 모으기: 스크래퍼로 쉐이빙 크림 모으기
- 쌓기: 쉐이빙 크림 높이 쌓기
- 손가락으로 그리기: 손가락으로 다양한 모양(동그라미, 세모, 네모) 그리기
- 담기: 쉐이빙 크림을 숟가락 또는 주걱으로 옮겨 담기
- 섞기: 쉐이빙 크림에 물감을 넣어 섞기
- 숨기고 찾기(hide and seek): 소형 모형 장난감(동물, 사람 인형)을 숨기고 찾기
- 그리기: 일상생활용품으로 쉐이빙 크림 위에 그림 그리기

실외 공간에 준비된 투명한 액자 틀에서 성인과 함께 활동하는 유아

식용색소를 넣은 휘핑크림으로 놀이하는 영아

④ **장소를 바꾸어서 활동을 진행한다.**

- 다양한 공간(책상 위, 벽면, 바닥, 투명 이젤 등)에서 활동을 진행한다.

연계활동

감상하기
– 크림으로 표현한 결과물 감상하기 (본 활동과 연계)

→

탐색하기
– 크림을 다양한 방법으로 탐색하기 (본 활동과 연계)

표현하기
– 쉐이빙 크림으로 표현하기(본 활동)

진흙에 스케치하기 영아

활동목표

* 손에 힘을 줘서 물감을 짠다.
* 자신의 생각과 느낌을 물감으로 표현한다.
* 진흙 위에 물감을 짰을 때 나타나는 변화(색, 모양, 질감)에 관심을 가진다.

2세 2024 개정 표준보육과정과의 연계

• 신체운동 · 건강 〉 신체활동 즐기기 〉 다양한 감각을 경험한다.
〉 신체를 인식하고 움직인다.
• 예술경험 〉 창의적으로 표현하기 〉 다양한 미술재료와 도구로 표현한다.

활동자료

• 물감, 약병

물감을 직접 만드는 영아

활동방법

① 활동에 필요한 재료를 준비한다.

- 약병에 물과 물감을 적당량 섞어 준비한다.

② 진흙 위에 물감을 짜면서 자유롭게 표현한다.

Tip1.
스케치를 하는 공간의 흙 상태(색, 점도 등)를 고려하여 물감(색의 종류, 명도와 채도 등)을 준비한다. 흙의 점도가 너무 낮고, 물감 농도가 너무 묽으면 스케치가 잘 보이지 않을 수 있다.

연계활동

감상하기
– 진흙 위의 스케치 감상하기(본 활동과 연계)

탐색하기
– 흙을 다양하게 탐색하기(p.251)

표현하기
– 진흙에 스케치하기(본 활동)

여러 가지 선으로 표현하기 영아

활동목표

* 종이테이프로 다양한 선을 표현한다.
* 선으로 만들어진 공간에서 놀이한다.

2세 2024 개정 표준보육과정과의 연계

- 신체운동 · 건강 〉 신체활동 즐기기 〉 다양한 감각을 경험한다.
  〉 신체를 인식하고 움직인다.
  〉 대소근육을 조절한다.
- 예술경험 〉 창의적으로 표현하기 〉 다양한 미술재료와 도구로 표현한다.

패러슈트 위에서 다양한 끈 탐색하기

활동자료

- 전지, 색 종이테이프, 놀잇감 바구니 등

활동방법

- 활동에 앞서 다양한 종류의 끈을 탐색하는 시간을 갖는다.

Tip1.
전지를 교실 바닥에 붙여 공간을 넓게 확보해 주어 여러 명의 영아들이 함께 참여할 수 있도록 한다.

1. 전지에 색 종이테이프로 표현하기

① 교실 바닥에 전지를 준비한다.

- 교실 내 넓은 공간을 확보하고 바닥에 전지를 준비한다.
- 전지가 움직이지 않도록 테이프로 고정한다.

Tip2.
영아들이 종이테이프를 떼어 내기 어려워하는 경우(예: 테이프의 첫 부분을 찾아 손으로 뜯어 내기 어려워하는 경우)를 대비하여 적절히 준비한다.
1) 영아 스스로 하기
2) 교사가 도움 주기
3) 종이테이프를 바구니 안에 담아 정리하고 테이프 끝을 바구니 모서리에 붙여 주기

② 색 종이테이프를 손으로 뜯어서 전지에 자유롭게 붙인다.

종이테이프를 떼어서 붙여 보기

③ 색 종이테이프로 만든 작품을 벽면에 전시한다.

친구들과 만든 작품 감상하기

> **Tip3.**
> 벽면에 접착 아세테이트지를 제시(접착면이 표면에 나오도록)하고, 여러 가지 가벼운 꾸미기 재료(빨대, 모루, 털실, 고무줄 등)를 붙이며 표현하는 것도 가능하다.

2. 바구니에 색 종이테이프 붙이고 놀이하기

① 바구니에 색 종이테이프를 지그재그로 붙인다.

- 교사가 바구니에 색 종이테이프를 미리 붙여서 제시한다.
- 교사와 영아들이 함께 바구니에 색 종이테이프를 붙인다.

② 바구니 안에 담긴 놀잇감을 숟가락으로 꺼내 본다.

- 바구니 안에 놀잇감(블록, 색공 등)을 미리 담아 놓는다.
- 바구니 안의 놀잇감을 숟가락을 이용해 꺼낸다.

바구니에 색 종이테이프 붙이고 놀이하기

> **참고하세요**
> 주변에 선이 될 수 있는 일상생활의 많은 재료(예: 색종이, 털실, 리본테이프 등)들을 활용하는 것도 가능하다.

종이를 길게 찢고 붙여서 표현하기

> **Tip4.**
> 본 활동에서와 같이 거미줄을 수평으로 제시할 수도 있지만, 수직으로 제시하여 영아들이 온몸을 활용해 '선과 선 사이'를 통과하는 것도 가능하다. 영아들의 발달 수준을 고려하여 선과 선 사이 구멍의 크기를 적절하게 조절한다.

3. 색 종이테이프로 만든 거미줄 통과하기

① 색 종이테이프를 책상에 지그재그로 붙인다.

- 교사가 책상에 색 종이테이프를 미리 붙여서 제시한다.
- 교사와 영아들이 함께 책상에 색 종이테이프를 붙인다.

② 다양한 방법으로 거미줄을 통과한다.

- 아래 사진에서와 같이 거미줄 아래를 기어서 통과한다.
- 거미줄 위에 다리를 차례대로 넣으며(징검다리처럼) 통과한다.

색 종이테이프로 만든 거미줄 통과하기

연계활동

감상하기
– 선으로 표현한 다양한 결과물 감상하기 (본 활동과 연계)

→

탐색하기
– 다양한 종류의 선 탐색하기 (본 활동과 연계)

표현하기
– 여러 가지 선으로 표현하기(본 활동)

물감으로 다양하게 표현하기 영아

활동목표

* 물감이 다양하게 변화하는 모습에 관심을 가지고 관찰한다.
* 물감으로 자신의 생각과 느낌을 다양하게 표현한다.
* 물감으로 표현하는 과정에서 즐거움을 느낀다.

2세 2024 개정 표준보육과정과의 연계

- 신체운동 · 건강 〉 신체활동 즐기기 〉 다양한 감각을 경험한다.
  〉 신체를 인식하고 움직인다.
- 예술경험 〉 창의적으로 표현하기 〉 다양한 미술재료와 도구로 표현한다.
- 자연탐구 〉 탐구과정 즐기기 〉 사물과 자연 탐색하기를 즐긴다.
  〉 생활 속에서 탐구하기 〉 친숙한 물체를 감각으로 탐색한다.

활동자료

- 수채화 물감, 투명한 컵, 약병, 스포이트, 빨대, 아이스크림 막대, 전지
- 사면이 막힌 박스

활동방법

1. 물 위에 물감 떨어뜨리고 섞어 보기

① 활동에 필요한 미술재료를 준비한다.

- 투명한 컵에 물을 담아 준비한다.
- 약병에 여러 가지 색의 물감을 담아 준비한다.

② 약병을 손으로 눌러 물감을 떨어뜨린다.

- 물감이 물속에서 번지는 모습을 관찰한다.
- 물감을 한 방울씩 또는 연속으로 떨어뜨린다.
- 물감을 떨어뜨린 후 빨대로 젓는다.

③ 물감이 섞인 물은 3번 활동(분무기로 물감 뿌리기)에 사용할 수 있다.

"어? 나 방금 한 방울 떨어졌다."
"나는 세 방울 떨어졌어."
"물 색이 바뀌었어!"
"선생님, 물감에 다리가 생겼어요."
"나는 이거 음료수 같은데?"

Tip1.
물감을 물약병에 담아 준비할 때, 색의 종류를 점차 늘려 줄 수 있다(3→5가지). 또한 색의 혼합을 고려해 색의 종류(빨강, 노랑, 파랑)를 제한하여 제공할 수 있다.

Tip2.
영아들의 발달 수준 및 흥미를 고려하여 미술재료는 다양하게 제공(예: 물컵 대신 넓은 수조, 여러 가지 색 동시에 떨어뜨리기 등)이 가능하다. 물의 오염 속도를 늦추기 위해 물을 담는 용기를 큰 것으로 사용하는 것도 방법이다.

> **Tip3.**
> 겨울철 야외에 눈이 쌓인 날, 물감을 담은 분무기나 소형 스프레이를 가지고 나가 야외에서도 활동을 진행할 수 있다. 또는 넓고 얕은 수조에 눈을 담아 와 실내에서 '눈 위에 그림 그리기'를 실행할 수 있다.

2. 눈 위에 물감 떨어뜨리고 섞어 보기

① 활동에 필요한 미술재료를 준비한다.

- 투명한 컵에 눈을 담아 준비한다.
- 약병에 여러 가지 색의 물감을 담아 준비한다.

② 약병을 손으로 눌러 물감을 떨어뜨린다.

- 물감이 눈 속에서 번지는 모습을 관찰한다.
- 물감을 한 방울씩 또는 연속으로 떨어뜨린다.
- 물감을 떨어뜨린 후 아이스크림 막대로 젓는다.

"나는 사과 맛이야."
"선생님, 눈 색이 바뀌었어요."
"딱딱해."
"진짜 아이스크림 같다."
"얘들아, 나는 물이 생겼어!"

> **참고하세요**
> 터키의 예술가 유겔 돈메즈(Yucel Donmez)는 동료들과 협업하여 눈 위에 그림을 그리는 작업을 하였다.
>
> 
>
> 
>
> 출처 : http://kr.people.com.

3. 분무기로 물감 뿌리기

① 활동에 필요한 미술재료를 준비한다.

- 벽면과 바닥에 전지를 붙인다.
- 분무기 안에 여러 가지 색의 물감을 담아 준비한다.

② 분무기로 물감을 뿌린다.

- 한 손 또는 두 손으로 분무기를 사용해 물감을 뿌린다.
- 분무기를 서로 바꾸어서(물감 색을 바꾸어서) 물감을 뿌린다.

③ 완성된 작품을 감상한다.

"빨간색이랑 초록색이 만났어!"
"여기 만져 봐. 물감 길이 있어."

"우와 종이 색이 변했어."
"물감끼리 만났어."
"비가 내린다."

> **참고하세요**
> 가정에서는 영아들에게 4절/8절 도화지나 전지, 또는 롤 도화지(아래 사진)를 제공하여 물감으로 자유롭게 표현하도록 할 수 있다.
>
> 

4. 스포이트로 물감 흘리기

① 활동에 필요한 미술재료를 준비한다.

- 투명한 컵에 여러 가지 색의 물감을 담는다.
- 각 투명 컵마다 스포이트를 꽂아 준비한다.
- 종이나 사면이 막힌 상자(뚜껑이 제거된 직육면체 형태의 상자)를 준비한다.

② 스포이트를 눌러 물감을 흘린다.

- 스포이트로 물감을 몇 방울 떨어뜨리고 종이/상자를 움직여 물감을 흘려 보낸다.

Tip4.
'상자 안에서 구슬 굴리기' 활동과 '스포이트로 물감 흘리기' 활동이 동시에 이루어질 수 있다. 사면이 막힌 상자에서 활동을 진행하면 상자의 기울기를 달리하며 물감 흘리기를 할 수 있다.

연계활동

감상하기
– 물감으로 표현한 다양한 결과물 감상하기 (본 활동과 연계)

→

탐색하기
– 물감의 특징을 여러 가지 방법으로 탐색하기 (본 활동과 연계)

↙

표현하기
– 물감으로 다양하게 표현하기(본 활동)

↖

나뭇잎으로 다양하게 표현하기 영아

활동목표

* 나뭇잎의 다양한 생김새(모양, 크기, 색)에 관심을 가진다.
* 나뭇잎으로 다양하게 표현한다.

2세 2024 개정 표준보육과정과의 연계

• 예술경험 〉 아름다움 찾아보기 〉 자연과 생활에서 아름다움을 느낀다.
〉 창의적으로 표현하기 〉 다양한 미술재료와 도구로 표현한다.
• 자연탐구 〉 탐구과정 즐기기 〉 사물과 자연 탐색하기를 즐긴다.
〉 자연과 더불어 살기 〉 주변의 동식물에 관심을 가진다.

활동자료

• 나뭇잎, 그리기 도구(크레파스, 매직펜), 접착 아세테이트지, 양면테이프, 도화지

활동방법

1. 나뭇잎 꾸미기

Tip1.
영아들이 나뭇잎을 모으는 과정부터 참여할 수 있다. 야외활동 시간에 큰 바구니를 들고 나가 영아들과 함께 바닥에 떨어져 있는 나뭇잎을 주워 모은다.

① 활동에 앞서 나뭇잎을 모은다.

- 야외활동을 통해 다양한 종류의 나뭇잎을 모은다.
- 나뭇잎 양이 충분해졌을 때 활동을 계획한다.

② 나뭇잎 위를 다양한 방법으로 꾸민다.

a. 나뭇잎을 도화지 위에 붙인 다음 그리기 도구(크레파스, 매직펜)로 끼적이기
b. 나뭇잎 주변을 스티커로 붙여 꾸미기
c. 나뭇잎을 물감으로 칠하기
d. 다양한 종류의 나뭇잎을 도화지 위에 붙여서 표현하기
e. 나뭇잎을 도화지 위에 올려놓고, 물감 묻힌 스펀지로 두드리기(스텐실 기법)

나뭇잎 위에 끼적이기

나뭇잎 주변을 스티커로 붙여 꾸미기

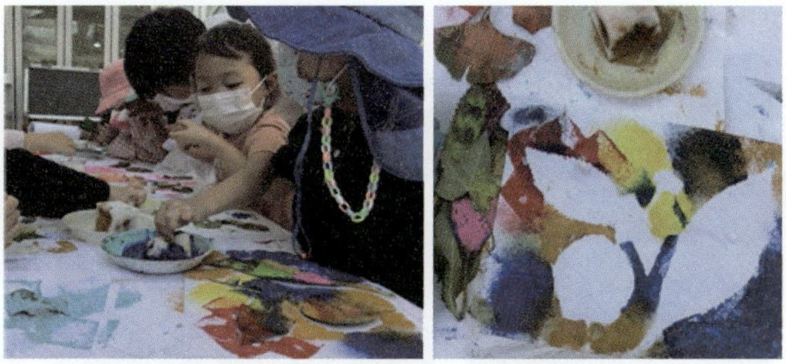

도화지 위에 나뭇잎 올리고 물감 묻힌 스펀지로 두드리기

Tip2.
나뭇잎을 도화지 위에 올려놓고, 물감 묻힌 스펀지로 두드릴 때(스텐실 기법)에는 나뭇잎이 움직이지 않도록 투명테이프로 고정한다.

③ 활동을 마무리한다.

- 작품을 잘 건조시킨 다음 벽면에 전시한다.
- 나와 친구들의 작품을 감상한다.

2. 나뭇잎 왕관 만들기

① 활동에 필요한 미술재료를 준비한다.

- 넓은 쟁반에 나뭇잎을 담아 준비한다.
- 머리띠 종이를 준비한다.
  a. 머리띠 종이에 접착 양면테이프(나뭇잎 붙일 부분)를 미리 붙여 놓아 준비하기
  b. 머리띠 모양(기본 틀, 크기, 두께, 색)을 다양하게 준비하기

Tip3.
왕관 모양이 다양하게 연출될 수 있도록 머리띠의 색, 굵기, 모양(물결 모양, 뾰족뾰족한 성 모양 등)을 다양하게 준비한다.

② 머리띠 종이에 나뭇잎을 붙여서 꾸민다.

- 영아가 직접 머리띠 종이를 선택하고, 나뭇잎을 자유롭게 붙여서 꾸며 본다.
  a. 교사가 접착 양면테이프를 떼어 주면 그 위에 나뭇잎을 놓아 꾸미기
  b. 영아가 직접 투명테이프를 사용해 나뭇잎을 고정시키며 꾸미기

나뭇잎 왕관에 붙여 꾸미기

③ **나뭇잎 왕관을 쓰고 놀이한다.**

내가 만든 나뭇잎 왕관 쓰고 놀이하기

자연물로 만든 왕관을 쓰고 놀이하는 유아들

나뭇잎 모자를 쓰고 있는 유아

3. 나뭇잎 액자 만들기

① **활동에 필요한 미술재료를 준비한다.**

- 넓은 쟁반에 나뭇잎을 담아 준비한다.
- 나무 액자 가운데에 접착 시트지를 붙여 준비한다.

Tip4.
나뭇잎 액자 만들기를 하기에 앞서, 액자 틀을 영아들이 직접 꾸며 보는 활동(예: 크레파스로 칠하기, 스티커로 꾸미기 등)을 진행할 수 있다.

② **나무 액자에 나뭇잎을 붙여서 꾸민다.**

- 나뭇잎으로 자유롭게 표현한다.
- 액자 틀을 자유롭게 꾸민다.

연계활동

감상하기
- 나뭇잎으로 만든 작품 감상하기 (본 활동과 연계)

→

탐색하기
- 꽃과 나뭇잎 다양하게 탐색하기(p.226)

↙

표현하기
- 나뭇잎으로 다양하게 표현하기(본 활동)

↖

다양한 물건에 물감 묻혀서 찍기 영아

활동목표

- 일상생활 속 다양한 물건에 관심을 가진다.
- 물감을 찍을 때 생기는 여러 가지 모양을 탐색한다.

2세 2024 개정 표준보육과정과의 연계

- 신체운동 · 건강 〉 신체활동 즐기기 〉 신체를 인식하고 움직인다.
  〉 대소근육을 조절한다.
- 예술경험 〉 창의적으로 표현하기 〉 다양한 미술재료와 도구로 표현한다.
- 자연탐구 〉 생활 속에서 탐구하기 〉 친숙한 물체를 감각으로 탐색한다.
  〉 생활 도구에 관심을 가진다.

활동자료

- 일상생활 속 다양한 물건(물풍선, 빗, 면봉, 여러 가지 모양의 블록, 스펀지, 수세미, 헤어롤, 장난감 자동차, 지우개, 포크, 뒤집개 등)
- 물감 접시(다회용 플라스틱 접시 또는 팔레트), 얼음 트레이, 수채화용 물감, 도화지, 건조대

유의점
신체에 물감이 묻는 걸 싫어하는 영아들의 경우에는 억지로 강요하지 않고 도구를 활용해 찍어 보는 활동부터 점진적으로 시도할 수 있다. 또는 장갑(비닐장갑, 어린이용 목장갑 등)을 손에 낀 채로 물감을 묻혀 찍어 볼 수 있다.

활동방법

- 활동에 앞서 영아들이 자신의 신체(손바닥, 발바닥, 손끝 등)에 물감을 묻혀 찍어 보는 경험을 먼저 한다.

손바닥에 물감을 묻혀 찍기 활동을 하고 있는 영아

참고하세요
가정에서는 영아들이 목욕하는 시간에 자신의 신체로 물감을 찍어 보는 활동을 자연스럽게 경험할 수 있다.

① 활동에 필요한 미술재료를 준비한다.

- 물감을 묻혀서 찍기에 적당한 물건들을 모은다.

- 물건의 생김새를 고려하여 물감 접시를 준비한다.
  a. 크고 납작한 물건: 접시에 부직포를 깔고 물감과 물을 적당량 섞어서 적신다.
  b. 끝이 뾰족한 물건: 얼음 트레이에 물감을 적당량 짜서 준비한다.

② 물건에 물감을 묻혀 자유롭게 찍는다.

물풍선을 탐색하는 영아들

물풍선에 물감 묻혀 찍기

채소에 물감 묻혀 찍기

면봉에 물감 묻혀 찍기

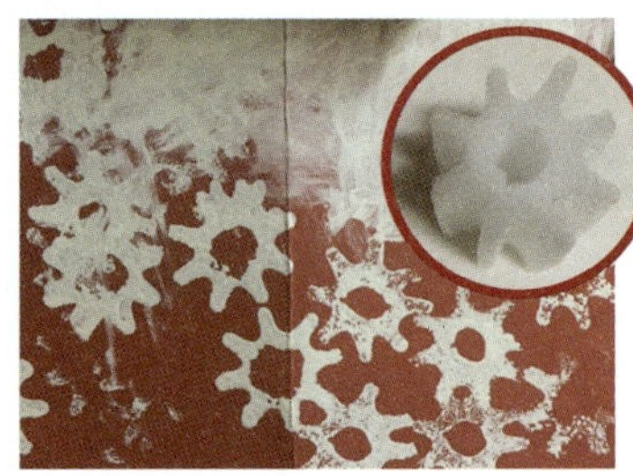
충격흡수제에 물감 묻혀 찍기

③ 활동을 마무리한다.

- 작품을 잘 건조시킨 다음 벽면에 전시한다.
- 나와 친구들의 작품을 감상한다.

연계활동

감상하기
– 완성된 작품 감상하기(본 활동과 연계)

➔

탐색하기
– 물감으로 찍힌 모양 탐색하기 (본 활동과 연계)

표현하기
– 다양한 물건에 물감 묻혀서 찍기(본 활동)

공과 구슬 굴리기 영아

활동목표

* 신체를 움직여 공/구슬을 다양한 방향으로 굴린다.
* 공/구슬이 움직이면서 생긴 선에 관심을 갖는다.

2세 2024 개정 표준보육과정과의 연계

- 신체운동 · 건강 〉 신체활동 즐기기 〉 신체를 인식하고 움직인다.
  〉 대소근육을 조절한다.
- 예술경험 〉 창의적으로 표현하기 〉 다양한 미술재료와 도구로 표현한다.
- 자연탐구 〉 생활 속에서 탐구하기 〉 친숙한 물체를 감각으로 탐색한다.
  〉 생활 도구에 관심을 가진다.

활동자료

- 다양한 크기의 공, 전지, 종이벽돌블록(자석벽돌블록)
- 구슬, 사면이 막혀 있는 직사각형 박스, 구슬 집게(영아들이 사용 가능한 것)
- 물감, 넓은 쟁반, 물감 접시(대, 중, 소)

활동방법

1. 넓은 공간에서 큰 공 굴리기

① 활동에 필요한 공간을 준비한다.

- 벽돌블록을 활용해 사면이 막힌 공간을 만든다.
- 공간 안에 전지(밝은색, 어두운색) 또는 비닐을 붙인다.

② 활동에 필요한 재료를 준비한다.

- 넓은 쟁반이나 접시에 물감과 물을 적당량 섞어 물감 접시를 준비한다.

③ 공에 물감을 묻혀 굴린다.

- 공을 세게/약하게 굴려 본다.
- 공을 위에서 아래로 떨어뜨린다.
- 공간의 다양한 지점에서 공을 굴려 본다.

④ 활동을 마무리한다.

- 결과물을 잘 건조한 뒤 벽면에 게시한다.

다양한 방법으로 공을 굴려서 표현하기

2. 상자 안에서 구슬 굴리기

Tip1.
사면이 막혀 있는 직사각형 상자는 일반적인 상자(피자 상자, A4용지 상자 뚜껑, 택배상자 자른 것)를 재활용할 수 있다. 활동에 앞서 미리 재활용품 상자를 조금씩 준비하는 것도 방법이다.

① 활동에 필요한 재료를 준비한다.

- 사면이 막혀 있는 직사각형 상자를 준비한다.
- 접시에 부직포(펠트지)를 붙이고, 물감과 물을 적당량 섞어 물감 접시를 준비한다.
- 물감 접시마다 구슬(3~5개)과 집게(물감 묻을 구슬을 잡을 수 있는)를 준비한다.

③ 구슬에 물감을 묻혀 굴린다.

- 집게로 원하는 색깔의 구슬을 집어 상자 안에 넣는다.
- 다른 색깔의 구슬도 선택해서 상자 안에 넣는다.
- 상자를 여러 방향과 기울기로 움직여 구슬을 움직인다.

④ 활동을 마무리한다.

- 결과물을 잘 건조한 뒤 벽면에 게시한다.

연계활동

감상하기
– 공과 구슬이 만든 선 감상하기 (본 활동과 연계)

➔

탐색하기
– 공과 구슬의 움직임에 따라 만들어지는 선 관찰하기(본 활동과 연계)

표현하기
– 공과 구슬 굴리기(본 활동)

Anything can be brush & everything can be painted 영아

활동목표

* 우리 주변의 다양한 물건/재료에 관심을 갖는다.
* 다양한 재료를 활용하여 생각과 느낌을 표현한다.

2세 2024 개정 표준보육과정과의 연계

- 신체운동 · 건강 〉 신체활동 즐기기 〉 신체를 인식하고 움직인다.
  〉 대소근육을 조절한다.
- 예술경험 〉 창의적으로 표현하기 〉 다양한 미술재료와 도구로 표현한다.
- 자연탐구 〉 생활 속에서 탐구하기 〉 친숙한 물체를 감각으로 탐색한다.
  〉 생활 도구에 관심을 가진다.

활동자료

- 그림 그리기의 재료가 될 수 있는 모든 것

크래프트지

에어캡

지퍼백

종이백

비닐봉지

골판지

활동방법

- 활동에 앞서 그림 그리기의 바탕이 될 수 있는 주변의 일상생활용품(에어캡, 포장비닐, 보자기, 계란판, 우편봉투, 골판지, 크래프트지, 일회용 장갑 등)을 다양하게 모은다.
- 그림 그리기의 재료가 될 수 있는 도구(수채화 붓, 스펀지 붓, 스펀지 롤러, 도트 물감, 사인펜 등)를 다양하게 준비한다.

Tip1.
재료를 '탐색'하는 활동과 재료로 '표현'하는 활동이 점진적으로 이루어지도록 계획하는 것도 좋다. 표현하기 활동에 앞서 영아들이 다양한 재료를 감각적으로 경험할 수 있는 활동(예: 비닐봉지 던지며 놀기, 에어캡 위 걷기, 골판지를 신체/물건으로 긁어 보기 등)들을 계획하여 영아들이 재료에 친숙해지도록 한다.

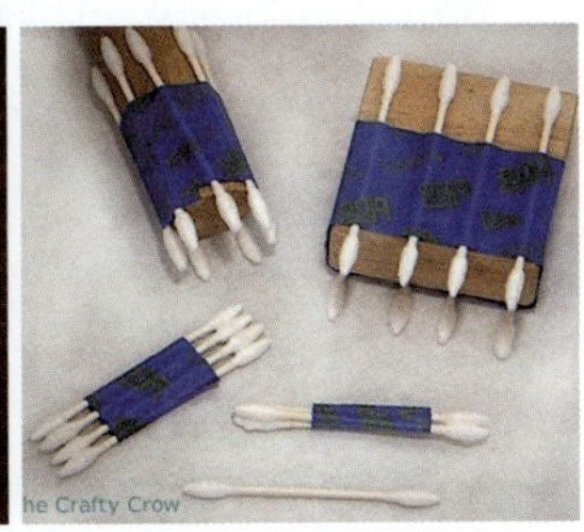

다양한 그리기 도구의 예

출처: https://kr.pinterest.com/

① 감각기관을 활용해 다양한 방법으로 재료를 탐색한다.

- 손으로 만지며 촉감을 느낀다.
- 손으로 재료를 구겨 본다/찢어 본다/물건을 담아 본다/접어 본다.
- 재료를 탐색할 때 들리는 다양한 소리에 관심을 갖는다.

② 다양한 재료에 그림을 그린다.

- 다양한 그리기 도구를 활용해서 자신의 생각과 느낌을 표현한다.

손으로 그림 그리기

스펀지 붓으로 두드려 표현하기

스펀지 롤러로 그림 그리기

종이 박스에 그림 그리기

에어캡에 그림 그리기

미끄러운 헝겊에 그림 그리기

③ 완성된 작품을 감상한다.

- 영아들의 작품을 다양한 방법으로 전시하여 자유롭게 감상하도록 한다.
- 영아들의 작품을 디지털 기록으로 남겨 영상물로 감상한다.

연계활동

감상하기
– 완성된 작품을 감상하기(본 활동과 연계)

→

탐색하기
– 다양한 방법으로 재료 탐색하기
(본 활동과 연계)

↙

표현하기
– Anything can be brush & everything can be painted(본 활동)

↖

흙 물감으로 그림 그리기 영아

활동목표

* 물과 찰흙이 섞이는 과정을 탐색한다.
* 흙물감을 이용해 자신의 생각과 느낌을 다양한 방식으로 표현한다.
* 흙물감으로 표현하는 과정에서 즐거움을 느낀다.

2세 2024 개정 표준보육과정과의 연계

- 예술경험 〉 창의적으로 표현하기 〉 다양한 미술재료와 도구로 표현한다.
- 자연탐구 〉 생활 속에서 탐구하기 〉 친숙한 물체를 감각으로 탐색한다.
  〉 생활 도구에 관심을 가진다.

Tip1.
찰흙 대신에 염색용 황토 가루를 활용할 수도 있다. 가루 물감 형태로 만들기에 용이하다.

활동자료

- 찰흙, 황토 가루, 물, 넓은 그릇, 숟가락, 다양한 크기의 붓, 다양한 지류(도화지, 이면지, 신문지 등), 이젤, 앞치마, 기타(나무젓가락, 페인트 붓, 포크 등과 같이 흙 물감을 칠할 때 사용 가능한 도구)

유의점1.
흙 물감을 만들 때 물이 너무 많아 묽어지면 그림이 잘 그려지지 않으므로 물을 조금씩 부어 주면서 만든다.

활동방법

① 영아들과 함께 흙 물감을 만든다.

- 물이 담긴 넓은 그릇에 찰흙을 떼어 넣으며 숟가락으로 저어 준다.
- 물과 찰흙이 섞이며 부드러워지는 과정을 탐색한다.

② 흙 물감으로 다양한 공간(창문, 이젤의 도화지, 바닥 종이)에 자유롭게 표현한다.

- 손가락, 손바닥을 이용해 그리고 싶은 것을 자유롭게 그린다.
- 다양한 크기의 붓이나 도구 등을 이용해 자유롭게 그린다.

유의점2.
손에 이물질이 묻는 것을 싫어하는 유아들의 경우에는 도구를 사용해 그리기를 시도해 볼 수 있도록 격려한다.

③ 흙 물감으로 다양한 종류의 종이에 그림을 그린다.

- 도구를 사용해서 다양한 종류의 종이(도화지, 이면지, 신문지 등)에 그림을 그려 본다.

④ 완성된 작품을 다양한 방법으로 감상한다.

- 유아들이 ②번 활동을 진행하는 동안 교사는 유아들의 활동 모습과 작품을 사진으로 촬영한다. 교실에서 미러링 방법을 사용해 화면을 공유하며 작품을 감상한다.
- 유아들이 ③번 활동을 진행한 것을 잘 건조시킨 후 벽면에 게시하여 유아들이 자연스럽게 감상할 수 있도록 한다.

유의점3.
활동방법 내 ②번과 ③번의 내용은 반드시 하루 내에 이루어지지 않아도 된다. 유아들의 흥미를 반영하여 다른 일시에 순차적으로 진행해도 좋다.

참고하세요
실제로 흙을 재료로 삼아 그림을 그리는 화가의 작품과 이야기를 들어볼 수 있다.

흙의 화가 채성필 작가 인터뷰 영상

연계활동

감상하기
- 흙 물감으로 그린 그림을 다양한 방법으로 감상하기(본 활동과 연계)

탐색하기
- 흙 물감을 만들며 물과 흙이 섞이는 과정 관찰하기(본 활동과 연계)

표현하기
- 흙 물감으로 그림 그리기(본 활동)

선이 지나간 자리 유아

활동목표

* 선을 이용해 다양하게 표현한다.
* 선의 여러 가지 특징(색, 굵기, 길이, 움직임 등)을 안다.
* 선으로 표현한 서로 다른 예술 표현을 존중한다.

2019 개정 누리과정과의 연계

- 예술경험 〉 아름다움 찾아보기 〉 예술적 요소에 관심을 갖고 찾아본다.
  〉 창의적으로 표현하기 〉 다양한 미술재료와 도구로 자신의 생각과 느낌을 표현한다.
- 자연탐구 〉 생활 속에서 탐구하기 〉 물체의 특성과 변화를 여러 가지 방법으로 탐색한다.

활동자료

- 물, 팔레트(접시), 물통, 물감, 붓, 다양한 지류(도화지, 머메이드지 등), 투명테이프, 앞치마

활동방법

① 교사가 도화지에 투명테이프를 붙여 준비한다.

- 도화지에 투명테이프를 다양한 방향으로 붙여 미리 준비한다.
- 유아들이 직접 투명테이프를 떼어 내도록 하려면, 투명테이프를 붙였던 순서와 반대로 번호를 적어 놓는다.

② 붓에 물감을 묻혀 자유롭게 색칠한다.

- 물감끼리 섞이지 않도록 팔레트를 구분해서 준비한다.

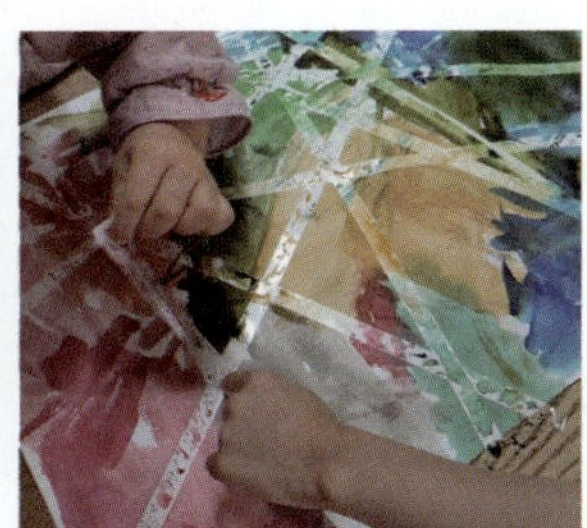

③ 건조대에서 말린 뒤, 투명테이프를 떼어 낸다.

유의점1.
유아들이 물감 색을 선택할 수도 있지만, 교사가 어떤 물감을 제공하느냐에 따라 결과물(색의 섞임)이 다를 수 있다.

유의점2.
물의 농도에 따라 물감의 번짐과 섞임 현상이 다르게 나타난다.

유의점3.
테이프 끝을 활용해 손잡이를 만들고, 테이프를 붙였던 순서와 반대로 번호를 적어 놓는다면 유아들이 보다 쉽게 테이프를 제거할 수 있다.

유의점4.
장시간 건조하면 테이프의 접착력으로 떼어 내기 어렵거나, 종이가 뜯길 수 있으므로 물기가 어느 정도 증발되었을 때 테이프를 바로 제거한다.

④ 활동을 마무리한다.

- 완성된 작품을 어디에 전시할지 의견을 나눈 뒤 유아와 함께 작품을 전시한다.

⑤ 완성된 작품을 감상한다.

⑥ 선으로 그림을 그리는 다양한 방법에 대해 이야기 나눈다.

- 우리 주변의 어떤 것들로 선을 그릴 수 있는지 이야기 나누어 보고, 유아들이 이야기한 것들을 이용해 선으로 다양하게 표현해 본다.
- 유아들의 의견을 반영하여 아래와 같은 다양한 활동을 할 수 있다.

참고하세요

'스케치 카메라'나 다양한 드로잉 관련 앱들에서는 기존의 그림을 '선' 형태의 스케치로 전환하는 기능을 탑재하고 있다. 원본 그림과 스케치(선) 형태로 변환한 그림을 비교해 보며 감상하는 활동도 가능하겠다.

자신의 사진 위에 OHP필름을 덮고 네임펜으로 그리기

태블릿을 이용해 펜의 다양한 기능으로 그림 그리기

연필(HB, 2B, 4B)만 가지고 그림 그리기

연계활동

감상하기
– 선이 만들어 낸 그림을 다양한 방법으로 감상하기(본 활동과 연계)

➜

탐색하기
– 테이프를 떼어 낸 자리에 생긴 선과 색의 섞임을 관찰하기(본 활동과 연계)

표현하기
– 선이 지나간 자리(본 활동)

채소와 과일로 동물 만들기 유아

활동목표

- 다양한 종류의 채소와 과일을 탐색한다.
- 채소와 과일의 독특한 특징을 이용해 좋아하는 동물을 만들어 본다.
- 내가 만든 동물과 친구들이 만든 동물을 서로 감상한다.

2019 개정 누리과정과의 연계

- 예술경험 〉 아름다움 찾아보기 〉 자연과 생활에서 아름다움을 느끼고 즐긴다.
  〉 예술적 요소에 관심을 갖고 찾아본다.
  〉 창의적으로 표현하기 〉 다양한 미술재료와 도구로 자신의 생각과 느낌을 표현한다.
  〉 예술 감상하기 〉 서로 다른 예술 표현을 존중한다.

활동자료

- 채소와 과일로 만든 동물들이 등장하는 그림책(『맛있는 그림책』, 『양배추 행성 동물도감』)

『맛있는 그림책』
주경호 글·그림. 보림. 2008

『양배추 행성 동물도감』
투페라 투페라 글·그림. 예림당. 2018

유의점1.
담당 학급 유아들의 사전경험 정도를 고려하여 미술활동을 계획한다.

- 다양한 종류의 채소
- 개인 도마 또는 쟁반, 꾸미기 재료(단추, 색공, 눈 모양 스티커, 색모루 등), 목공용 풀, 이쑤시개, 그리기 도구(네임펜, 매직펜 등)

동물 만들기에 적합한 채소 및 과일의 예

활동방법

① 채소와 과일로 만든 동물들이 등장하는 그림책을 감상한다.

- 『맛있는 그림책』, 『양배추 행성 동물도감』과 같이 채소와 과일로 만든 동물들이 등장하는 그림책을 감상한다.
- 그림책 내용에서 가장 인상 깊었던 장면에 대해 이야기 나눈다. ("가장 기억에 남는 동물이 무엇이었는지?", "어떤 과일, 채소로 만들어졌는지?", "왜 가장 기억에 남는지?")

유의점2.
교사는 유아들이 어떠한 동물 모양을 만들 것인지 예측해 보고, 구성하기에 적합하도록 채소와 과일을 미리 잘라서 준비한다. 교사 인력이 충분하다면, 활동이 진행되는 중에 유아들이 필요로 하는 모양을 잘라서 줄 수도 있다.

② 동물 만들기에 적절한 채소와 과일을 준비한다.

- 채소와 과일을 미리 물에 씻은 후 잘 건조시킨다.
- 채소와 과일은 유아들이 한 손에 잡기 편한 크기(정육면체, 직육면체, 원기둥, 부채꼴 등)로 잘라서 준비한다.

③ 이쑤시개로 채소와 과일을 연결해 동물을 만든다.

- 내가 만들고 싶은 동물의 생김새를 잘 생각해 본다.
- 동물을 만들기 위해 필요한 채소와 과일 조각이 무엇인지 고민해 본다.
- 이쑤시개를 이용해 채소와 과일을 연결해 동물의 몸체를 완성한다.
- 꾸미기 재료와 그리기 도구를 사용해 동물을 더 자세히 표현한다.

유의점3.
이쑤시개의 끝이 뾰족하므로 사용 시 유의한다.

④ 활동을 마무리한다.

- 완성된 작품을 어디에 전시할지 의견을 나눈 뒤 유아와 함께 작품을 전시한다.
- 채소와 과일로 만든 작품은 시간이 지남에 따라 점차 수축하고 색이 변하므로, 개별 유아의 작품은 당일에 사진으로 남긴다.
- 유아들이 채소와 과일로 만든 동물 작품으로 ○○반만의 동물도감을 완성하고, 동물도감의 제목을 유아들이 직접 지어 볼 수 있다.
- 실제 과일이 아닌 과일 모형을 활용하여 평면에 구성해 보는 활동을 할 수도 있다.

Tip1.

실제 채소와 과일이 아닌, 채소와 과일 모형을 평면 위에 다양하게 구성해 보는 활동을 연계활동으로 진행할 수 있다. 또한 이러한 활동은 일상생활 안에서도 자연스럽게 이루어질 수 있다.

뷔페 접시 위에 얼굴 모양으로 음식을 담은 유아

연계활동

감상하기
- 채소와 과일로 만든 동물들이 등장하는 그림책 감상하기(본 활동과 연계)
- 나와 친구들이 만든 작품을 함께 감상하기(본 활동과 연계)

→

탐색하기
- 다양한 채소와 과일의 모양과 특징 관찰하기(본 활동과 연계)
- 채소와 과일의 단면 관찰하고 기록하기(본 활동과 연계)

표현하기
- 채소와 과일로 동물 만들기(본 활동)

꽃과 곤충 세밀화 그리기 유아

활동목표

* 다양한 꽃과 곤충에 관심을 갖는다.
* 꽃과 곤충의 생김새와 특징을 관찰한다.
* 다양한 그리기 도구를 사용해 꽃과 곤충을 그린다.

유의점1.
본 활동은 자연물(나무, 열매, 꽃, 곤충 등) 관찰의 맥락 안에서 계절에 관계없이 1년 동안 지속해서 이루어질 수 있다.

2019 개정 누리과정과의 연계

- 예술경험 〉 아름다움 찾아보기 〉 자연과 생활에서 아름다움을 느끼고 즐긴다.
  〉 예술적 요소에 관심을 갖고 찾아본다.
  〉 창의적으로 표현하기 〉 다양한 미술재료와 도구로 자신의 생각과 느낌을 표현한다.
  〉 예술 감상하기 〉 서로 다른 예술 표현을 존중한다.
- 자연탐구 〉 탐구과정 즐기기 〉 주변 세계와 자연에 대해 지속적으로 호기심을 가진다.
  〉 자연과 더불어 살기 〉 주변의 동식물에 관심을 가진다.

활동자료

- 스케치판, 종이, 집게, 연필(HB, 4B, 2B), 지우개, 트레이싱페이퍼, OHP필름, 네임펜 등
- 태블릿PC, 돋보기, 스마트렌즈, 돋보기 달린 채집통

활동방법

유의점2.
유아들이 다양한 상황에서 여러 가지 방법(야외, 실내, 검색 이미지 등)으로 꽃과 곤충을 관찰해 볼 수 있도록 독려한다. 또한 유아들이 자유롭게 관찰과 기록에 참여할 수 있도록 한다.

① 자유놀이시간에 다양한 꽃과 곤충을 관찰한다.

- 실외 자유놀이시간에 건물 주변에 피어 있는 다양한 꽃을 관찰한다.
- 실내 자유놀이시간에 교실 안에 있는 다양한 꽃을 관찰한다.
- 도서, 인터넷이나 애플리케이션을 통해 다양한 꽃과 곤충을 검색한다.

플랜트스냅 　그린그린 　그렉

모야모 　구글곤충식별 사진앱 　에듀알 곤충 (AR Book)

② 꽃과 곤충을 자세히 그린다.

- 다양한 도구(굵기와 진하기가 서로 다른 연필, 태블릿PC)를 사용해 그려 본다.
- 다양한 방법으로 꽃과 곤충을 그려 본다.
  a. 육안으로 관찰한 꽃과 곤충을 종이에 그리기
  b. 출력한 꽃과 곤충 이미지 위에 트레이싱페이퍼(기름종이)나 OHP필름을 올려 놓고 그리기
  c. 육안으로 관찰하거나 검색해서 찾은 꽃과 곤충을 태블릿PC에 그리기
  d. 교사가 1/2로 출력한 꽃과 곤충 그림을 유아가 1/2 완성하기(아래 활동의 예)

Tip1.
유아들이 관심과 흥미를 가질 수 있도록 다양한 방법으로 꽃과 곤충을 관찰하고 그릴 수 있는 환경을 제공한다. 그림을 그리기 힘들어하는 유아들의 경우에는 '비치는 것을 따라 보고 그리기'나 '1/2 그림 완성하기' 형태로 진행할 수 있다.

출처 : https://kr.pinterest.com

Tip2.
유아들이 봄꽃을 그린 방법(사용한 도구, 사용한 매체)에 따라 전시 형태를 다르게 할 수 있다. 유아들이 보다 아름다운 환경에서 결과물을 감상할 수 있도록 다양한 전시방법을 고려한다.

Tip3.
유아들이 그린 곤충 이미지를 원 내 사각지대 공간(벽 아래, 계단 밑, 기둥 뒤 등 시선이 잘 닿지 않는 곳)에 붙여 놓고 유아들이 찾아 보는 활동도 진행할 수 있다.

③ 활동을 마무리한다.

- 완성한 그림을 어떻게 전시할지 의견을 나눈 뒤 유아와 함께 다양한 방법으로 전시한다.
  a. 유아들이 그린 꽃과 곤충을 벽면에 게시하기
  b. 트레이싱페이퍼나 OHP필름에 그린 꽃과 곤충을 실내 다양한 공간(복도 계단, 창문, 건물 기둥 등)에 게시하기
  c. 트레이싱페이퍼나 OHP필름에 그린 꽃과 곤충을 라이트박스, 실물화상기와 함께 제공하기
  d. 태블릿PC에 그린 꽃과 곤충을 출력해서 벽면에 게시하거나, 스마트TV로 미러링하여 관찰하기
- 유아들이 그린 다양한 꽃과 곤충으로 ○○반만의 식물 · 곤충도감을 완성하고, 식물 · 곤충도감의 제목을 유아들이 직접 지어 볼 수 있다.

연계활동

감상하기
– 명화 속 다양한 꽃 감상 & 세밀화 그리기(p.367)

탐색하기
– 자연물 탐색하기(p.236)
– 낙엽 탐색하기(p.248)

표현하기
– 꽃과 곤충 세밀화 그리기(본 활동)

Raindrop painting 유아

활동목표

* 가루 물감이 물에 번지는 현상을 관찰한다.
* 색을 섞으면 다양한 색이 만들어진다는 것을 안다.
* 색의 번짐과 섞임이 만들어 낸 작품을 감상한다.

2019 개정 누리과정과의 연계

- 예술경험 〉 아름다움 찾아보기 〉 자연과 생활에서 아름다움을 느끼고 즐긴다.
  〉 예술적 요소에 관심을 갖고 찾아본다.
  〉 창의적으로 표현하기 〉 다양한 미술재료와 도구로 자신의 생각과 느낌을 표현한다.
  〉 예술 감상하기 〉 서로 다른 예술 표현을 존중한다.
- 자연탐구 〉 탐구과정 즐기기 〉 주변 세계와 자연에 대해 지속적으로 호기심을 가진다.
  〉 자연과 더불어 살기 〉 주변의 동식물에 관심을 가진다.

활동자료

- 물, 분무기, 템페라 가루 물감, 양념통(흩뿌리기 가능한 구멍이 있는 통), 종이(도화지, 머메이드지 등), 건조대

Tip1.
미술재료를 교사가 모두 준비할 수도 있지만, 템페라 가루를 통에 옮겨 담고, 어떤 색인지 각 통에 표식(색깔 이름)을 하는 것은 유아들이 스스로 할 수 있다. 유아들이 가루를 통에 옮겨 담을 때 깔때기를 사용하는 것도 고려해 볼 만하다.

활동방법

① 종이 위에 템페라 가루 물감을 뿌린다.

② 분무기로 물을 분사한다.

- 종이 위에 물을 고르게 분사한다.
- 템페라 가루 물감이 물에 녹으며 번지는 모습을 관찰한다.

유의점1.
바람이 부는 날, 야외에서 활동을 하면 가루가 날려 유아들의 눈이나 호흡기에 들어갈 수 있으므로 유의한다.

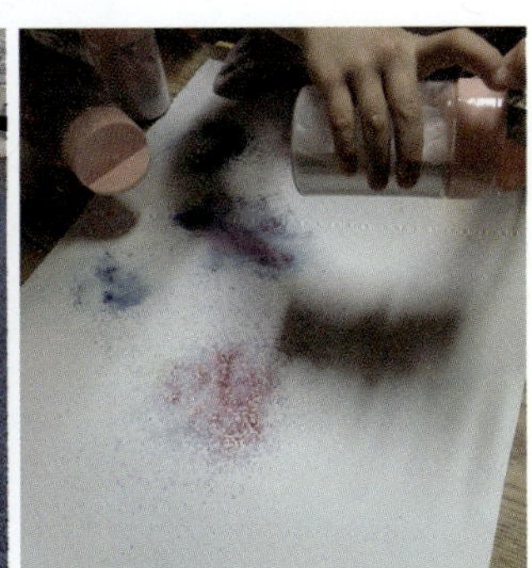

유의점2.
집단의 형태(개인, 대집단)에 따라 종이 크기를 달리 선택할 수 있다. 또한 실외에서 진행할 경우에는 실외자유놀이와 병행하여 원하는 유아들이 자유롭게 참여하도록 한다.

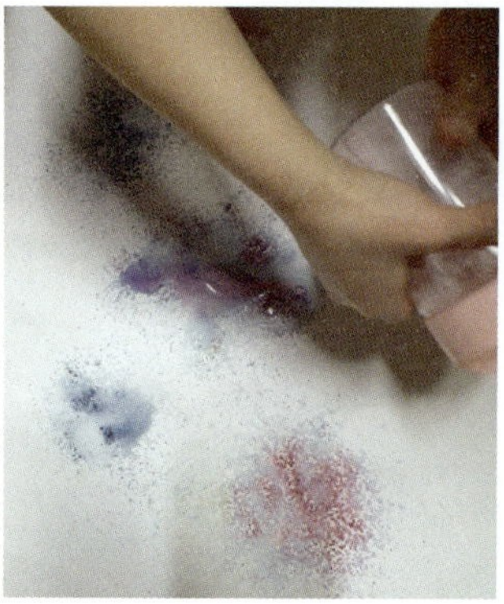

③ 햇빛에 충분히 건조한다.

④ 활동을 마무리한다.

- 완성한 그림을 어떻게 전시할지 의견을 나눈 뒤 유아와 함께 다양한 방법으로 전시한다.
- 완성된 그림 자체를 전시할 수도 있지만, 유아들과 함께 여러 가지 활용 가능성[예: 배경 삼아 그림 덧그리기, 원하는 모양(무지개, 나비 등)으로 자르기 등]에 대해 이야기 나눌 수 있다.

연계활동

감상하기
– 완성된 작품 친구들과 함께 감상하기(본 활동과 연계)

탐색하기
– 템페라 가루 물감이 물에 번지는 모습 탐색하기(본 활동과 연계)

표현하기
– Raindrop painting(본 활동)

돌멩이와 나뭇가지에 물감으로 칠하기 유아

활동목표

* 주변의 자연물에 관심을 갖는다.
* 자연물의 질감을 느끼며 생각과 느낌을 표현한다.

2019 개정 누리과정과의 연계

- 예술경험 〉 아름다움 찾아보기 〉 자연과 생활에서 아름다움을 느끼고 즐긴다.
  〉 예술적 요소에 관심을 갖고 찾아본다.
  〉 창의적으로 표현하기 〉 다양한 미술재료와 도구로 자신의 생각과 느낌을 표현한다.
  〉 예술 감상하기 〉 다양한 예술을 감상하며 상상하기를 즐긴다.
  〉 서로 다른 예술 표현을 존중한다.
- 자연탐구 〉 탐구과정 즐기기 〉 주변 세계와 자연에 대해 지속적으로 호기심을 가진다.
  〉 자연과 더불어 살기 〉 주변의 동식물에 관심을 가진다.

활동자료

- 자연물(나뭇가지, 돌멩이, 낙엽 등), 붓, 아크릴물감, 팔레트(일회용 팔레트, 코팅파지), 매직펜, 네임펜

활동방법

① **자연물을 수집한다.**

- 활동에 앞서 다양한 자연물(나뭇가지, 돌멩이, 낙엽 등)을 미리 수집한다.
- 자연물을 종류별로 모으고, 양이 충분해졌을 때 활동을 계획한다.

② **다양한 자연물을 탐색한다.**

- 유아들과 함께 그동안 수집한 자연물(굵은 나뭇가지, 가는 나뭇가지, 큰 돌멩이, 작은 돌멩이, 납작한 돌멩이, 플라타너스잎, 떡갈나무잎 등)을 관찰한다.

③ **자연물에 그림을 그린다.**

- 그림을 그려 보고 싶은 자연물을 선택한다.
- 그리기 도구를 활용해 그림을 그린다.

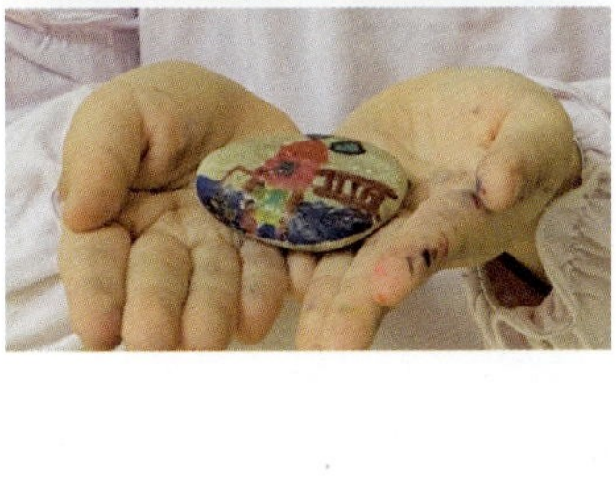

Tip1.
실외 자유놀이시간이나 원거리로 야외활동을 나갔을 때, 유아들과 함께 자연물을 미리 조금씩 수집한다.

유의점1.
생명을 존중하는 선에서 자연물을 어디까지 수집할 것(예: 바닥에 떨어진 나뭇가지, 나뭇잎 등)인지 먼저 이야기 나눈다.

유의점2.
자연물의 종류와 크기에 따라 선택할 수 있는 그리기 도구가 달라질 수 있다. 예를 들어, 돌멩이에는 매직펜이나 네임펜이, 나뭇가지에는 아크릴물감이 잘 그려진다. 만약 돌멩이가 큰 경우에는 붓을 이용해 아크릴물감으로도 색칠이 가능할 것이다.

- 자연물(나뭇가지, 돌멩이, 낙엽 등)에 그림을 그리는 과정 중에 다양한 활동(예: 나뭇가지로 그림 그리기, 나뭇잎 스크래치, 나뭇잎에 물감 묻혀 찍기 등)을 병행할 수도 있다.

나뭇가지로 그림 그리기

④ **활동을 마무리한다.**

- 완성된 작품을 어디에 전시할지 의견을 나눈 뒤 유아들과 함께 작품을 전시한다.
- 그림을 그린 돌멩이는 교실 내 화분에 놓아 장식하거나, 색을 입힌 나뭇가지는 폐화분에 꽂아 전시할 수 있다.

- 유아들이 그림을 그린 돌멩이는 사진으로 찍고 이미지화하여 교수매체(예: 보드게임용 말, 빙고게임, 메모리게임 등)로 활용할 수 있다.

연계활동

감상하기
– 돌멩이와 나뭇가지에 그린 그림 감상하기 (본 활동과 연계)

➔

탐색하기
– 유아들과 함께 수집한 돌멩이와 나뭇가지 탐색하기(본 활동과 연계)

표현하기
– 돌멩이와 나뭇가지에 물감으로 칠하기 (본 활동)

가을 자연물로 모양 만들기 유아
(자유롭게 꾸미기, 만다라 만들기, 자연물 벽화 꾸미기)

활동목표

* 다양한 자연물의 생김새와 특징을 탐색한다.
* 자연물을 이용해 만들고 싶은 것을 표현한다.
* 나와 친구들의 작품을 서로 비교하며 감상한다.

2019 개정 누리과정과의 연계

- 예술경험 〉 아름다움 찾아보기 〉 자연과 생활에서 아름다움을 느끼고 즐긴다.
  〉 예술적 요소에 관심을 갖고 찾아본다.
  〉 창의적으로 표현하기 〉 다양한 미술재료와 도구로 자신의 생각과 느낌을 표현한다.
  〉 예술 감상하기 〉 서로 다른 예술 표현을 존중한다.
- 자연탐구 〉 탐구과정 즐기기 〉 주변 세계와 자연에 대해 지속적으로 호기심을 가진다.
  〉 자연과 더불어 살기 〉 주변의 동식물에 관심을 가진다.

Tip1.
본 활동은 다양한 계절에 걸쳐 이루어질 수 있다. 유아들이 계절에 따라 다양한 자연물을 접해 볼 수 있도록 한다.

활동자료

- 다양한 자연물(나뭇잎, 줄기, 나뭇가지, 열매 등), 고령토 또는 찰흙, 도화지, 크레파스, 매직펜, 사인펜, 색연필
- 유아들이 만든 만다라 밑그림, 비닐, 돗자리, 자연물 담을 바구니
- 자연물의 독특한 변신과 관련된 그림책

『누구게?』
최정선 글·이혜리 그림.
보림. 2016

『나뭇잎 손님과 애벌레 미용사』
이수애 글·그림.
한울림어린이. 2015

『낙엽이 속닥속닥』
한태희 글·그림.
예림당. 2013

활동방법

- 활동에 앞서 유아들과 자연물 또는 낙엽과 관련된 그림책을 읽어 보면서 자연물과 낙엽으로 꾸며 보는 활동에 익숙해지도록 한다.

유의점1.
생명을 존중하는 선에서 자연물을 어디까지 수집할 것(예: 바닥에 떨어진 나뭇가지, 나뭇잎 등)인지 먼저 이야기 나눈다.

유의점2.
실외에서 자연물 꾸미기를 한 경우에는 활동을 마친 후에 자연물을 자연으로 돌려주고, 주변을 잘 정리하고 돌아온다.

① 실외 자유놀이시간에 자연물을 자유롭게 탐색하며 수집한다.

- 실외에서 놀이를 하며 계절에 따른 다양한 자연물을 관찰 · 탐색한다.
- 미술활동에 사용하고 싶은 자연물을 수집한다.

② 자연물로 자유롭게 꾸며 본다.

〈실외에서 진행하는 경우〉

- 실외의 다양한 공간(나무 벤치 위, 돌계단 위, 나무 덤불 위, 회칠한 벽면 등)에 자연물을 놓아 보며 자유롭게 꾸민다.
- 실외에서 종이 위에 자연물을 놓아보며 자유롭게 꾸민다.
- 실외 공간에 고령토(찰흙)를 함께 제시하여 자연물로 꾸며 보도록 한다.
- 유아들이 자연물로 꾸민 작품을 바로 사진으로 찍어 기록한다.

자연물로 꾸민 예(예비유아교사들의 작품)

핸디코트를 바른 벽에 자연물을 붙여 벽화를 만든 예

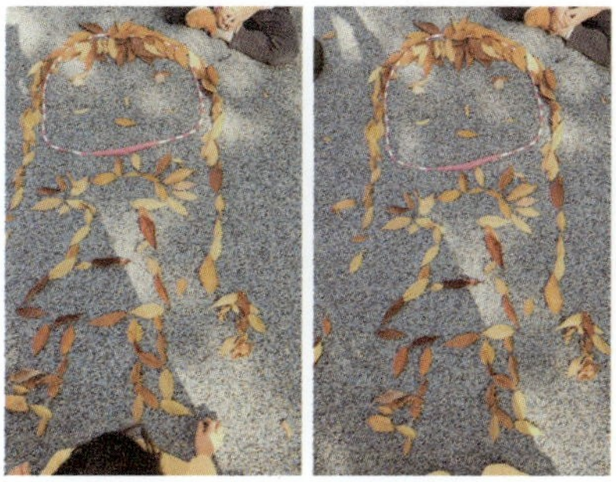

유아가 줄넘기 줄과 낙엽을 이용해
즉흥적으로 구성한 경우

유치원 마당에 모아 놓은 낙엽

고령토에 자연물로 꾸민 모습

〈실내에서 진행하는 경우〉

- 수집한 자연물을 교실로 가지고 들어와 활동을 한다.
  a. 실외에서 했던 것처럼 자연물을 평면에 놓아 꾸미기
  b. 접착시트지의 접착 면에 자연물을 붙이면서 꾸미기
  c. 다양한 종류의 밑판(두꺼운 종이, 하드보드지, 머메이드지 등)에 목공풀로 붙여 꾸미기
  d. 다양한 형태(만다라, 단청 문양 등)의 협동작품 만들기

낙엽으로 만다라 협동작품을 만든 예

③ **활동을 마무리한다.**

- 실외에서 진행한 경우: 유아들이 만든 작품을 사진으로 촬영하여 패들렛에 업로드하거나, 스마트폰을 미러링하여 유아들과 함께 감상한다.
- 실내에서 진행한 경우: 작품의 유형에 따라 다양한 방법으로 전시한다.
  a. 실외에서 했던 것처럼 자연물을 평면으로 놓아 보며 꾸미기
  → 교사가 사진을 찍거나, 유아들이 디지털카메라에 자유롭게 기록하기
  b. 접착시트지의 접착 면에 자연물을 붙이면서 꾸미기
  → 접착면 뒤에 배지를 대어 액자처럼 만들어 벽면에 게시하기
  c. 다양한 종류의 밑판(두꺼운 종이, 하드보드지, 머메이드지 등)에 목공풀로 붙여 꾸미기
  → 고리를 달아 벽에 걸거나, 벽면에 기대어 세워 놓기
  d. 다양한 형태(만다라, 단청 문양 등)의 협동작품 만들기
  → 교사가 사진을 찍거나, 완성되어 가는 과정을 유아들이 디지털카메라로 기록하기

④ **다양한 방법으로 전시하고 감상한다.**

연계활동

감상하기
– 완성된 작품 친구들과 함께 감상하기 (본 활동과 연계)

➜

탐색하기
– 나뭇잎 스펙트럼(p.231)
– 낙엽 탐색하기(p.248)

표현하기
– 가을 자연물로 모양 만들기(본 활동)

빛과 그림자로 표현하기 유아

활동목표

- 빛과 그림자의 관계를 다양한 방법으로 탐색한다.
- 빛과 그림자로 생기는 여러 가지 형태를 감상한다.
- 빛과 그림자로 다양하게 표현한다.

2019 개정 누리과정과의 연계

- 예술경험 〉 아름다움 찾아보기 〉 자연과 생활에서 아름다움을 느끼고 즐긴다.
  〉 예술적 요소에 관심을 갖고 찾아본다.
  〉 창의적으로 표현하기 〉 다양한 미술재료와 도구로 자신의 생각과 느낌을 표현한다.
  〉 예술 감상하기 〉 서로 다른 예술 표현을 존중한다.
- 자연탐구 〉 탐구과정 즐기기 〉 탐구과정에서 서로 다른 생각에 관심을 가진다.
  〉 생활 속에서 탐구하기 〉 물체의 특성과 변화를 여러 가지 방법으로 탐색한다.

Tip1.
본 활동은 빛과 그림자가 만들어질 수 있는 다양한 상황에서 여러 가지 방법으로 이루어질 수 있다. 각 기관의 여건에 따라 유아들이 빛과 그림자를 최대한으로 체험할 수 있도록 환경을 마련한다.

활동자료

- 라이트박스, 그림자 막
- 다양한 물건, 종이, 색연필, 네임펜, 매직펜 등
- 관련 그림책(『그림자놀이』, 『누구 그림자일까?』, 『빛을 비추면』)

Tip2.
실외 자유놀이시간에 '그림자 밟기' 놀이와 같은 신체활동을 통해서도 그림자와 친숙해질 수 있다.

『그림자놀이』
이수지 글·그림. 비룡소. 2010

『누구 그림자일까?』
최숙희 글·그림. 보림. 2000

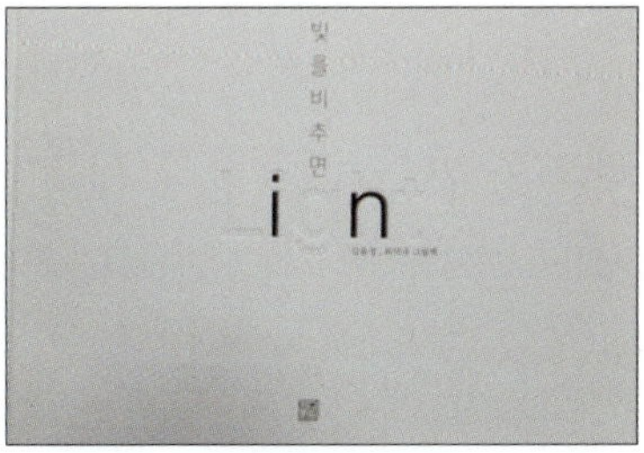

『빛을 비추면』
김윤정 글·최덕규 그림. 윤에디션. 2018

참고하세요

빛을 비추면 유튜브

참고하세요
물건의 그림자로 작품을 만드는 예술가의 이야기를 들어볼 수 있다.

Vincent Bal 뉴스

- 관련 동영상과 사진[그림자를 활용해 작품을 만드는 '빈센트 발(Vincent Bal)'에 대한 영상 및 사진자료]

출처: 빈센트 발 인스타그램(https://www.instagram.com/VINCENT_BAL/)

활동방법

- 활동에 앞서 유아들과 함께 빛과 그림자와 관련된 그림책을 읽어 보며, 유아들이 다양한 그림자의 생김새와 특징에 관심을 가질 수 있도록 한다.

Tip3.
시간의 변화에 따른 그림자 그리기는 과학 활동(지구의 자전에 따른 해의 위치 변화)으로도 연계 가능하다.

1. 자연광으로 생긴 그림자 따라 그리기

- 실외영역에 종이, 그리기 도구(색연필, 네임펜, 매직펜 등), 다양한 물건을 제시한다.
- 빛과 물건에 의해 생긴 그림자를 따라 그려 본다.
- 물건의 모양을 그대로 따라 그리거나, 다양한 모양을 연상해서 덧그리기도 가능하다.

2. 라이트박스 위에 물건 올려 그림자 만들기

- 물건(작은 블록, 클립, 셀로판 조각 등)을 올려놓을 때 생기는 다양한 그림자를 탐색한다.
- 물건을 다양한 방법으로 올려놓으며 그림자를 만들어 본다.
- 자신이 물건으로 만든 그림자를 다양한 방법(친구들에게 설명하기, 디지털카메라로 기록하기 등)으로 기록 및 감상한다.

3. 야광 팔찌로 다양하게 표현하기

- 기관 실내의 어두운 공간에서 야광 팔찌로 다양한 모양을 표현해 본다.

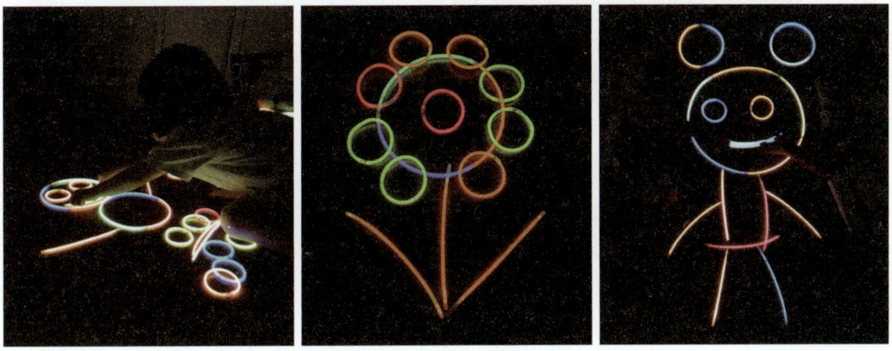

야광 팔찌를 이용해 다양하게 표현한 예

4. 휴대폰 빛으로 그림자 놀이하기

- 기관 실내의 어두운 공간에서 휴대폰 빛으로 그림자놀이를 한다.
- 가정에서도 어렵지 않게 휴대폰 빛으로 그림자놀이를 할 수 있다.

직접 만든 막대 인형으로 그림자놀이를 하는 유아들

5. 형광물감 & 블랙라이트로 놀이하기

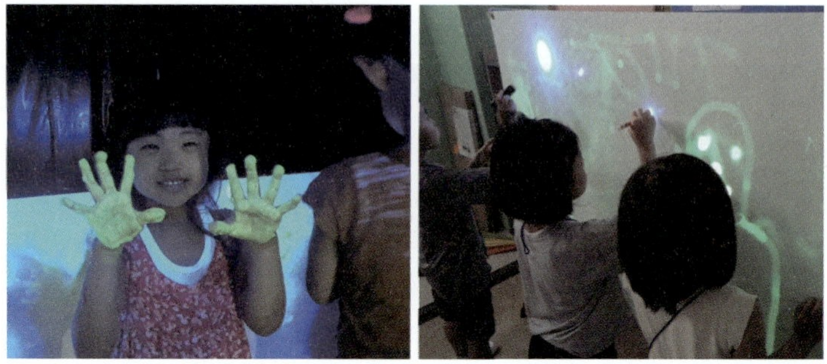

연계활동

감상하기
- 완성된 작품 친구들과 함께 감상하기 (본 활동과 연계)

➔

탐색하기
- 다양한 방법으로 빛과 그림자 탐색하기 (본 활동과 연계)

표현하기
- 빛과 그림자로 표현하기(본 활동)

CHAPTER 11

영유아미술교육의 실제

: 예술 감상하기 & 교사의 역할

- 9장 탐색활동, 10장 표현활동, 11장 감상활동의 연계 -

탐색활동		표현활동		감상활동	
		Anything can be brush & everything can be painted	p.281		
숲속 액자 만들기	p.223	나뭇잎으로 다양하게 표현하기	p.274	낙엽 요정이 보내준 가을 명화	p.344
낙엽 가루&나뭇잎으로 인형 만들기	p.228	가을 자연물로 모양 만들기	p.297		
나뭇잎 스펙트럼	p.231				
낙엽 탐색하기	p.248				
		돌멩이와 나뭇가지에 물감으로 칠하기	p.295		
자연물 탐색하기	p.236	채소와 과일로 동물 만들기	p.287	명화 속 다양한 동물 감상 & 동물 친구 만들기	p.362
꽃과 나뭇잎 다양하게 탐색하기	p.226	꽃과 곤충 세밀화 그리기	p.290	명화 속 다양한 꽃 감상 & 세밀화 그리기	p.367
주물럭 주물럭 하기	p.233	Raindrop painting	p.293	봄을 그린 명화 감상 & 봄의 색 만들기	p.338
물감통 짜서 그리기	p.234	물감으로 다양하게 표현하기	p.271	화가들의 여름 풍경	p.341
코인티슈 물들이기	p.238	빛과 그림자로 표현하기	p.301	명화 속 사람들과 함께 춤추기	p.359
다양한 방법으로 물 탐색하기	p.245				
		다양한 물건에 물감 묻혀서 찍기	p.277		
		공과 구슬 굴리기	p.279	자화상 감상 & 나의 얼굴 그리기	p.351
		여러 가지 선으로 표현하기	p.268	우리나라의 건축물 감상	p.373
		선이 지나간 자리	p.285	풍속화 감상 & 생활 속 이야기 그림 그리기	p.355
		진흙에 스케치하기	p.267	명화 속 다양한 집 감상 & 내가 살고 싶은 집 설계하기	p.370
흙을 다양하게 탐색하기	p.251	흙 물감으로 그림 그리기	p.283	세계 여러 나라의 건축물 감상 & 도시 설계하기	p.377
파스타 재료로 놀이하기	p.240	흙점토/색점토/곡물점토로 놀이하기	p.262		
눈 탐색하기	p.253	쉐이빙 크림으로 표현하기	p.265	따뜻한 나라에 사는 코코가 보낸 편지	p.347

※ 영유아 미술활동은 영유아에게 의미 있는 미적 경험을 제공할 수 있도록 미술활동 간(탐색, 표현, 감상)의 통합을 강조한다. 본 교재 '영유아 미술교육의 실제편'의 9장(탐색활동의 실제), 10장(표현활동의 실제), 11장(감상활동의 실제)의 내용은 융통성 있게 연계해서 진행 가능하다. 예를 들어, 선으로 같이 묶여 있는 '꽃과 나뭇잎 다양하게 탐색하기(9장)'를 한 후, '꽃과 곤충 세밀화 그리기(10장)'와 '명화 속 다양한 꽃 감상하기(11장)'를 연계해서 진행할 수 있다. 그리고 'Anything can be brush & everything can be painted(11장)'와 같이 어느 활동과도 연계 가능한 내용은 맨 앞에 배치하였다.

1. 감상의 개념 및 목적

1) 감상의 개념

감상(appreciation)은 라틴어 'appreciare'에서 온 용어로, 예술작품 등을 '이해하고 즐긴다'는 의미뿐만 아니라 판단하고 평가한다는 의미를 지닌 단어이다(한국조형교육학회, 2018). 한자어로 '감상(鑑賞)'의 '鑑' 자는 '거울 감' 자로, 거울에 비추어 잘 살펴보는 가치판단의 의미를 지닌다. '감상'이란 일차적으로 작품의 감각적인 형식과 2차적인 정신적 내용을 향수(享受: 예술적인 아름다움이나 감동 따위를 음미하고 즐김)하는 작용이라 정의하고 있다(한국조형교육학회, 2018). 즉, 감상에는 1차적인 '느낌'과 2차적인 '판단과 생각'이 함께 어우러져야 의미 있는 감상이 될 수 있다. 이처럼 감상의 용어에서 내포하고 있듯 감상은 단지 소극적으로 예술가의 작품을 이해하는 과정이 아니라 적극적으로 생각하고 판단하는 미적 비평 활동이다. 실제로 인간은 동일한 그림을 보면서 같은 생각을 하지 않는다. 어떤 이는 감각기관을 통해 처음 지각한 대로 이해할 것이며, 어떤 이는 자신의 배경지식과 과거 경험을 연결 지어 판단할 것이다. 감상의 대상은 유명한 화가의 그림뿐만 아니라 친구의 그림, 우리 주변의 자연이나 일상에서 찾아볼 수 있는 모든 것을 포함한다.

정리하면, 감상이란 어떤 미적 대상(작품, 자연, 사물 등)에 대해 미적 가치를 느끼고 판단하며 평가하는 미적 활동이다(이성도 외, 2017). 미술감상은 1차적인 '느낌'과 2차적인 '판단과 생각'이 함께 이루어진다는 점에서 감성과 지성 그리고 정서가 함께하는 '종합적인 미적 체험' 활동이다(이성도 외, 2017, p.264).

명화작품 감상의 이해

박일호(2019)는 예술을 보는 관점으로 모방적 속성, 표현적 속성, 형식적 속성이 존재한다고 하였다. 이 세 관점은 감상과 평가의 기준이 되며, 어느 측면에 중심을 두느냐에 따라 역사적으로 다른 평가를 받아 왔다.

모방론

모방론의 관점에서 예술은, 대상을 있는 그대로 정확하게 재현해 내는 것이 감상과 평가의 기준이며, 이러한 관점은 고대 그리스 시대부터 르네상스를 지나 18세기 신고전주의 시기까지 2000년이 넘는 시간 동안 중요한 기준이 되어 왔다. 모방론의 관점에서는 대상을 정확하게 재현해 내는 것이 '아름다움'이라고 믿었다. 모방에는 대상의 겉모습을 그대로 복제하는 단순 모방과 대상의 핵심인 보편적인 것을 나타내는 본질 모방이 있다. 모방론의 관점에서는 정확한 재현을 위해 원근법이나 비례론, 해부학 등 과학의 법칙을 미술작품 창작에 적용하였다.

「밀로의 비너스」
기원전 250~기원전 150년경

「모나리자」
레오나르도 다빈치, 15세기

「최후의 만찬」
레오나르도 다빈치, 1495~1498

표현론

표현론의 관점에서 예술은, 예술가가 느끼고 해석해서 표현해 내는 것으로, 예술가의 주관적 감성을 강조한다. 따라서 그림을 감상할 때 감상자는 예술가 내면의 심리 상태나 감정은 느끼게 되며, 그림과 그 그림을 표현한 예술가의 관계까지 강조하며, 예술의 본질은 감정의 표현으로 보았다. 따라서 표현론의 관점에서는 작품에 대한 깊은 이해를 위하여 작가의 개인적 배경·사회적 배경을 이해해야 더욱 의미 있는 감상을 할 수 있다.

「자식을 잡아먹는 사투르누스」
프란시스코 데 고야, 1819~1823

「절규」
에드바르트 뭉크,1893

「별이 빛나는 밤」
빈센트 반 고흐, 1889

형식론

형식론의 관점에서 예술은, 19세기 후반 인상주의 화가들의 다양한 시도에서 시작되었다. 특히 세잔은 미술의 요소인 선, 색, 면 등을 이용해서 형식 중심의 미술작품을 표현하였다(Gombrich, 1950/2017). 이러한 시도는 이후 20세기 추상미술로 이어져 선과 색, 모양 등의 관계로 대상을 표현하는 작품의 형식을 강조하는 다양한 시도가 이루어졌다. 예를 들어, 몬드리안의 그림에는 작가의 감정이나 심리상태를 알 수 없으며, 무엇을 그린 것인지 짐작하기 어렵다. 이는 예술의 본질을 선, 색, 모양 등 예술의 구성요소인 형식적인 측면을 강조한 것이다. 예술은 대상을 그대로 재현하는 것도, 작가의 감정을 표현하는 것도 아니며, 오직 작품 자체의 순수한 형식을 중심으로 표현하는 것으로, 20세기 현대미술을 이해할 때 설득력 있는 이론이다.

「빨강, 파랑, 노랑의 구성 II」
피트 몬드리안, 1930

「달팽이」
앙리 마티스, 1953

출처 : 박일호(2019).

2) 감상교육의 목적

감상은 단편적 지식에 의해 획득할 수 있는 정보가 아니라 오랜 기간 다양한 미적 경험을 통한 체계적인 교육과정이 필요하다. 감상교육은 교사가 미적 대상과의 만남을 유도하고 영유아가 그 대상에 관심을 가지며 보고 느끼고 이해하고, 나아가 미적 가치를 판단해서 자신의 생각을 표현할 수 있도록 하는 활동이다(이소은, 권기남, 2023). 그동안 우리나라 영유아미술교육은 감상보다는 표현활동 중심의 미술교육이었다가 1998년에 개정된 6차 유치원 교육과정에서부터 감상교육이 교육과정에 포함되어 탐색, 표현, 감상의 통합적이며 균형적인 접근을 강조해 왔다(전효훈, 오지영, 2019).

트릴링과 파델(Trilling & Fadel, 2009/2012)은 21세기를 살아갈 인간에게 필요한 능력으로 문제해결능력, 창조성, 커뮤니케이션능력, 팀워크능력, 자립적으로 학습하는 능력, 미디어 리터러시, 글로벌적인 인식, 사회시민으로서의 인식, 비판적 사고력을 강조하였다. 급변하는 미래사회에 엄청난 양의 정보와 매체들이 쏟아져 나오고 있으며, 따라서 미디어 리터러시 능력은 꼭 갖추어야 할 필수 역량이다. 미디어 리터러시는 다양한 매체를 이해할 수 있는 능력이며, 다양한 형태의 메시지에 접근하여 메시지를 분석하고 평가하고 의사소통할 수 있는 능력이다. 특히 오늘날 다양한 시각매체들이 증가하고 있는 사회 속에서 비주얼 리터러시 교육의 필요성이 제기되고 있다. 비주얼 리터러시(visual literacy)는 시각미디어를 읽고 해석할 수 있는 능력이다. 한국조형교육학회(2018)는 미술감상의 목적으로 순수미술작품뿐만 아니라 다양한 시각정보를 해석하고 판단할 수 있는 주체적인 인간을 육성하는 것을 강조하였다.

한국조형교육학회(2018)는 미술감상의 목적을 다음과 같이 설정하였다.

첫째, 시각적 사고능력에 의해 시각정보를 비판, 이해하는 능력을 기른다.

둘째, 비판하고 이해한 것을 자신의 언어로 표현할 수 있는 능력을 기른다.

골린코프와 허쉬-파섹(Golinkoff & Hirsh-Pasek, 2016/2018)은 미래사회에 필요한 역량으로 '6C역량'을 강조하였다. '6C역량'은 협력(Collaboration), 의사소통(Communication), 콘텐츠(Contents), 비판적 사고(Critical thinking), 창의적 혁신(Creative innovation),

자신감(Confidence)이다. 미래사회를 이끌어 갈 영유아를 대상으로 한 감상교육 역시 단지 아름다움을 느끼고 이해하는 수동적인 감상교육에 머무르면 안 된다. 영유아 감상교육의 목적은 다양한 환경과의 상호작용 과정에서 잘 보고, 느끼고, 생각하며 적극적으로 자신의 느낌과 경험을 언어적·비언어적 방식으로 표현할 수 있는 의사소통능력을 기르는 데 있다. 나아가 다양한 시각정보를 이해하고 비판적 해석과 창의적인 활용 경험을 통하여 미래사회에 필요한 핵심역량인 비판적 사고와 창의성을 키울 수 있는 교육이 되어야 한다.

2. 감상교육의 방법

1) 펠드만(Feldman)의 미술감상방법

펠드만(Feldman)이 제안한 미술비평지도는 서술, 분석, 해석, 평가의 4단계의 과정이다(Feldman, 1994).

(1) 서술(Description)

서술은 미술작품을 객관적으로 기록하는 단계이다. 이 단계에서는 개인의 주관적 평가, 느낌 등은 보류하고 작품 속에 무엇이 표현되어 있는지 작품에 대한 객관적인 설명에 충실해야 한다. 펠드만(Feldman)은 작품에 대한 분석을 하기 전에 성급한 판단은 작품을 자세히 파악하는 데 방해될 수 있으며, 해석과 평가에서 오류를 범할 수 있다고 보았다.

교사의 언어적 상호작용의 예

- 무엇이 보이나요?
- 자세히 보니 어떤 것들이 보이나요?
- 그림 속에서 본 것들을 모두 이야기해 봅시다.

(2) 분석(Formal Analysis)

분석은 미술작품을 각각의 형태 간 상호 관계를 분석하는 단계이다. 즉, 미술의 요소와 원리 관점에서 대상들 간의 관계, 형태, 색상, 질감, 공간 등을 분석한다.

교사의 언어적 상호작용의 예

- 어떤 색이 보이나요?
- 선의 모양은 어떤가요? 선의 모양을 손가락으로 따라가 봅시다.
- 어떤 모양이 보이나요?
- 이 그림을 봤을 때 제일 먼저 보인 부분은 어디였나요?
- 가장 밝게 보이는 곳은 어디인가요? 가장 어두운 부분은 어디인가요?
- 이 부분을 실제로 만져 본다면 어떤 느낌이 드나요?
- 이 그림에서 가장 멀리 보이는 것은 어떤 것일까요? 가장 가깝게 보이는 것은 어떤 것일까요?

(3) 해석(Interpretation)

해석은 미술작품에 나타난 정서와 의미를 생각해 보는 과정으로, 앞서 서술과 분석의 단계를 통합하는 단계이며, 서술과 분석의 단계에서 관찰했던 것들이 무엇을 의미하는지 생각해 보고 해석하는 단계이다. 펠드만(Feldman)은 해석단계를 가장 어렵고 창의적인 단계로 보았다. 해석은 작품을 통해 작가가 무엇을 표현하고자 했는지 작가의 입장에서 생각해 봐야 하기 때문이다. 좋은 해석은 객관적이어야 하며 충분한 근거를 설명할 수 있어야 한다.

교사의 언어적 상호작용의 예

- 화가는 왜 봄의 색을 이렇게 표현했을까요?
- 화가는 이 사람을 왜 이렇게 크게 그렸을까요?
- 화가는 이 그림을 통해 무슨 이야기를 하고 싶었던 걸까요? 화가는 무엇을 표현하고 싶어 했을까요?

(4) 평가(Evaluation or Judgement)

평가는 서술, 분석, 해석단계에서 도출해 낸 명백한 근거와 기준에 근거해서 작품의 가치를 종합적으로 판단하는 단계이다.

교사의 언어적 상호작용의 예

- 이 그림에서 가장 재미있게 본 것은 무엇인가요?
- 어느 부분이 가장 마음에 들었나요? 이 작품이 마음에 들지 않는다면 그 이유는 무엇인가요?
- 이 그림의 어떤 점이 좋은가요?
- 여러분이 작가라면 어떻게 만들어 보고 싶나요?

2) 스토리텔링을 활용한 미술감상방법

스토리텔링(Storytelling)은 말 그대로 '이야기하기', 이야기를 전달하는 과정을 의미한다. 누군가에게 무엇을 말해 주는 것으로, 이야기는 실화일 수도 있고 꾸민 허구의 이야기일 수도 있다. 구연동화처럼 화자가 음성과 소품을 이용하여 청자에게 들려주는 것도 스토리텔링이다. 이때 청자는 화자와 함께 호흡하며 추임새나 이야기의 속도 조절 등 직접적인 참여가 가능하다. 종합하면, 어떤 이야기나 정보, 지식을 총체적인 의미의 이야기로 보면, 어떤 이야기를 다른 사람에게 전달하는 담화 방식, 또는 담화 과정이 스토리텔링이다(김춘경, 이수연, 이윤주, 정종진, 최웅용, 2016). 여기서 이야기의 형태는 말과 글뿐만 아니라 영상, 디지털이 될 수 있다(김광욱, 2008).

교수학습방법의 하나로 스토리텔링을 활용하는 것은 학습자의 흥미를 불러일으켜 주의집중과 몰입을 도우며, 상상력과 감성을 자극할 수 있어 효과적이다(Egan, 1989; Ellis, 1997; Lwin, 2016). 가드너(Gardner, 1983)는 미술감상교육에 역할극이나 음악 공연, 협동학습, 이야기 꾸미기 등을 포함한 수업을 제안하였다. 실제로 유아교육현장에서 미술감상에 이야기를 연결하는 시도는 여러 연구를 통해 효과가 검증되었고(김은아, 2013; 주봉관, 박은선, 방효국, 2019), 다양한 방식으로 소개되고 있는데, 주봉관 등(2019)의 연구에서 소개한 스토리텔링 감상방법은 반응하기, 분석하기, 스토리텔링 감상하기, 개인적 해석하기, 연계하기 순서로 진행한다.

(1) 반응하기

작품에 호기심과 흥미를 갖도록 작품을 본 느낌과 감정에 대해 자유롭게 표현하는 상호작용을 한다.

교사의 언어적 상호작용의 예

- 그림 속에 무엇이 보이나요?
- 그림을 보니 생각나는 것이 있나요?

(2) 분석하기

작품 유형에 따라 재료, 표현방법, 표현도구 등에 대해 분석하며 이야기 나눈다.

교사의 언어적 상호작용의 예

- 이 작품은 무엇으로 그렸을까요?

(3) 스토리텔링 감상하기

작품과 관련된 스토리텔링을 감상한다. 유아가 스토리에 흥미를 느낄 수 있도록 막대 인형, 가면, 동영상, 파워포인트 등 다양한 매체를 활용한다. 스토리에는 작가의 생애, 작품의 시대적 배경, 작품의 표현방법 등을 넣어 구성할 수 있다.

스토리텔링의 예

"안녕? 나는 한국의 화가 서세옥이야.
너희는 우리나라의 옛 그림을 본 적 있니? 우리나라 사람들은 이렇게 먹과 붓을 이용해서 화선지라는 얇은 종이에 그림을 그렸단다. 나는 붓과 먹을 가지고 남들과 다르게 그림을 그려 보고 싶었어. 그래서 작은 붓 대신에 이렇게 커다란 빗자루처럼 생긴 붓으로 그림을 그렸단다. 나는 그림을 그릴 때에도 눈에 보이는 것을 똑같이 그리지 않았어. 바닷가에 있는 수많은 모래알을 다 그릴 수도 있지만 이렇게 몇 개의 점과 선만으로 간단하게 그릴 수도 있단다. 너희들도 나처럼 커다란 붓으로 그림을 그려 보고 싶지 않니?"

출처 : 주봉관 등(2019). p.275

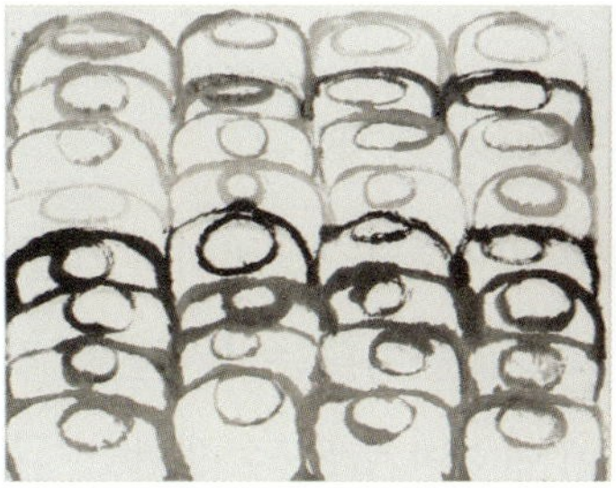

「사람들」, 서세옥, 2000's

출처: 국립현대미술관 YouTube: 기증작품 특별전 서세옥

참고하세요

<국립현대미술관 MMCA 기증작품특별전 서세옥> 영상

(4) 개인적 해석하기

감상한 스토리의 내용을 회상하며 작품을 보고 느낀 개인적인 생각을 표현한다.

교사의 언어적 상호작용의 예

- 서세옥 화백은 무엇으로 그림을 그렸나요?
- 왜 커다란 붓으로 그림을 그렸을까요? 커다란 붓으로 그림을 그리면 어떤 기분이 들 것 같나요?
- 커다란 붓으로 그림을 그리면 작은 붓으로 그릴 때와 어떤 점이 다를까요?

(5) 연계하기

감상작품과 연계된 미술표현활동에 대한 동기를 유발하고 표현활동에 대한 새로운 아이디어를 나눈 뒤 관련 표현활동을 실시한다.

교사의 언어적 상호작용의 예

- 커다란 붓으로 그림을 그릴 수 있다면 무엇을 그려 보고 싶나요?
- 우리도 서세옥 화백처럼 커다란 붓과 먹을 이용해서 그림을 그려 보면 어떨까요?

3) 기타 미술감상방법(권준범, 2005)

(1) 작품을 감상하는 태도에 따라 수용적 감상 vs 비판적 감상

수용적 감상이란, 작품에 관한 선입견을 버리고 감상하는 방법이다. 그러나 명화작품에 관해 대부분의 학생들은 이미 예술적으로 훌륭하다는 선입견을 갖고 있다. 특히 영유아는 권위를 가진 교사, 미술관 큐레이터 등이 소개하는 그림, 유명한 미술관에 전시된 그림은 당연히 훌륭한 작품이라 생각하고, 비판 없이 그대로 수용하게 되는 경향이 있다.

비판적 감상은 수용적 감상보다 더 적극적인 탐구적 태도로 감상하는 방법이다. 미술작품의 감상은 타인의 의견이나 지식을 그대로 수용하는 것이 아니라 오직 자신의 심적·지적 내면을 스스로 형성해 가는 미적 체험 활동으로 보는 관점이다. 따라서 스스로 작품에 다가가서 많이 생각하고 알아보고 분석하는 방식으로 접근한다.

하지만 영유아에게 스스로 느끼고 감상하게 하는 방식은 발달에 적합하지 않으며, 자칫 감상교육이 아닌 방임이 될 수 있으므로 수용적 감상과 비판적 감상의 적절한 혼용이 필요하다. 미술의 요소와 원리, 추상표현에 대한 이해를 갖춘 다음에야 비평적 감상이 가능하다. 따라서 대상 학생들의 감상능력을 고려하면서 감상태도를 수용적 감상에서 비판적 감상으로 조금씩 바꿔 나가는 것이 바람직하다.

(2) 작품을 감상하는 방법에 따라 직관적 감상 vs 분석적 감상

직관적 감상은 이성적 사고에 의한 감상이 아닌 감성에 따라 접근하는 방식이다. 감상자의 풍부한 감수성, 미적 정서, 예술관 등을 바탕으로 이루어진다. 짧은 시간에 이루어질 수 있는 감상으로 처음 작품을 접할 때 느끼는 감각적 경험, 어떤 감동, 느낌을 주관적으로 느끼고 작품에 대해 나름의 미적 판단을 내리는 감상이다.

분석적 감상은 미술의 요소와 원리에 따라서 미술작품을 분석하는 방식의 감상이다. 미술의 요소와 원리에 따라 충분한 시간을 두고 객관적으로 작품을 분석하는 감상방법이다.

일반적으로 감상교육을 시작할 때 직관적 감상으로 작품의 느낌을 나눈 다음, 점점 작품을 자세히 보면서 분석적 방법의 흐름으로 넘어간다.

(3) 감상작품 수에 따라 단독 감상 vs 비교 감상

단독 감상은 한 작품을 중심으로 감상하는 방법이다. 비교 감상은 두 가지 이상의 작품을 감상하면서 공통점이나 차이점을 서로 비교하는 방식이다. 미술의 요소와 원리 관점에서 유사점과 차이점을 비교할 수 있으며, 작품의 주제, 제작 시기, 작가, 재료와 기법 등을 비교 분석할 수 있다.

3. 감상을 위한 교사의 역할과 교사-영유아 상호작용

1) 감상을 위한 교사의 역할

(1) 감상지도할 때 유의할 점(한국초등미술교육학회, 1997)

① 통합적으로 지도해야 한다.

감상교육은 지적 교육과 감성교육의 통합과정이다. 지적 감상은 작품과 관련한 지식으로, 작품의 유래, 작가, 작가의 배경, 작품의 형식 등 작품과 관련한 객관적인 정보와 관련된다. 감성교육은 미적 체험의 과정이다. 학습자가 충분히 다양한 방식으로 미적 체험을 경험할 수 있도록 접근해야 한다.

또한 영유아의 삶과 연결되는 통합교육이 이루어져야 한다. 진정한 미적 체험이 이루어지기 위해서는 학습자의 생활과 연계되어야 하며, 특히 영유아의 관심과 흥미는 실제 생활 속에서 경험과 연계될 때 의미가 있다. 예를 들어, 놀이중심 교육과정에서 영유아의 일상생활인 놀이와 연계한 감상교육도 필요하다.

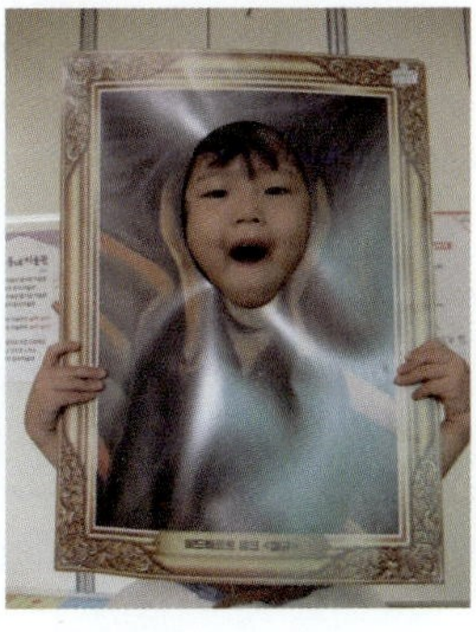

감상작품을 퍼즐이나 게임판 등 다양한 놀이교구로 만들어 감상 사후활동을 놀이와 연계하거나, 언어, 수과학, 음률 등의 다른 교과 영역과 연계한 통합교육으로 진행한다.

탐색, 표현, 감상활동 간 통합이 이루어져야 한다. 표준보육과정과 누리과정은 통합교육을 강조한다. 특히 예술경험영역은 탐색 · 표현 · 감상활동이 서로 긴밀하게 연계되어 접근할 것을 강조한다. 나아가 전체 영유아 교육과정(표준보육과정, 누리과정)과의 통합을 고려한 교육이 이루어져야 한다.

② 오감을 활용해야 한다.

인간은 감각기관의 정보를 통해 세상과 소통하며 다양한 지식을 형성한다. 감각기관을 통해 뇌에 들어온 다양한 정보는 뇌의 사고작용과 밀접한 관계가 있다(이기숙, 장영희, 이윤경, 정미라, 심성경, 손순복, 김영아, 2020). 감각기관을 통해 어떤 정보가 들어오면, 뇌에서는 이 정보가 이전에도 들어왔던 정보인지, 새로 들어온 정보인지를 분석한다. 피아제의 동화와 조절의 과정이 이루어지는 것이다. 따라서 영유아가 다양한 정보를 오감각을 이용해서 수집할 기회를 주고 자세히 관찰할 수 있는 언어적 자극이 필요하다. 영유아가 자연이나 사물을 관찰할 때 더 자세히 볼 수 있도록 어떤 모양인지, 나뭇잎의 색은 어떤 색인지, 무늬는 어떤 모양인지, 자세히 보고, 그림으로 표현해 보고, 돋보기나 라이트테이블 등의 다양한 도구를 이용해서 관찰할 기회를 충분히 제공해 주어야 한다.

다양한 방법으로 자세히 관찰할 기회를 줄수록 아이들의 그림 표현은 더욱 정교해진다.

③ 감상과정에서 언어적 · 비언어적 표현이 이루어져야 한다.

미술감상과정에서 사용하는 미술 관련 용어는 영유아의 언어를 확장시켜 줄 수 있다(교육인적자원부, 2005). 따라서 영유아가 감상한 내용을 발표하고 토론하고 문장으로 자기 생각을 말할 기회를 수시로 주어야 한다. 교사는 "초록색 배경에 빨간색 옷이 강하게 대비되어 더 잘 보이는 것 같다.", "이런 무늬가 계속 반복해서 마치 춤추는 것 같은 리듬감이 생겼다."라고 미술용어를 사용해서 이야기할 수 있다. 또한 영유아가 만든 작품을 친구들에게 이야기할 기회, 친구들의 작품에 대해 자신의 생각과 느낌을 이야기할 기회를 줌으로써 서로의 작품을 존중하는 자세와 태도를 경험할 기회를 일상생활 속에서 자주 제공해 주어야 한다. 교사 역시 영유아의 작품을 소중히 다루고 영유아의 이야기를 경청하는 자세와 태도를 언어적 표현뿐만 아니라 눈 맞춤, 집중하는 모습 등의 비언어적인 태도를 통해 진심으로 작품에 대해 존중하는 모습을 보여 주어야 한다.

기관의 실외 공간을 야외조각공원처럼 아이들의 작품을 전시하고, 유아가 직접 자기 작품을 소개하고 있다.

④ 일상생활과 연계되도록 한다.

표준보육과정과 누리과정에서 0~2세는 '일상에서 아름다움에 관심을 가지고 감성을 기른다.'와 3~5세는 '일상에서 아름다움을 느끼고 문화적 감수성을 기른다.'를 교육과정의 목표로 명시하고 있다. 그만큼 영유아의 삶 속에서 미술문화에 관심을 기울이고 자연스럽게 경험하고 즐길 기회를 제공해 주자는 것이다. 서울교대미술교육연구회(2014)는 삶을 위한 감상교육의 출발점은 자신이 만든 작품을 소중히 여기는 데서 시작한다고 보았다. 그다음으로 자기 주변의 미술환경에 관심을 갖는 것이다. 우리 주변, 우리 동네의 아름다움을 찾아보거나, 가까운 미술관을 찾아 작품을 감상할 수 있다. 또한 더 적극적인 참여활동으로 내가 사는 곳의 환경을 개선하기 위한 노력, 우리 기관(유치원, 어린이집)의 환경을 미적으로 조성하는 활동 등 적극적이고 주도적인 미적 활동에 참여할 기회를 줄 수 있다.

⑤ 미술관과의 연계교육을 고려한다.

미술관 연계교육을 계획할 때는 많은 작품을 관광하듯 둘러보는 방식보다는 사전활동과 사후활동을 통해 더욱 체계적이고 깊이 있는 접근을 계획해야 교육 효과를 높일 수 있다(서울교대미술교육연구회, 2014). 감상에서는 작가와 작품제목, 제작연대 등을 알려 주는 것이 중요한 것이 아니라 영유아가 작품을 대하는 태도, 작품을 보고 느끼고 판단하고 평가하는 과정이 더 의미 있다. 또한 어릴 적의 미술관 감상 경험은 성인이 되어서도 미술관을 가까이할 수 있는 계기가 된다.

⑥ 시각에 대한 경험을 통해 미술문화를 선택하는 능력을 길러 주어야 한다.

작품을 감상하면서 나와 다른 표현, 다른 시각이 있음을 이해함으로써 균형 잡힌 시각을 기른다. 이는 다양한 문화를 접하며 살아가는 영유아에게 꼭 필요한 과정이다. 따라서 서울교대미술교육연구회(2014)에서는 둘 이상의 작품을 함께 감상함으로써 다양성, 시각의 차이를 경험할 기회를 제공해야 한다고 하였다.

OECD(2012)가 제시한 미래사회에 필요한 핵심역량 중 '사회적으로 이질성을 가진 집단과 상호작용하는 능력, 자율적으로 행동하는 능력'이 있다. 서로 다른 문화 예술품의 감상 과정을 통해 다양성과 차이를 이해함으로써 문화 간 이해의 폭을 넓힐 기회가 된다. 결국, 그림에 대한 내 느낌과 생각을 자유롭게 말할 수 있는 경험과 다양하게 표현된 다른 문화의 작품들을 함께 감상하는 과정은 미래사회에서 필요한 인간상을 키우는 데도 꼭 필요한 방법이다.

※ 화가들이 표현한 '봄' 그림들

「봄」, 밀레, 19세기

「봄날」, 모지스 할머니, 1953

「벚꽃 위의 새」, 이중섭, 1954

「봄의 아이들」, 이중섭, 1952~1953

봄을 바라보는 화가들의 다양한 시선과 관점을 비교 감상할 수 있다.

2) 교사-영유아 상호작용

감상 지도 과정뿐만 아니라 일상생활 속에서 교사와 영유아는 다양한 언어적 상호작용을 한다. 특히 일상생활 속에서 영유아는 자발적으로 그림, 만들기 등의 다양한 미술활동에 참여하며, 교사나 친구들에게 자신이 만든 작품에 관해 이야기한다. 이때 교사는 영유아의 그림 이야기에 반응하는 상호작용을 한다. 영유아의 작품에 관해 이야기 나눌 때 멀체이(Mulcahey, 2009/2015)는 다음의 세 가지 주의사항을 제시하였다.

(1) 영유아의 작품에 관해 이야기 나눌 때 주의할 점

첫째, 영유아가 만든 것을 함부로 추측해서 말하지 않는다. 영유아가 그린 그림은 다양한 상상을 내포하고 있어서 완벽하게 이해할 수 없다. 오히려 어설픈 이해를 바탕으로 대화를 시도하면 영유아에게 적절하지 못한 반응을 줄 수 있다. 추측에 앞서 영유아에게 그림에 관한 이야기를 먼저 귀 기울여 듣는 관심을 보이는 것이 더 적합하다.

> 교사 : (유아가 그린 그림을 보며) 나무에 있는 새가 참 예쁘구나!
>
> 유아 : (슬픈 표정을 지으며) 이건 새가 아니라 다람쥐인데요.
>
> 출처 : Mulcahey(2009/2015) p.56 사례

위의 교사-유아의 대화처럼 교사가 먼저 추측해서 대화를 시작하다가 유아가 상처받아 대화가 단절되는 결과를 초래할 수 있다. 따라서 "어떤 그림인지 이야기해 줄래?" 하면서 그림에 관한 이야기를 먼저 물어보면서 대화를 시도하는 것이 좋다.

둘째, "마음에 든다."라고 평가하지 않는다. 그림이 좋다는 평가보다 그림에 관한 세부적인 이야기를 경청하면서 유아의 작품을 관심 있게 보는 비언어적인 반응이 함께해야 한다. 즉, 교사가 영유아의 작품을 진심으로 존중하는 자세와 태도를 보여 주는 반응이 필요하다.

셋째, "잘했다.", "멋지다."라는 의미 없는 칭찬을 하지 않는다. 영유아의 작품에 대해 과도한 칭찬을 주의해야 한다. 또한 반 아이 모두에게 똑같은 방식의 의미 없는 칭찬, 과도한 칭찬은 칭찬 효과를 오히려 감소시킨다(이원영, 임경애, 김정미, 강유진, 2019). 유아가 작품에 표현한 미술의 요소와 원리에 관해 말함으로써 영유아 스스로 의미 있게 작품을 이해할 기회를 주어야 한다.

영유아의 작품에 대한 언어적 상호작용(의미 있는 칭찬)

① 자료와 매체, 도구사용능력에 관한 칭찬

- "○○이는 여기 구불구불한 선 모양을 따라 가위질을 잘했구나!"
- "동그란 바퀴로 이 병뚜껑을 사용한 점이 참 좋다."

② 미술의 요소와 원리에 기초한 칭찬

- "○○이가 그린 꽃밭의 꽃 색들이 참 곱다. 서로 잘 어울려 보인다."
- "○○이는 깊은 바다는 어두운 파란색을, 얕은 바다는 연한 하늘색을 사용해서 표현했구나! 바다색을 다채롭게 표현해서 좋다. 여기 이 부분은 정말 바다가 깊어 보인다."
- "○○이는 여기 나뭇잎들을 다 점을 찍어 표현했구나. 나무가 커서 점을 찍어 표현하기 힘들었겠다. 그런데 점들이 진한 초록, 흐린 연두, 노랑, 색이 다양해서 정말 나뭇잎들이 햇빛에 반사되어 알록달록한 느낌이 든다."

③ 유아의 작품에 나타난 정서와 경험에 기초한 칭찬

- "○○이 그림에는 빨강, 주황, 노랑 같은 따뜻한 느낌의 색들을 많이 사용해서 그런지 정말 따뜻하고 행복한 느낌이 드는 것 같다."
- "○○이 그림에는 재미있는 것들이 참 많구나. 선생님도 기분이 좋아지는 느낌이 든다."

④ 작품에 나타난 상상력과 독창성에 기초한 칭찬

- "○○이가 그린 자동차는 정말 신기한 모양이다. 바다 위를 달리는 기능이 있네. 정말 새롭고 신기한 자동차구나."
- "○○이가 그린 돌고래는 불도 내뿜고, 색도 만들어 내는 신비한 능력을 갖추고 있구나."
- "○○이는 우유갑 2개를 붙여 티라노사우루스 입을 이렇게 벌릴 수 있게 만들었구나. 손도 안에 들어갈 정도로 정말 큰 입을 만들었네. 정말 티라노사우루스가 살아서 잡아먹으려고 입을 쩍 벌린 것 같아 보인다."

출처 : Herberholtz & Hanson(1994).

영아(0~2세)와 유아(3~5세)는 발달 특성상 이야기 나누는 방법이 달라야 한다(이원영 외, 2019). 영아는 일상생활 속에서, 자연 속에서 아름다움을 많이 탐색하고 찾아보는 상호작용을 주로 하면서 이해하기 쉬운 언어, 짧은 문장으로 이야기하는 것이 좋다. 유아는 미술의 요소 및 원리와 관련한 내용들을 연결한 언어적 상호작용을 해 주는 것이 좋으며 연령이 높아질수록 어렵거나 생소한 미술용어를 사용해서 친숙해지는 경험을 해 주는 것이 좋다. 교사-영아 상호작용과 교사-유아 상호작용을 나누어서 살펴보면 다음과 같다.

(2) 교사-영아 상호작용

영아와 환경과의 상호작용은 매우 중요하다(보건복지부, 2020). 영아는 주변의 자연환경, 자연물 등을 감각을 이용해서 탐색하며, 이는 창의적 표현으로 이어지기도 한다. 교사는 영아의 환경 탐색에 관심을 가지고 지원해 주어야 한다. 또한 교사는 영아의 모든 탐색, 놀이에 귀 기울여 관찰하고 이를 확장하기 위해 노력해 주어야 한다. 교사-영아 간의 상호작용으로는 칭찬, 격려, 미소, 공감 등 비언어적 혹은 언어적 상호작용이 있다. 교사는 영아가 주변세계를 감각을 이용해서 탐색하고 놀이하는 데 다양한 상호작용을 제공할 수 있다.

0~1세 영아가 자신을 둘러싼 일상적인 환경에 호기심을 가지고 미적이며 감성적인 경험을 통해 아름다움을 인식할 수 있도록 해야 한다(보건복지부, 2020). 교사는 일상생활에서 영아가 미적 경험을 할 수 있는 환경을 보여 주고, 경험하고, 자극할 수 있는 언어적 상호작용을 해 줄 수 있다.

영아들이 처음 만나는 세상, 자연을 관심 깊게 볼 수 있는 상호작용이 필요하다. 영아가 바라보는 시선, 손짓을 따라가며 언어적 · 비언어적 격려를 해 준다.

교사의 언어적 상호작용의 예

- "여기 나뭇잎 볼래?", "여기 꽃이 피었구나.", "어떤 냄새가 나는지 한 번 맡아 볼까?"

새로 나온 꽃봉오리, 노랗게 물든 나뭇잎, 차가운 눈송이, 뾰족한 모양의 나뭇잎, 동그란 모양의 나뭇잎, 거칠거칠한 나무, 매끈한 나무 등 처음 만나는 자연, 계절에 따른 자연의 변화, 자연의 모양, 자연의 느낌을 손으로 만져 보고, 냄새를 맡아 볼 기회를 제공한다.

일상생활 속에서 아름다움의 요소를 경험하고 즐길 수 있는 상호작용이 필요하며, 영아가 자신의 경험을 자유롭게 표현할 수 있도록 허용적인 환경을 조성한다. 또한 영아가 충분히 경험하고 느낄 수 있는 충분한 시간을 주고 영아의 안전과 자연이 훼손되지 않는 범위 내에서 자유롭게 만져 보고 탐색할 수 있도록 한다.

교사의 언어적 상호작용의 예

- "여기 나뭇잎 볼래?", "한 번 만져 볼까?", "손가락으로 따라가 볼까?", 무슨 소리가 나는 것 같은데?", "한 번 들어 볼까?"

1~2세 영아 역시 자연과 생활 속에서 다양한 감각자극을 통해 아름다움을 느낄 수 있도록 충분한 시간과 여유로운 공간을 제공해야 한다(보건복지부, 2020).

만 1세 반

만 2세 반

넓은 공간에서 친구와 함께 자유롭게 탐색과 표현의 과정을 거친 결과물을 함께 보고 새로운 놀이로 연계하거나 놀이의 배경으로 확장할 수 있도록 넓은 공간에 전시해 준다. 전시 공간은 벽뿐만 아니라 바닥이나 천장이 될 수 있다.

개별 영아의 느낌과 생각, 표현 방법을 존중하며 자유롭고 편안한 분위기에서 자기 생각을 표현하도록 지원한다. 교사는 언어적 상호작용뿐만 아니라 비언어적 상호작용도 함께 해 주어야 한다. 영아가 바라보는 시선을 함께 따라가며 미소, 끄덕임, 따뜻한 눈빛과 같은 비언어적 반응을 함께한다.

나의 작품, 친구의 작품, 서로 다양한 표현의 결과물이 바로 놀이의 소품으로 활용되면서 자연스럽게 상상놀이로 연계될 수 있다. 친구들의 다양한 표현을 보며 다양성, 다른 생각과 표현을 알 기회가 된다.

(3) 교사-유아 상호작용

유아기는 다양한 방식의 언어적 상호작용이 가능하다. 로이, 베이커와 해밀턴(Roy, Baker & Hamilton, 2015)은 유아와 미술작품에 관해 이야기할 때 가능한 질문으로 감각적 경험에 기초한 질문, 비교 분석에 관한 질문, 미술의 요소와 원리에 기초한 질문, 화가의 관점에서 해석해 보는 질문, 개인적 느낌에 관한 질문을 제안하였다.

① 감각적 경험에 기초한 질문

유아가 작품을 주의 깊게 살펴보게 한 다음 이야기를 나눌 때 할 수 있는 질문들이다.

교사의 언어적 상호작용의 예

- 그림에서 본 것들을 모두 이야기해 봅시다. 처음에는 잘 안 보였지만 자세히 보니 어떤 것이 보이나요?
- 그림 속에서 어떤 소리가 들리는 것 같은지 이야기해 봅시다.

② 비교 분석에 관한 질문

작품 안에서 혹은 여러 작품 사이에서 서로 비슷하거나 다른 점에 관해 생각해 보도록 하는 질문들이다.

교사의 언어적 상호작용의 예

- 이전에 비슷한 작품을 본 적이 있었나요?
- 이것들은 모두 무엇일까요?
- 이것과 비슷한 무늬(모양)는 어디 있을까요?
- 두 그림이 서로 비슷한 점이 있나요? 서로 다른 점이 무엇일까요?

③ 미술의 요소와 원리에 기초한 질문

점, 색, 선, 형, 질감, 공간, 명암 등 작품에 나타난 미술의 요소와 균형, 강조, 비례, 리듬과 패턴, 움직임 등 미술원리 측면에서 작품을 이해할 수 있도록 돕는 질문들이다.

미술의 요소와 원리에 기초한 질문의 예

- 선: 눈으로 이 선을 따라가 봅시다. 손가락으로 이 선을 따라 움직여 볼까요? 가는 선(두꺼운 선)을 찾아볼까요?
- 모양: 이 작품에는 어떤 모양이 보이나요? 동그라미(세모, 네모)를 이용해서 만든 것을 찾아 볼까요?
- 색: 이 작품은 주로 어떤 색을 많이 사용한 것 같나요? 무슨 색이 있나요?
- 명암: 이 작품에서 가장 밝은 부분은 어디일까요? 이 작품에서 가장 어두운 부분은 어디일까요?
- 질감: 무엇으로 만든 것 같나요? 눈으로 보고 있지만 만져 본다면 어떤 느낌이 들 것 같나요?
- 공간: 그림을 보면 하늘과 땅이 어딘지 알 수 있나요? 땅(바닥)은 어디일까요? 하늘은 어디 있나요? (저기 멀리 보이는 하늘...)
- 균형: 여기 양쪽에 집이 있군요. 만약 이쪽 창문이 없다면 어떻게 보일까요?
  (알렉산더 칼더의 모빌작품을 보면서) 만약 오른쪽 물고기 3마리가 없다면 왼쪽에 있는 물고기들은 어떻게 될 것 같나요? 물고기들이 한쪽으로 기울어졌겠군요! 이를 어려운 말로 '균형'이라고 해요.
- 강조: 이 작품에서 제일 먼저 눈에 띈 것은 무엇이었나요? 작품에서 이상하게 보이는 점은 어디인가요?

- 움직임: 작품 속의 사람들이 어떤 행동을 하고 있는 것 같나요? 이 작품에는 어떤 음악이 어울릴 것 같나요? 이 작품의 사람들처럼 우리도 직접 몸으로 표현해 볼까요?
- 조화: 그림 속의 물체들이 서로 잘 어울리게 그려졌다고 생각하나요? 여기 이 배경색과 사람들이 잘 어울리나요?

출처: 교육인적자원부(2005).

④ 화가의 관점에서 해석해 보는 질문

교사의 언어적 상호작용의 예

- 화가는 무엇으로 이 작품을 만들었을까요?
- 화가는 왜 이렇게 그렸을까요? 왜 초록색으로 이 부분을 다 칠했을까요?

⑤ 개인적 느낌에 관한 질문

작품을 감상한 유아의 개인적인 느낌을 나눌 수 있는 질문이다.

교사의 언어적 상호작용의 예

- 이 그림을 보면 어떤 기분이 드나요?
- 어떤 이야기가 있는 것 같나요?
- 이 작품을 다시 보고 싶나요?

4. 미술관 교육

1) 미술관 교육

(1) 미술관 교육의 개념과 역사

미술관 교육이란, 말 그대로 미술관에서 이루어지는 교육 프로그램의 개발과 실행을 의미한다(한국조형교육학회, 2018). 미술관은 회화, 조각, 공예, 건축, 사진 등 미술과 관련되는 여러 유물을 수집·보존·전시하고, 이들을 조사 및 연구하여 문화교육에 이바지함을 목적으로 한다. 미술관은 교육적 요소와 사회문화기관으로서 사회적 책임과 박물관적 요소를 지닌 기관이다. 따라서 넓게는 박물관의 범주에 속한다고 볼 수 있다(서울교대미술교육연구회, 2014). 과거에는 작품을 수집하고 보전 · 전시를 담당하는 것이 박물관 본연의 업무로 인식했었지만, 현대로 오면서 교육 · 사회문화기관으로 포괄적인 역할을 담당하고 있다. 미술관 교육은 문자 그대로 미술관과 교육이 합쳐져 미술관이 지닌 고유의 속성과 교육의 기본 성격이 결합된 것이다.

미술관의 역사를 알아보면, 원래 유럽의 박물관은 귀족 계급을 위해 귀한 보물, 세계의 귀중품을 수집하는 역할을 했다. 그러다 1793년 프랑스 혁명정부가 지금의 루브르박물관을 시민에게 개방하면서 대중을 위한 현대적 개념의 미술관이 시작되었다(서울교대미술교육연구회, 2014). 미국의 미술관은 유럽과 달리 처음부터 교육의 역할을 담당하였다(한국조형교육학회, 2018). 1872년에 메트로폴리탄 미술관은 성인을 대상으로 한 교육을 시작하였다. 이는 사회교육기관으로서의 역할을 담당한 것으로, 사회교육은 학교교육과 구분되는 비정규교육이다. 즉, 학교교육의 연장 및 보완의 기능을 담당하는 평생교육이라고 할 수 있다.

우리나라의 미술관은 1980년대부터 사회교육기관으로서의 인식이 대두되면서 국립현대미술관을 중심으로 교육활동이 이루어지기 시작하였다. 1995년에는 어린이를 위한 삼성어린이박물관이 최초로 설립되었다. 어린이 박물관은 기존의 박물관과 달리 전시물을 만지고 체험할 수 있는 박물관이다. 이후 1997년에 국립현대미술관의 어린이미술관 개관 이후 국립박물관, 시립미술관 등 많은 체험형 어린이미술관, 어린이 박물관이 운영되고 있으며, 유아교육기관(어린이집, 유치원), 초등학교와의 다양한 연계 프로그램이 운영되고 있다(최나야, 김태연, 김도연, 김수희, 조연수, 전은옥, 2021).

(2) 미술관 감상교육의 의의

오늘날 미술관은 예술작품을 수집 · 전시만 하는 기관이 아니라 사회문화적 교육을 수행하며, 나아가 문화예술의 발전을 위해 포괄적 기능을 수행한다. 특히 미술관 교육은 실제 미술작품을 직접 감상할 수 있어 학교교육이 갖는 감상교육의 한계를 극복해 줄 수 있다. 미술관 감상교육의 의의를 정리하면 다음과 같다(권준범, 2005: 서울교대미술교육연구회, 2014).

첫째, 영유아에게 미술관을 친숙한 평생학습의 공간으로 다가갈 수 있게 해 준다. 어릴 때부터 미술관을 가까이하면서 미술을 즐기는 미적 경험은 성인이 되어서도 좋은 습관으로 남아 문화예술을 가까이하면서 평생교육의 장으로 활용될 것이다.

둘째, 유아교육기관에서 진행하는 감상교육의 한계를 극복할 수 있다. 유아교육기관에서 이루어지는 감상교육은 자료의 부족과 교사의 미술 관련 전문성 부족으로 한계가 있다. 미술관은 복제품이나 사진이 아닌 실제 작품을 가까이서 감상할 수 있다는 장점이 있다. 또한 미술 관련 전문지식을 갖춘 학예연구사(큐레이터), 도슨트, 에듀케이터 등을 만나 더욱 깊이 있는 전문지식에 대한 교육을 받을 수 있다.

셋째, 폭넓은 시각 미술에 대한 개념과 변화를 쉽고 빠르게 이해시킬 수 있다. 현대미술로 오면서 미술의 범위는 사진예술, 디자인, 공간, 미디어 등 매우 광범위해졌다. 또한 특정 예술가 집단만 교류하는 문화가 아닌 일반 대중, 우리의 일상과 가까워졌으며, 누구나 예술작품을 창조할 수 있을 정도로 대중화되었다. 앞으로도 계속 미술의 개념은 더 다양해질 것이다. 과학기술의 발달과 함께 급속하게 변화하는 현대사회 속에서 다양한 시각 미술의 개념도 빠르게 변화하고 있으며, 그 변화의 흐름을 파악하고 나아가 주도하는 공간이 미술관이다.

넷째, 교과 통합학습과 공간 연계학습이 가능하다. 미술관 교육은 기관에서 이루어지는 감상교육에 지역사회 연계교육이 함께하는 통합교육이다. 유아교육기관에서 이루어진 감상교육을 확장해서 지역사회 미술관의 교육경험은 학습을 더욱더 의미 있고 풍부하게 해 준다.

다섯째, 공교육기관과 사회문화기관과의 공조 체제를 만들어 문화교육 발전의 기회를 제공한다. 미술관이나 박물관은 영유아가 경험하는 새로운 문화교육 공간이다. 그러므로 유아교육기관과 미술관 교육의 연계를 통해 폭넓은 교육경험을 제공해 줄 수 있을 것이다. 특히 미래교육을 위해 다양성 · 창의성 ·

융합교육을 강조하는 시기에 교육기관과 미술관 교육의 연계는 미래사회에서 필요한 역량을 키우는 데 꼭 필요한 교육경험이 될 것이다.

2) 미술관 현장교육의 실제

(1) 미술관 교육의 사전단계

교사는 교육과정과의 관련 여부, 관람 연령 확인, 전시 관람과 연계되는 사전·사후활동을 세심하게 계획해야 한다. 이정환, 김희진(2013)은 미술관 전시를 계획할 때 교사가 준비해야 할 점을 다음과 같이 정리하였다.

① 미술관 견학하기 전에 교사가 준비해야 할 사항

- 사전답사를 통해 관람 내용, 전시실, 화장실, 이동거리 및 소요시간, 휴식공간 등 기타 장소의 위치를 확인한다.
- 홈페이지를 통해 관람 일정, 시간, 관련 교육 프로그램이 있는지 확인하고, 미리 신청해야 할 프로그램이 있다면 신청한다.
- 에듀케이터나 도슨트가 안내하는 내용을 미리 점검할 수 있다면 유아 수준에 맞는 내용과 어휘인지 확인하고 조절해 놓는다.
- 관람 전, 유아와 함께 안내 책자나 인터넷 사이트 검색을 통해 무엇을 볼 것인지 알아본다.
  - 교사가 사전답사 때 전시관 사진을 찍어 왔다면 미리 보여 주며 미술관을 소개한다.
- 시간에 쫓기면 감상활동이 되지 않으므로 여유 있게 시간을 계획하며 휴식 공간을 확인해서 유아들이 피곤해하면 휴식하고 보거나, 여러 날에 걸쳐 나누어 관람한다.
- 전시장의 동선에 대해 미리 알아보고 움직인다.
  - 정해진 동선에 따라 이동한다.
  - 다른 사람을 방해하지 않는 범위에서 필요에 따라 움직인다.
- 유아에게 어떤 정보를 줄 것인지, 어떤 점을 생각해 보게 할 것인지 미리

계획한다.

- 작품의 주제, 재료, 기법, 색, 화가에 대한 정보 등

• 사진 촬영이 가능한지 미리 알아본다.

- 플래시를 터트리지 않는 한 작품 촬영이 가능하다면 사후 이야기 나누기를 위해 영유아가 관심 있어 했던 작품 중심으로 사진 촬영을 해 둔다.

② 사전활동

• 미술관에서 지켜야 할 예절 이야기 나누기

- 큰 소리로 떠들거나 뛰어다니지 않는다.
- 작품은 손으로 만지지 않고 눈으로만 본다.
- 벽에 기대거나 작품에 너무 가까이 가지 않는다.
- 다른 관람객의 감상을 방해하지 않는다.
- 미술관에 계시는 선생님(큐레이터)의 안내와 설명을 잘 듣고 따른다.
- 음식은 지정된 장소나 휴게실에서 먹고 입장한다.
- 관람 전에 꼭 화장실을 다녀온다.

(2) 미술관 교육의 현장단계

미술관 감상활동은 교사의 사전계획에 의해서 진행되지만 미술관 관계자의 도움, 혹은 미술관 교육 담당자의 작품 설명에 관한 도움을 받을 수 있다. 미술관 관람 시 주의할 점으로 이정환, 김희진(2013)은 유아가 스스로 보고, 느끼고, 생각할 수 있도록 교사의 지나친 설명은 자제해야 한다고 하였다. 또한 한 작품을 가까이서, 멀리서, 다양한 각도에서 여유 있게 볼 수 있도록 안내해 주는 것이 좋다.

① **미술관 현장교육 사례**

■ 수원시립아이파크미술관 기획전 '공공연한 디자인(2017.2.14.~5.21.)展'

체험형 회전 놀이기구 디자인

미술관 내 자유그림 그리는 곳

■ 용인 벗이 미술관 '우리 밖의 동물원(Outside the zoo, 2016.7.1.~9.25.)展'

국내외 작가들이 참여한 동물 주제의 작품들은 어린 영유아도 쉽게 이해할 수 있는 전시였다. 특히 작품 주제와 연계하여 독일 작가 한스 랭그너(Hans Langner)가 제작한 야외놀이터에서 놀이기구를 이용할 수 있었다. 동물들과 함께하는 상상놀이가 이루어질 수 있는 영유아를 위한 전시였다.

한스 랭그너가 제작한 야외놀이터

■ 미술관 교육 연계 프로그램: Painting party(http://www.versi.co.kr)

2015년 11월 개관과 동시에 잭슨 폴락의 액션페인팅에서 영감을 받아 시작한 교육 프로그램으로, 영유아가 온몸으로 종이뿐만 아니라 벽, 유리창 등에 자유롭게 마음껏 그림을 그려 보는 시간이다.

형광물감과 블랙 라이트 조명을 함께 사용함으로써 빛과 조명에 따른 색의 변화도 알 수 있다.

(3) 미술관 교육의 사후 단계

미술관 견학을 다녀온 다음에는 비교적 이른 시일 안에 사후 연계활동을 진행한다. 미술관 견학을 다녀오자마자 혹은 다음 날 이야기를 나누는 것이 좋다.

① 미술관 견학 후 사후활동

- 미술관에서 본 것, 느낀 점 이야기 나누기
  - 영유아의 기억을 돕기 위해 미술관 팸플릿의 작품을 다시 보여 주거나, 사전에 허락받고 사진 촬영을 했다면 사진을 출력해서 보면서 이야기 나누는 것이 좋다.

  "마음에 들었던 작품이 있었나요?", "어떤 점이 마음에 들었나요?"
- 감상 느낌을 그림으로 표현하기
- 전시연계 활동을 작품으로 표현한 다음 미술관처럼 전시하기(미술관 프로젝트를 진행함)

  "어디에 전시할까요?", "전시 제목은 무엇이라고 할까요?"

3) 온라인 미술관 관련 활동

국립현대미술관 온라인 미술관
출처: http://www.mmca.go.kr

COVID-19의 유행으로 인한 팬데믹 상황에서 미술관은 온라인 방식의 전시로 전환하는 시도가 이루어지기 시작하였다. 루브르박물관에서는 온라인상에서 직접 전시관을 둘러볼 수 있는 가상현실(VR) 환경을 구축하였으며, 국립현대미술관의 '온라인 미술관'에서는 유명 작가들의 작품을 온라인으로 감상하고 안내하는 동영상 콘텐츠를 지원하고 있다. 하지만 이러한 온라인 콘텐츠 지원 방식은 일방성이 강한 온라인 교육으로, 교사의 재구성과 자료 활용을 위한 추가 교육이 필요한 실정이다(한국조형교육학회, 2022).

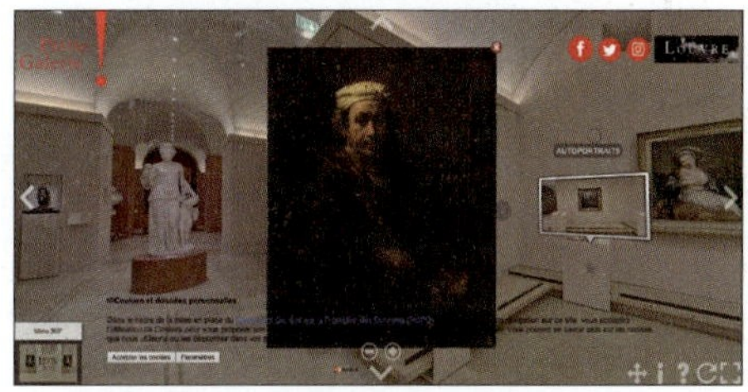
루브르 박물관 가상현실(VR)투어
출처: https://www.louvre.fr/

백남준아트센터는 미술관 홈페이지를 플랫폼으로 활용해서 미술관과 학교의 온·오프라인 융합교육을 시도하고 있다. 오프라인으로 전시를 진행하는 한편, 온라인으로 교수자료와 영상자료, 지도서를 함께 제공함으로써 교사가 제공받은 자료로 미술관 연계 수업을 하고, 수업 후기와 관련하여 다시 온라인 피드백을 통해 재연결의 과정으로 진행하고 있다. 한국조형교육학회(2022)는 학교와 지역사회 미술관이 서로 연계하는 과정에서 미술관이 온라인으로 운영하는 미술관 플랫폼을 통해 자료를 제공하고 수업 결과에 관한 피드백을 주고받으며 긴밀하게 소통하는 방식을 제안하였다.

백남준아트센터 홈페이지에서 제공하는 전시 관련 교육자료

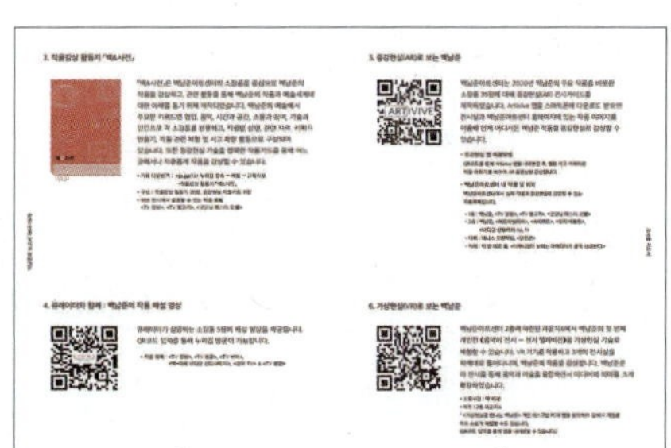
백남준아트센터에서 제공하는 '교사용 지도서'

이상적인 온라인 연계교육이 이루어지기 위해서는 지역사회, 학교, 교육청이 긴밀하게 협력하여야 한다. 특히 미술관 플랫폼을 통해 예술가와 학교가 연결되어 다양한 미적 체험의 자료를 간편하게 지원받고, 소통할 수 있는 교육지원체계가 이루어지기를 기대해 본다.

미국의 게티(Getty) 미술관에서는 온라인 미술활동으로 기존의 온라인 미술관에서 진행하는 전시 정보를 소개하거나 자료를 내려받는 방식을 넘어 새로운 방식의 소통을 시도하였다. COVID-19의 유행으로 인한 팬데믹 상황에서 미술관 관람이 어려워지자, '게티뮤지엄 챌린지(http://blogs.getty.edu/iris)'를 진행하였다. '게티뮤지엄 챌린지'는 가장 좋아하는 예술작품을 집 안의 물건을 활용해 재창조해 달라는 '참여형 명작 구현 놀이'로, 기존의 '보는 예술'을 직접 '하는 예술'로 승화시켰다는 평을 받을 정도로 큰 호응을 받았다(서울경제신문, 2020. 5. 15.).

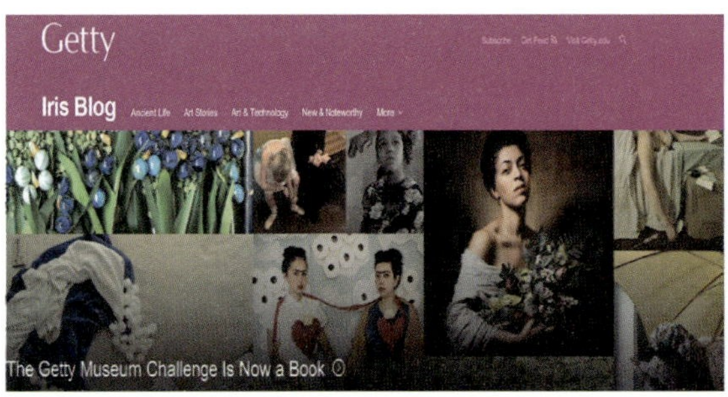

[유아교육 현장에서 적용 가능성]

- 명화 감상 후, 소집단으로 모여 교실에 있는 물건을 이용해서 명화를 재현해 본다.

  "우리 교실에 있는 물건이나 재료를 이용해 몬드리안의 그림을 만들어 본다면 어떤 재료로 만들어 보고 싶나요?"

「빨강 파랑 노랑의 구성」
몬드리안, 1929

전주비전대학교 유아교육과
학생 작품

아이들이 재현한 작품을 사진으로 찍은 후, 기관의 홈페이지에 올려 감상하거나 출력하여 사진집으로 만든다.

스마트폰 앱 기반 온라인 프로그램 Google Arts & Culture

◀ '찾아보기' 메뉴에 가면 고화질의 명화를 확대해서 자세히 감상할 수 있다. 명화를 작가, 재료, 미술사, 역사적 사건, 장소, 시간, 색상, 테마, 미술관 등 다양한 분류기준에 따라 검색해 볼 수 있다.

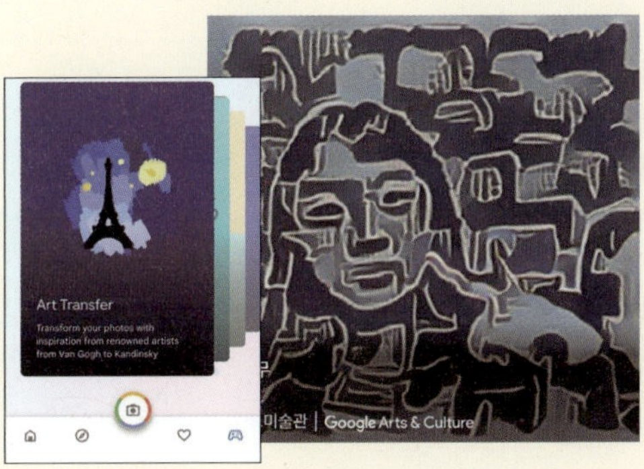

◀ 핸드폰으로 찍은 사진을 명화 스타일로 변형시킬 수 있다.

▲ 명화 속 인물이 나의 동작에 반응하며 움직인다.

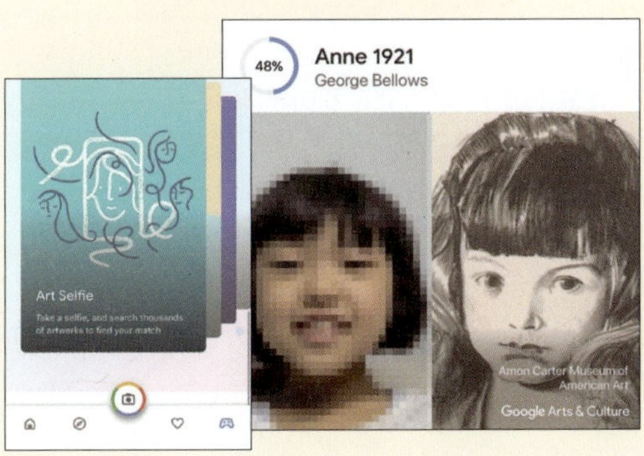

◀ 핸드폰으로 나의 사진을 찍은 뒤 검색 버튼을 누르면 나의 모습과 비슷한 초상화를 찾아 준다.

5. 영유아 감상교육의 실제

[계절] 봄을 그린 명화 감상 & 봄의 색 만들기 영아 / 유아

활동목표

[영아] * 명화 속에서 봄의 아름다움을 느낄 수 있다.
* 봄의 색을 표현해 볼 수 있다.

[유아] * 명화에서 미술의 요소와 원리를 찾아볼 수 있다.
* 다양한 봄 관련 명화를 감상하고 다양한 예술 표현을 존중한다.
* 다양한 방식으로 봄의 느낌을 표현한다.

Tip1.
표준보육과정에는 예술경험 영역에 탐색과 표현 활동만 내용영역으로 제시하고 있다. 감상은 내용영역에 빠져 있지만 영아가 다양한 예술에 관심을 가지고 아름다움을 느낄 수 있도록 본 장에서는 탐색에 가까운 간단한 감상활동을 추가하였다.

Tip2.
구글에서 지원하는 'Google Arts & Culture'에서 명화 정보를 재료, 아티스트, 색상, 장소 등 다양한 주제로 쉽게 검색할 수 있다.

0~1세 2024 개정 표준보육과정과의 연계

• 예술경험 〉 아름다움 찾아보기 〉 자연과 생활에서 아름다움을 느낀다.
〉 예술에서 아름다움을 느낀다.
〉 창의적으로 표현하기 〉 다양한 미술재료를 경험한다.

2세 2024 개정 표준보육과정과의 연계

• 예술경험 〉 아름다움 찾아보기 〉 자연과 생활에서 아름다움을 느낀다.
〉 다양한 예술에서 아름다움을 느낀다.
〉 창의적으로 표현하기 〉 다양한 미술재료와 도구로 표현한다.

2019 개정 누리과정과의 연계

• 예술경험 〉 아름다움 찾아보기 〉 자연과 생활에서 아름다움을 느끼고 즐긴다.
〉 예술적 요소에 관심을 갖고 찾아본다.
〉 창의적으로 표현하기 〉 다양한 미술재료와 도구로 자신의 생각과 느낌을 표현한다.
〉 예술 감상하기 〉 다양한 예술을 감상하며 상상하기를 즐긴다.
〉 서로 다른 예술 표현을 존중한다.

활동자료

- 봄을 주제로 한 명화

「봄」
밀레, 19세기

「봄날」
모지스 할머니, 1953

「벚꽃 위의 새」
이중섭, 1954

「봄의 아이들」
이중섭, 1952~1953

- 물감, 도트물감(영아반), 다양한 크기의 붓, 스포이트

유의점1.
명화작품을 컬러로 출력해서 교실 곳곳에 전시해 둔다.

활동방법

① 우리 주변의 봄의 색, 자연에 관한 이야기를 나눈다.

- 탐색활동으로 자연의 색, 우리 주변의 다양한 봄 풍경 사진을 보며 이야기 나눈다.

유의점2.
빔 프로젝터로 명화를 크게 확대해 감상할 수 있다.

② 화가들이 표현한 봄의 색, 봄 사진을 감상한다.

[유아반에서 진행할 경우]

서술하기	분석하기	해석하기	판단하기
• 무엇이 보이는지 이야기해 봅시다. • 자세히 보니 어떤 것들이 보이나요?	• 주로 어떤 색이 보이나요? • 어떤 모양이 보이나요? • 이 그림을 봤을 때 제일 먼저 보인 부분은 어디였나요?	• 화가는 왜 봄의 색을 이렇게 표현했을까요?	• 이 그림에서 가장 재미있게 본 것은 무엇인가요? • 어느 부분이 가장 마음에 들었나요? • 여러분이 화가라면 봄을 어떻게 그리고 싶나요?

[영아반에서 진행할 경우]

- 명화를 영아 눈높이에 전시해 두고 생활 속에서 자유롭게 보면서 개별적으로 그림과 관련한 상호작용을 한다.

참고하세요

데미안 허스트
(Damien Hirst),
Cherry Blossoms, 2020

③ **봄의 느낌을 표현한다.** ⇨ 10장(p.271)의 '표현' 활동

- 물감과 붓을 이용해 봄의 색, 봄 풍경을 표현한다.
- 영아반의 경우 도트물감을 이용해서 봄의 색을 표현해 볼 수 있다.

④ **활동을 마무리한다.**

- 친구들과 함께 표현한 봄의 색, 봄의 풍경을 감상하며 느낌을 이야기 나눈다.
- 완성된 작품을 어디에 전시할지 의견을 나눈 뒤 유아와 함께 작품을 전시한다.

연계활동

감상하기
– 봄을 그린 명화 감상(본 활동)

➔

탐색하기
– 봄 동산 산책하며 봄의 색 탐색하기 (p.226, 236)

표현하기
– 봄의 소리 표현하기
– 봄의 색 표현하기
– 봄 풍경 표현하기

탐색하기 ⇨ 9장(p.226, 236)의 '탐색' 활동

- 봄 동산을 산책하며 봄의 색, 자연의 색을 탐색함
- 눈으로 자세히 보고, 만져 보면서 자연의 모양과 색을 탐색할 수 있도록 안내함

감상하기 & 표현하기

- 김환기의 「봄의 소리 4-I-1966」(1966) 작품을 감상한 뒤 봄의 소리를 표현해 보는 활동으로 확장해 볼 수 있음

"김환기 화백의 봄의 소리에는 어떤 음악이 어울릴 것 같나요?"
"봄의 소리, 봄의 느낌을 그림으로 그린다면 어떤 모양으로 그릴 수 있을지 상상해 봅시다."

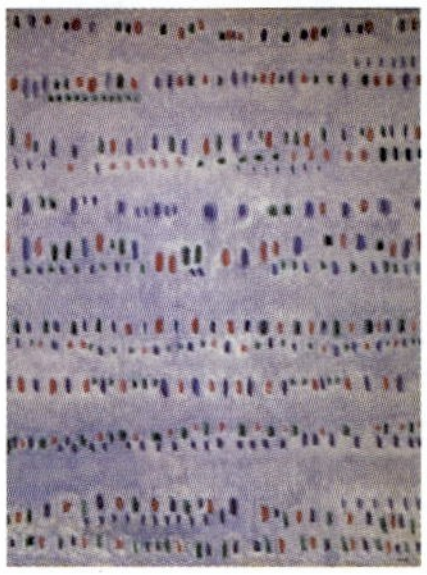

「봄의 소리 4-I-1966」
김환기, 1966

[계절] 화가들의 여름 풍경 영아 / 유아

활동목표

[영아] * 명화 속에서 여름의 아름다움을 느낄 수 있다.
* 여름의 느낌을 그림으로 표현해 볼 수 있다.

[유아] * 명화에서 미술의 요소와 원리를 찾아볼 수 있다.
* 다양한 여름 관련 명화를 감상하고 다양한 예술 표현을 존중한다.
* 다양한 방식으로 여름의 느낌을 표현한다.

0-1세 2024 개정 표준보육과정과의 연계

• 예술경험 〉 아름다움 찾아보기 〉 자연과 생활에서 아름다움을 느낀다.
〉 예술에서 아름다움을 느낀다.
〉 창의적으로 표현하기 〉 다양한 미술재료를 경험한다.

2세 2024 개정 표준보육과정과의 연계

• 예술경험 〉 아름다움 찾아보기 〉 자연과 생활에서 아름다움을 느낀다.
〉 다양한 예술에서 아름다움을 느낀다.
〉 창의적으로 표현하기 〉 다양한 미술재료와 도구로 표현한다.

2019 개정 누리과정과의 연계

• 예술경험 〉 아름다움 찾아보기 〉 자연과 생활에서 아름다움을 느끼고 즐긴다.
〉 예술적 요소에 관심을 갖고 찾아본다.
〉 창의적으로 표현하기 〉 다양한 미술재료와 도구로 자신의 생각과 느낌을 표현한다.
〉 예술 감상하기 〉 다양한 예술을 감상하며 상상하기를 즐긴다.
〉 서로 다른 예술 표현을 존중한다.

Tip1.
놀이운영사례집 『만들어 가는 놀이중심 유아교육』에서 '처얼썩~! 바다 소리 같지요?' 놀이 사례(p.31)와 연계할 수 있다.

활동자료

• 여름을 주제로 한 명화

「구름 낀 오베르 하늘의 밀밭」
빈센트 반 고흐, 1890

「아스니에르에서 물놀이하는 사람들」
조르주 피에르 쇠라, 1883~1884

「크루마우 여름 풍경」
에곤 실레, 1917

「여름날 오후의 밀밭」
마르크 샤갈, 1942

• 수성사인펜, 수채화 물감, 수채화지, 다양한 크기와 모양의 그리기 도구(붓, 스펀지 붓, 롤러 등), 분무기, 디지털카메라

활동방법

> **유의점1.**
> 와트만지 같은 수채화 전용지를 이용하면 물감의 번짐이 일반 도화지보다 더 아름답게 퍼진다.

> **유의점2.**
> 물의 농도에 따라 물감의 번짐과 섞임 현상이 다르게 나타난다.

> **유의점3.**
> 야외나 테라스의 물놀이 영역에서 진행할 수 있다.

① 우리 주변의 여름 모습, 자연환경에 관한 이야기를 나눈다.

- 실외 탐색활동을 나갈 때 디지털카메라를 이용해서 사진을 찍어 올 수 있다.

② 화가들이 표현한 여름 풍경 그림을 감상한다.

[유아반에서 진행할 경우]

서술하기	분석하기	해석하기	판단하기
• 무엇이 보이는지 이야기해 봅시다. • 자세히 보니 어떤 것들이 보이나요?	• 주로 어떤 색이 보이나요? • 어떤 모양이 보이나요? • 그림의 밝기, 분위기는 어떤 것 같나요? • 그림자의 모양은 어때 보이나요? • 이 그림에서 제일 먼저 보인 부분은 어디였나요?	• 화가는 왜 여름날의 오후 색을 이렇게 표현했을까요? • 화가는 왜 태양을 빨갛게 표현했을까요?	• 이 그림에서 가장 재미있게 본 것은 무엇인가요? • 어느 부분이 가장 마음에 들었나요? • 여러분이 화가라면 여름 풍경을 어떻게 그리고 싶나요?

[영아반에서 진행할 경우]

- 명화를 영아 눈높이에 전시해 두고 생활 속에서 자유롭게 보면서 개별적으로 그림과 관련한 상호작용을 한다.
- 컬러로 출력한 명화 그림 위에 사인펜이나 색연필로 긁적거리기를 할 수 있다.

③ 여름의 느낌을 표현한다. ⇨ 10장(p.271, 293)의 '표현' 활동

- 수채화지에 분무기를 이용하여 물을 뿌려 흠뻑 적신 다음, 그리기 도구를 이용해서 채색한다.
- 젖은 수채화지에 물감이 번지는 모습을 관찰한다.
- 영아반에서 진행할 경우: 붓 대신 스펀지 붓을 사용할 수 있다.
- 물감 대신 수성사인펜으로 그린 뒤 물뿌리기 방식으로 색이 번지는 모습을 관찰할 수 있다.

④ **활동을 마무리한다.**

- 친구들과 함께 표현한 여름 풍경을 감상하며 느낌을 이야기 나눈다.
- 완성된 작품을 어디에 전시할지 의견을 나눈 뒤 유아와 함께 작품을 전시한다.

연계활동

감상하기
- 여름 관련 명화 감상하기(본 활동)

→

탐색하기
- 여름 풍경 탐색하기(p.236)
- 자연물 탐색하기(p.226, 236)
- 다양한 방법으로 물 탐색하기(p.245)

↙

표현하기
- 여름 풍경 표현하기
- 습식 수채화로 여름의 색 표현하기

↖

[계절] 낙엽 요정이 보내 준 가을 명화 영아 / 유아

활동목표

[영아] * 명화 속에서 가을의 아름다움을 느낄 수 있다.
* 가을의 색을 표현해 볼 수 있다.
* 가을과 관련한 상상이야기를 즐길 수 있다.

[유아] * 명화에서 미술의 요소와 원리를 찾아볼 수 있다.
* 다양한 가을 관련 명화를 감상하며 상상하기를 즐길 수 있다.
* 다양한 방식으로 가을의 느낌을 표현할 수 있다.
* 가을과 관련한 상상이야기를 그림으로 표현할 수 있다.

0–1세 2024 개정 표준보육과정과의 연계

- 예술경험 〉 아름다움 찾아보기 〉 자연과 생활에서 아름다움을 느낀다.
  〉 예술에서 아름다움을 느낀다.
  〉 창의적으로 표현하기 〉 다양한 미술재료를 경험한다.

2세 2024 개정 표준보육과정과의 연계

- 예술경험 〉 아름다움 찾아보기 〉 자연과 생활에서 아름다움을 느낀다.
  〉 다양한 예술에서 아름다움을 느낀다.
  〉 창의적으로 표현하기 〉 다양한 미술재료와 도구로 표현한다.
  〉 상상놀이를 한다.

2019 개정 누리과정과의 연계

- 예술경험 〉 아름다움 찾아보기 〉 자연과 생활에서 아름다움을 느끼고 즐긴다.
  〉 예술적 요소에 관심을 갖고 찾아본다.
  〉 창의적으로 표현하기 〉 다양한 미술재료와 도구로 자신의 생각과 느낌을 표현한다.
  〉 예술 감상하기 〉 다양한 예술을 감상하며 상상하기를 즐긴다.
  〉 서로 다른 예술 표현을 존중한다.

활동자료

- 가을을 주제로 한 명화

「아르장퇴유의 가을 인상」
클로드 모네, 1873

「너도밤나무 숲」
구스타프 클림트, 1902

「네 그루의 나무들」
에곤 실레, 1917

- 가을 명화작품 퍼즐, 낙엽 요정이 주고 간 편지, 가을 산책에서 가져온 다양한 모양의 낙엽들

유의점.
영아반, 유아반에 따라 퍼즐 조각 수를 다르게 한다.

활동방법

① 스토리텔링으로 가을 그림에 관한 흥미를 자극한다.

예) 낙엽 요정이 교실에 두고 간 비밀지도(교실 곳곳에 명화작품 퍼즐 조각을 숨겨 놓음)

"안녕, 얘들아, 난 낙엽 요정이야. 너희들에게 좋은 그림을 보여 주고 싶어서 OO반 교실에 그림 조각들을 숨겨 놨어. 어떤 그림일지 궁금하지? 너희가 그림을 쉽게 찾을 수 있도록 비밀지도를 그려 놨단다. 지도를 보면서 찾아보렴."

② 아이들과 퍼즐 조각을 찾아 완성한 명화작품을 게시판 혹은 화이트보드 판 위에 붙여 놓고 감상한다.

[유아반에서 진행할 경우]

서술하기	분석하기	해석하기	판단하기
• 무엇이 보이는지 이야기해 봅시다. • 자세히 보니 어떤 것들이 보이나요?	• 주로 어떤 색이 보이나요? • 어떤 모양이 보이나요?	• 화가는 나뭇잎을 왜 붉게 표현했을까요? • 화가는 하늘을 왜 어둡게 표현했을까요?	• 이 그림에서 가장 재미있게 본 것은 무엇인가요? • 어느 부분이 가장 마음에 들었나요?

[영아반에서 진행할 경우]

- 명화 그림의 조각 개수를 2~3개로 간단하게 제작한다.

③ 다가오는 겨울이 외롭지 않도록 우리에게 좋은 가을 풍경 그림을 보내 준 낙엽 요정에게 선물할 가을 조형물(혹은 가을 나무 그림, 가을 친구들)을 표현한다.

⇨ 10장(p.297)의 '표현' 활동

- 가을 동산에 산책하러 나가서 주워 온 낙엽들을 이용해서 만든다.

④ **활동을 마무리한다.**

- 완성된 작품을 어디에 전시할지 의견을 나눈 뒤 유아와 함께 작품을 전시한다.
- 친구들과 함께 만든 낙엽 요정에게 줄 선물을 가을 산책길에 전시하거나 낙엽 요정처럼 여기저기 숨겨 놓은 뒤, 수수께끼 지도와 편지를 함께 준비해서 보물찾기 놀이로 연계한다.

연계활동

감상하기
– 가을을 그린 명화 감상하기(본 활동)

→

탐색하기
– 나뭇잎 스펙트럼(p.231)
– 낙엽가루 & 나뭇잎 탐색(P.228)

표현하기
– 낙엽으로 낙엽 요정의 친구(선물) 만들기(p.297)
– 가을나무 표현하기

탐색하기 ⇨ 9장(p.226, 248)의 '탐색' 활동
- 가을 산책하며 가을의 색, 자연의 색을 탐색함
- 가져온 낙엽들을 과학영역에서 자세히 관찰함

감상하기 & 표현하기
- 에곤 실레의 「네 그루의 나무들」 작품을 크게 출력해서 교실 한쪽 벽에 전시하되, 나무 옆에 추가로 다른 나무를 자유롭게 표현해 보는 활동으로 확장해 볼 수 있음

"여기 가을 동산의 나무들이 어때 보이나요?"

"나무 옆에 또 다른 나무들을 더 그려 주고 싶다면 어떤 모양으로 그릴지 상상해 봅시다."

낙서화, 가을 동산 꾸미기(협동작품)

[계절] **따뜻한 나라에 사는 코코가 보낸 편지** 영아 / 유아

활동목표

[영아] * 명화 속에서 겨울의 아름다움을 느낄 수 있다.
* 겨울의 풍경을 색으로 표현해 볼 수 있다.
* 겨울과 관련한 상상이야기를 즐길 수 있다.

[유아] * 명화에서 미술의 요소와 원리를 찾아볼 수 있다.
* 다양한 겨울 관련 명화를 감상하며 상상하기를 즐길 수 있다.
* 다양한 방식으로 겨울의 느낌을 표현할 수 있다.
* 겨울과 관련한 상상이야기를 그림으로 표현할 수 있다.

0-1세 2024 개정 표준보육과정과의 연계

• 예술경험 〉 아름다움 찾아보기 〉 자연과 생활에서 아름다움을 느낀다.
〉 예술에서 아름다움을 느낀다.
〉 창의적으로 표현하기 〉 다양한 미술재료를 경험한다.

2세 2024 개정 표준보육과정과의 연계

• 예술경험 〉 아름다움 찾아보기 〉 자연과 생활에서 아름다움을 느낀다.
〉 다양한 예술에서 아름다움을 느낀다.
〉 창의적으로 표현하기 〉 다양한 미술재료와 도구로 표현한다.
〉 상상놀이를 한다.

2019 개정 누리과정과의 연계

• 예술경험 〉 아름다움 찾아보기 〉 자연과 생활에서 아름다움을 느끼고 즐긴다.
〉 예술적 요소에 관심을 갖고 찾아본다.
〉 창의적으로 표현하기 〉 다양한 미술재료와 도구로 자신의 생각과 느낌을 표현한다.
〉 예술 감상하기 〉 다양한 예술을 감상하며 상상하기를 즐긴다.
〉 서로 다른 예술 표현을 존중한다.

활동자료

• 겨울을 주제로 한 명화

「눈 속의 사냥꾼」
피터 브뢰헬, 1565

「교회가 있는 풍경」
카스퍼 다비드 프리드리히, 1811

「까치」
클로드 모네, 1868~1869

「겨울 풍경」
바실리 칸딘스키, 1911

「마슬레니타의 화요일」
보리스 구스토디에프, 1916

「눈 온다. 와 눈이 온다」
모지스 할머니, 1951

「썰매 타기」
모지스 할머니, 1957

「눈」
장욱진, 1964

- 따뜻한 나라에 사는 '코코'가 보낸 편지, 색지, 아크릴 물감(흰색), 다양한 그리기 도구(롤러, 스펀지 붓), 파스텔(흰색)

활동방법

① 스토리텔링으로 겨울 그림에 관한 흥미를 자극한다.

- 예) 겨울이 없는 곳에 사는 친구에게서 온 편지

"안녕, 나는 일 년 내내 여름만 있는 나라에서 사는 코코야.

한국의 겨울 풍경이 궁금해서 너희들에게 편지를 보내...."

② 우리 주변의 겨울 풍경 사진을 보며 이야기 나눈다. ⇨ 9장(p.253)의 '탐색' 활동

③ 우리 주변의 겨울 모습에 관한 이야기를 나누면서 화가들은 겨울을 어떻게 표현했을지 알아본다.

- 교사가 준비한 몇 가지의 겨울 풍경 명화를 감상한다.

[유아반에서 진행할 경우]

서술하기	분석하기	해석하기	판단하기
• 무엇이 보이는지 이야기해 봅시다. • 자세히 보니 어떤 것들이 보이나요?	• 주로 어떤 색이 보이나요? • 푸른색과 하얀색이 어우러진 풍경은 어떤 느낌을 주나요? • 여기 바닥을 실제로 만져 본다면 어떤 느낌이 들 것 같나요?	• 화가는 왜 하늘과 바닥을 노란색으로 표현했을까요? • 화가는 무엇을 그리고 싶어 한 걸까요? • 그림들을 보니 어떤 느낌이 드나요?	• 이 그림에서 가장 재미있게 본 것은 무엇인가요? • 어느 부분이 가장 마음에 들었나요? • 여러분이 그림을 새롭게 그린다면 겨울의 어떤 모습을 그리고 싶나요?

[영아반에서 진행할 경우]

- 눈 오는 날에 아이들과 실외 활동 나가서 눈을 만져 보고, 눈사람도 만들고, 발자국도 내 보고, 눈에 그림을 그려 보는 경험을 한다. 눈 쌓인 실외놀이터 사진과 장욱진의 「눈」 그림을 비교한다.

유의점1.
눈 오는 날에 실외활동으로 눈을 직접 만져 보고 밟아 본 경험을 한 다음, 돌아와서 눈 풍경 명화를 감상하는 활동으로 연계한다.

눈 덮인 공원 의자에 손가락으로 그린 얼굴

눈 위에 그림 그리기

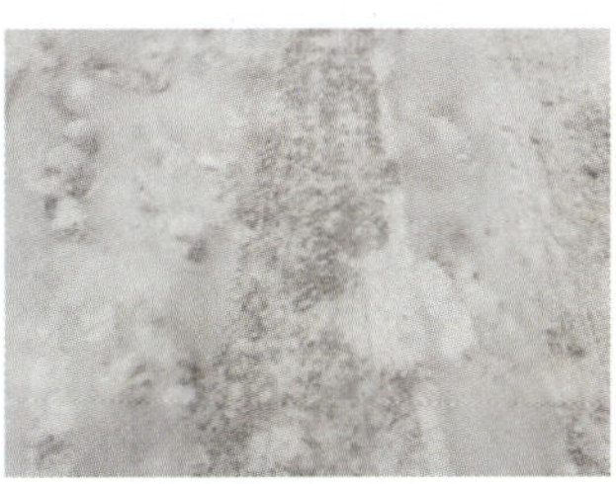

눈 덮인 마당 사진

눈 오는 날 찍은 풍경 사진

유의점2.
아크릴 물감이 마르면 지워지지 않으므로 옷이나 손에 묻으면 마르기 전에 닦도록 한다.

③ **흰색 아크릴 물감으로 눈 오는 날의 풍경을 표현한다.**

- 흰색 아크릴 물감으로 색지 위에(진한 배경의 색지) 다양한 방법으로 눈 풍경을 표현한다.

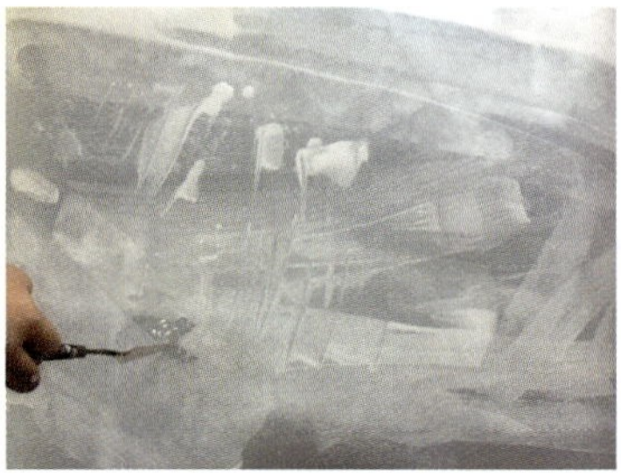

색지 위에 아크릴 물감을 나이프로 덜어서 두껍게 질감을 낼 수 있음

스텐실 기법(망사 위에 칫솔질)으로 고운 눈 표현을 낼 수 있음

붓을 흔들거나 튀기면서 눈 내리는 풍경을 표현할 수 있음

[영아반에서 진행할 경우]

어두운 색지 위에 흰색 파스텔을 이용해서 그림을 그리고, 스펀지로 문질러서 표현할 수 있다.

④ **활동을 마무리한다.**

- 완성된 작품을 어디에 전시할지 의견을 나눈 뒤 유아와 함께 작품을 전시한다.
- 작품 사진을 스캔해서 A4용지에 출력한다. 출력한 그림을 엽서나 편지지로 활용해서 '코코'에게 겨울 풍경 그림의 답장 편지를 쓰는 활동으로 연계한다.

연계활동

감상하기
– 겨울을 그린 명화 감상하기(본 활동)

→

탐색하기
– 눈 탐색하기(p.253)

↙

표현하기
– 겨울 풍경 그리기

↖

[인물] 자화상 감상 & 나의 얼굴 그리기 영아 / 유아

활동목표

[영아] * 거울과 사진을 보며 내 모습을 표현할 수 있다.
* 나의 모습을 다양한 도구로 표현할 수 있다.

[유아] * 다양한 자화상을 감상하며 화가의 본래 모습을 상상할 수 있다.
* 나의 모습을 그림으로 표현할 수 있다.
* 나와 다른 사람의 예술 표현을 존중할 수 있다.

0~1세 2024 개정 표준보육과정과의 연계

- 예술경험 〉 아름다움 찾아보기 〉 자연과 생활에서 아름다움을 느낀다.
  〉 예술에서 아름다움을 느낀다.
  〉 창의적으로 표현하기 〉 다양한 미술재료를 경험한다.

2세 2024 개정 표준보육과정과의 연계

- 예술경험 〉 아름다움 찾아보기 〉 자연과 생활에서 아름다움을 느낀다.
  〉 다양한 예술에서 아름다움을 느낀다.
  〉 창의적으로 표현하기 〉 다양한 미술재료와 도구로 표현한다.

2019 개정 누리과정과의 연계

- 예술경험 〉 아름다움 찾아보기 〉 자연과 생활에서 아름다움을 느끼고 즐긴다.
  〉 예술적 요소에 관심을 갖고 찾아본다.
  〉 창의적으로 표현하기 〉 다양한 미술재료와 도구로 자신의 생각과 느낌을 표현한다.
  〉 예술 감상하기 〉 다양한 예술을 감상하며 상상하기를 즐긴다.
  〉 서로 다른 예술 표현을 존중한다.

활동자료

- 자화상을 그린 화가들의 그림

「삼중 자화상」
노먼 록웰, 1960

「자화상」
윤두서, 17세기 후반

「자화상」
장욱진, 1951

유의점1.
화가의 사진과 자화상을 함께 준비해서 비교해 봐도 좋다.

「내 슬픈 전설의 22페이지」
천경자, 1977

「가시 목걸이를 한 자화상」
프리다 칼로, 1940

「자화상」
장 미쉘 바스키아, 1984

1629년 자화상

1640년 자화상

1659년 자화상

1669년 자화상

렘브란트의 자화상

15세 1896년

19세 1900년

20세 1901년

25세 1907년

35세 1917년

56세 1938년

83세 1965년

85세 1966년

90세 1972년

피카소의 사진과 자화상(출처: https://brunch.co.kr/@bong/136)

1887년

1887년

1887년

1888년

1889년

1889년

빈센트 반 고흐의 사진과 자화상

- 화가의 실제 사진과 자화상을 한 세트로 한 조작놀이용 그림카드
- OHP필름, 유성펜(네임펜), 아이들의 얼굴 사진(A4 용지 사이즈), 연필, 거울

활동방법

① 화가들의 다양한 자화상 그림을 감상한다.

[유아반에서 진행할 경우]

서술하기	분석하기	해석하기	판단하기
• 무엇을 그린 그림일까요?	• 주로 어떤 색이 보이나요? • 어떤 모양이 보이나요? • 눈, 코, 입은 어떤 모양인 것 같나요? • 배경에 어떤 무늬가 있는 것 같나요?	• 화가는 배경을 왜 붉게(파랗게) 채색했을까요? • 화가는 왜 자신의 얼굴을 이렇게 표현했을까요? • 어떤 느낌이 드나요?	• 화가의 사진과 자화상이 서로 닮아 보이나요? • 어느 부분이 가장 마음에 들었나요?

[영아반에서 진행할 경우]

- 거울 놀이를 통해 나의 얼굴과 표정을 충분히 탐색하는 사전활동을 먼저 진행한다.
- 화가의 사진과 자화상을 A4 용지에 컬러 인쇄해서 서로 연결하는 카드 게임을 진행하면서 그림과 사진에 관해 개별적으로 이야기는 나눈다.

유의점1.
OHP필름 모서리가 날카로우므로 베이지 않도록 주의한다.

② 인쇄한 나의 얼굴 위에 OHP필름을 올린 뒤 나의 얼굴을 따라 그린다.

- 영아반의 경우: 얼굴 사진 위에 끼적이며 따라 그리거나 꾸며 볼 수 있는 스티커 등의 재료를 준비한다.
- 유아반의 경우: 사진을 보면서 연필화로 그리거나 거울을 보며 직접 그려 볼 수 있다. 또한 얼굴 사진의 반만 인쇄한 종이에 반쪽 얼굴을 완성해 보는 활동을 할 수도 있다.

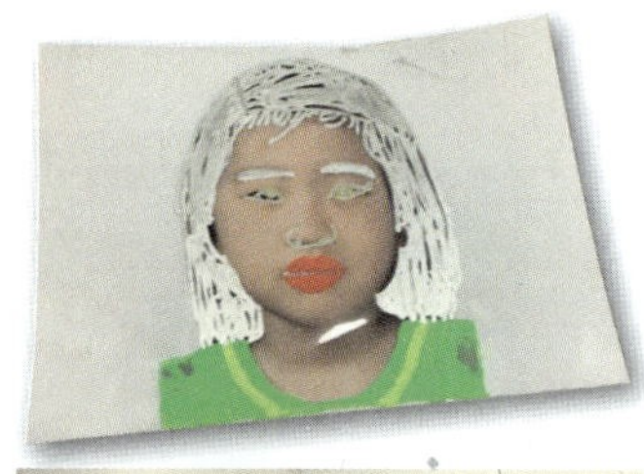

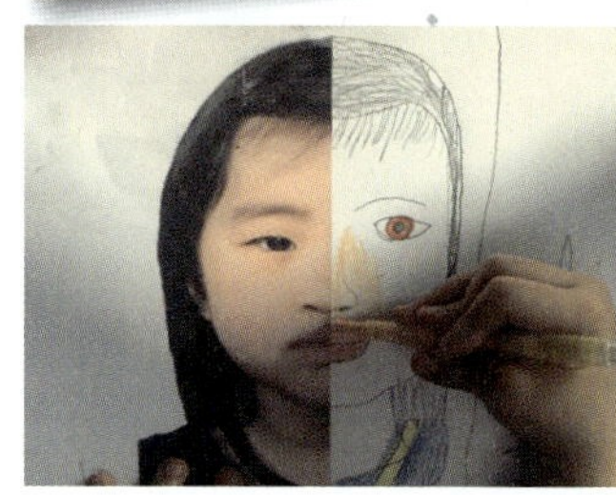

③ 활동을 마무리한다.

- 완성된 작품을 어디에 전시할지 의견을 나눈 뒤 유아와 함께 작품을 전시한다.
- 친구의 사진과 자화상 그림을 함께 전시할 수도 있고, 스캔해서 조작놀이 짝 맞추기 카드 교구를 만들어 놀이자료로 연결할 수 있다.

연계활동

감상하기
– 화가가 그린 자화상 감상하기(본 활동)

→

탐색하기
– 거울 보며 얼굴 탐색하기

표현하기
– 자화상 그리기(연필화)
– 사진 위에 따라 그리기
– 반쪽 얼굴 완성하기

[인물] 풍속화 감상 & 생활 속 이야기 그림 그리기 영아 / 유아

(이야기 지어 그림 그리기/ 그림 속 이야기 짓기)

활동목표

[영아] * 생활에서 아름다움을 느끼고 즐길 수 있다.
* 일상생활 경험을 표현할 수 있다.
* 일상생활의 경험을 상상놀이로 즐길 수 있다.

[유아] * 일상생활 속에서 아름다움을 느끼고 즐길 수 있다.
* 다양한 명화를 감상하며 상상하기를 즐길 수 있다.
* 나의 일상과 관련한 상상이야기를 그림으로 표현할 수 있다.
* 서로 다른 예술 표현을 존중할 수 있다.
* 우리나라의 전통예술에 관심을 갖고 친숙해질 수 있다.

0–1세 2024 개정 표준보육과정과의 연계

• 예술경험 〉 아름다움 찾아보기 〉 자연과 생활에서 아름다움을 느낀다.
〉 예술에서 아름다움을 느낀다.
〉 창의적으로 표현하기 〉 다양한 미술재료를 경험한다.

2세 2024 개정 표준보육과정과의 연계

• 예술경험 〉 아름다움 찾아보기 〉 자연과 생활에서 아름다움을 느낀다.
〉 다양한 예술에서 아름다움을 느낀다.
〉 창의적으로 표현하기 〉 다양한 미술재료와 도구로 표현한다.
〉 상상놀이를 한다.

2019 개정 누리과정과의 연계

• 예술경험 〉 아름다움 찾아보기 〉 자연과 생활에서 아름다움을 느끼고 즐긴다.
〉 예술적 요소에 관심을 갖고 찾아본다.
〉 창의적으로 표현하기 〉 다양한 미술재료와 도구로 자신의 생각과 느낌을 표현한다.
〉 예술 감상하기 〉 다양한 예술을 감상하며 상상하기를 즐긴다.
〉 서로 다른 예술 표현을 존중한다.
〉 우리나라 전통예술에 관심을 갖고 친숙해진다.

활동자료

- 일상생활 모습을 주제로 한 명화

「춤추는 아이」
김홍도, 18세기

「타작」
김홍도, 18세기

「야묘도추」
김득신, 18세기 후반(추정)

「농부들의 춤」
피터 브뢰헬, 1568

「농부의 결혼식」
피터 브뢰헬, 1568

- 유아교육기관에서의 일상 모습을 찍은 사진
- A4용지에 인쇄한 명화(이야기를 넣을 수 있는 공간이 있어야 함), 필기도구

활동방법

① 일상생활에 관해 이야기 나눈다.

예) 아이들의 일상생활 모습을 담은 사진을 보며 이야기를 나눈다.

간식 먹는 사진, 낮잠 자는 사진, 점심 먹는 사진, 놀이하는 사진 등

② **일상생활의 모습을 담은 명화를 감상한다.**

[유아반에서 진행할 경우]

서술하기	분석하기	해석하기	판단하기
• 무엇이 보이는지 이야기해 봅시다. • 자세히 보니 어떤 것들이 보이나요?	• 주로 어떤 색이 보이나요? • 어떤 모양이 보이나요? • 어떤 움직임이 보이나요?	• 무엇을 하고 있는 것 같나요? • 무슨 이야기를 하고 싶은 걸까요? • 어떤 느낌이 드나요?	• 이 그림에서 가장 재미있게 본 것은 무엇인가요? • 어느 부분이 가장 마음에 들었나요? • 이 그림에서 더 추가로 그리고 싶은 것이 있나요? 고치고 싶은 것이 있나요?

[영아반에서 진행할 경우]

사진 속 상황, 그림 속 상황에 관해 짧게 이야기를 나누고, 영아들이 상상한 이야기를 그림 옆에 글로 써 준다.

③ **그림 속에 어떤 이야기가 있을지 상상해서 만들어 본다.**

- 화이트보드 판에 유아가 말한 이야기를 적어 준다.

④ **우리 유치원(어린이집)의 일상을 그림으로 그린다면 어떤 모습을 그리고 싶은지 이야기 나눈다.**

- 디지털카메라로 그림을 그리고 싶은 일상을 사진으로 찍은 다음 연필로 그림을 그린다.

- 교실의 한쪽 벽면에 일상을 담은 사진을 전시하고 옆에 자유롭게 낙서화처럼 일상 그림을 그려 볼 수 있게 한다.

⑤ **활동을 마무리한다.**

- 완성된 작품을 'ㅇㅇ유치원(어린이집)의 풍속화' 책으로 묶어 언어영역에 전시한다.

연계활동

감상하기
- 일상을 담은 명화 감상하기(본 활동)

→

탐색하기
- 우리 기관의 일상 탐색하기
- 디지털카메라에 우리의 일상 담기

↙

표현하기
- 영유아의 일상을 그림으로 표현하기

↖

[인물] 명화 속 사람들과 함께 춤추기 영아 / 유아

활동목표

[영아]
* 생활에서 아름다움을 느끼고 즐길 수 있다.
* 움직임과 춤으로 자유롭게 표현할 수 있다.
* 그림 속 주인공이 되어 보는 상상놀이로 즐길 수 있다.

[유아]
* 명화를 감상하면서 예술적 요소에 관심을 갖고 찾아볼 수 있다.
* 다양한 명화를 감상하며 그림 속 주인공과 관련한 상상하기를 즐길 수 있다.
* 그림을 보며 움직임과 춤으로 표현할 수 있다.
* 서로 다른 예술 표현을 존중할 수 있다.

0–1세 2024 개정 표준보육과정과의 연계

• 예술경험 〉 아름다움 찾아보기 〉 자연과 생활에서 아름다움을 느낀다.
〉 예술에서 아름다움을 느낀다.
〉 창의적으로 표현하기 〉 소리와 리듬, 노래로 표현한다.
〉 움직임으로 표현한다.
〉 다양한 미술재료를 경험한다.

2세 2024 개정 표준보육과정과의 연계

• 예술경험 〉 아름다움 찾아보기 〉 자연과 생활에서 아름다움을 느낀다.
〉 다양한 예술에서 아름다움을 느낀다.
〉 창의적으로 표현하기 〉 익숙한 노래와 리듬을 표현한다.
〉 움직임과 춤으로 자유롭게 표현한다.
〉 다양한 미술재료와 도구로 표현한다.
〉 상상놀이를 한다.

Tip1.
놀이운영사례집 『만들어 가는 놀이중심 유아교육』에서 '음악을 그리자!' 놀이 사례(p.116)와 연계할 수 있다.

2019 개정 누리과정과의 연계

• 예술경험 〉 아름다움 찾아보기 〉 자연과 생활에서 아름다움을 느끼고 즐긴다.
〉 예술적 요소에 관심을 갖고 찾아본다.
〉 창의적으로 표현하기 〉 신체, 사물, 악기로 간단한 소리와 리듬을 만들어 본다.
〉 신체나 도구를 활용하여 움직임과 춤으로 자유롭게 표현한다.
〉 다양한 미술재료와 도구로 자신의 생각과 느낌을 표현한다.
〉 극놀이로 경험이나 이야기를 표현한다.
〉 예술 감상하기 〉 다양한 예술을 감상하며 상상하기를 즐긴다.
〉 서로 다른 예술 표현을 존중한다.
〉 우리나라 전통예술에 관심을 갖고 친숙해진다.

활동자료

• 움직임을 주제로 한 명화

「농악」, 박수근, 1960

「군상」, 이응노, 1988

「춤」, 앙리 마티스, 1909~1910

「무제」, 키스 해링, 20세기 후반

• 다양한 장르의 음악(전통음악, 재즈, 밝고 경쾌한 음악, 느린 음악 등), 컴퓨터(파워포인트 프로그램), 빔프로젝터

참고하세요

마티스의 '춤' 관련 영상(Artify Music Canvas의 YouTube)

활동방법

① **움직임을 담은 명화를 감상하며 이야기 나눈다.**

[유아반에서 진행할 경우]

서술하기	분석하기	해석하기	판단하기
• 무엇이 보이는지 이야기해 봅시다. • 자세히 보니 어떤 것들이 보이나요?	• 주로 어떤 색이 보이나요? • 선의 모양이 어때 보이나요? • 어떤 모양이 보이나요? • 어떤 움직임이 보이나요?	• 화가는 왜 몸을 선으로 표현했을까요? • 팔다리를 왜 이렇게 길게 표현했을까요? • 어떤 느낌이 드나요? • 몸으로 무슨 이야기를 하고 있는 것 같나요?	• 이 그림에서 가장 재미있는 것은 무엇인가요? • 어느 부분이 가장 마음에 들었나요? • 더 추가할 수 있다면 어떤 동작을 더 넣고 싶나요?

참고하세요

클림트의 '음악' 관련 영상(Artify Music Canvas의 YouTube)

② **그림 속의 동작을 따라 해 본다.**

- "우리도 자리에서 일어나 몸으로 표현해 볼까요?"

③ **그림과 어울릴 것 같은 다양한 배경음악을 감상한다.**

- 컴퓨터에 있는 다양한 장르의 음악(전통음악, 재즈, 밝고 경쾌한 음악, 느린 음악 등)을 들으면서 그림과 어울릴 것 같은 배경음악을 찾아본다.

  "이응노 화백이 그린 「군상」에는 어떤 음악이 어울릴 것 같나요?"

  "마티스가 그린 「춤」에는 어떤 음악이 어울릴 것 같나요?"

- 영유아가 선택한 음악을 파워포인트에서 '소리파일'로 넣는다.

④ **아이들이 직접 선택한 소리파일과 그림을 연결해 놓은 파워포인트 프로그램을 실행한 다음, 그림 속 주인공이 되어 그림 앞에서 함께 움직임을 표현해 본다.**

- 새롭게 추가하고 싶은 동작이 있다면 더 만들어 본다.

⑤ **활동을 마무리한다.**

- 음악을 추가로 만들어 볼 수 있다.
- 추가 연계활동으로, 자유 그림(낙서 게시판)을 그리는 공간에 음악을 연결해서 음악의 느낌을 그림으로 표현해 볼 수 있다.

연계활동

감상하기
- 움직임을 담은 명화 감상하기(본 활동)

→

탐색하기
- 다양한 분위기의 음악(현대음악, 농악 등) 찾기
- 자연물을 이용한 악기 만들기(오션드림, 마라카스)

↙

표현하기
- 그림 속 움직임을 몸으로 표현하기
- 음악을 들으면서 색과 선으로 표현하기

↖

[동물] 명화 속 다양한 동물 감상 & 동물 친구 만들기 영아 / 유아

활동목표

[영아] * 다양한 동물 그림에서 아름다움을 느낄 수 있다.
* 다양한 재료와 도구로 동물을 표현할 수 있다.
* 그림 속 동물들과 함께 상상놀이로 즐길 수 있다.

[유아] * 명화를 감상하면서 예술적 요소에 관심을 갖고 찾아볼 수 있다.
* 다양한 명화를 감상하며 그림 속 동물과 관련한 상상하기를 즐길 수 있다.
* 다양한 재료와 도구로 동물을 표현할 수 있다.
* 서로 다른 예술 표현을 존중할 수 있다.

0–1세 2024 개정 표준보육과정과의 연계

• 예술경험 〉 아름다움 찾아보기 〉 자연과 생활에서 아름다움을 느낀다.
〉 예술에서 아름다움을 느낀다.
〉 창의적으로 표현하기 〉 다양한 미술재료를 경험한다.

2세 2024 개정 표준보육과정과의 연계

• 예술경험 〉 아름다움 찾아보기 〉 자연과 생활에서 아름다움을 느낀다.
〉 다양한 예술에서 아름다움을 느낀다.
〉 창의적으로 표현하기 〉 다양한 미술재료와 도구로 표현한다.
〉 상상놀이를 한다.

2019 개정 누리과정과의 연계

• 예술경험 〉 아름다움 찾아보기 〉 자연과 생활에서 아름다움을 느끼고 즐긴다.
〉 예술적 요소에 관심을 갖고 찾아본다.
〉 창의적으로 표현하기 〉 다양한 미술재료와 도구로 자신의 생각과 느낌을 표현한다.
〉 극놀이로 경험이나 이야기를 표현한다.
〉 예술 감상하기 〉 다양한 예술을 감상하며 상상하기를 즐긴다.
〉 서로 다른 예술 표현을 존중한다.
〉 우리나라 전통예술에 관심을 갖고 친숙해진다.

Tip1.
놀이운영사례집 『유아의 삶, 놀이로 물들다』에서 '그림자인형극(p.214)'와 연계할 수 있다.

활동자료

- 동물을 주제로 한 명화

「까치와 호랑이」
작자 미상, 조선시대

「모견도」
이암, 16세기

「국정추묘도」
변상벽, 18세기

「삽살개」
김두량, 1743

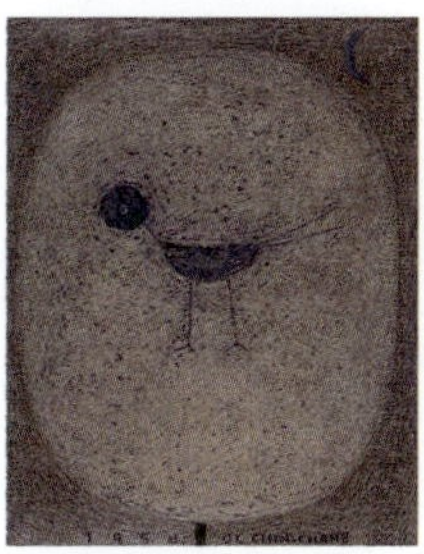

「까치」
장욱진, 1958

「나는 새 두 마리」
김환기, 1962

「사슴」
김환기, 1958

「달과 까마귀」
이중섭, 1954

「수탉」
마르크 샤갈, 1947

「시골 개 신사들」
로이 드 포레스트, 1972

「풍선 개」
제프 쿤스, 1994~2000

「고양이 모빌」
알렉산더 칼더, 1966

유의점1.
'동물'을 주제로 한 명화는 매우 다양하므로 영유아들의 놀이주제, 관심사와 연관된 동물 관련 명화를 선택해서 감상활동으로 연결한다.

「멸종위기의 동물들」
앤디 워홀, 1983

- 동물을 모양대로 잘라 막대 인형으로 제작한 놀이자료
- 그리기 도구(색연필, 크레파스, 사인펜 등), 종이(보드지 같은 두꺼운 종이), 아이스크림 막대, 재활용품(상자, 요구르트병 등), 네임펜, 기타 꾸미기 재료, 목공풀

활동방법

① 명화작품에 등장하는 동물을 오려 막대 인형으로 만들어 인형극장에 내준다.

② 스토리텔링으로 동물 그림에 관한 흥미를 자극한다.

- 막대 인형 동물이 나와 그림 이야기를 들려준다.
- 예) 민화 '까치와 호랑이'

"나는 민화 속 주인공 호랑이란다. 민화가 어떤 그림인지 아니? 민화는 옛날 조선시대에 일반 사람들이 좋아했던 그림이란다. 사람들은 이 그림을 걸어 두면 좋은 일만 생기고 나쁜 일은 이 그림이 멀리멀리 쫓아 보내줄 거라고 믿었어. 너희들은 어떤 동물을 좋아하니? 어떤 동물이 너희들을 보호해 줄 수 있을 것 같니? 너희들이 그려준 동물과 함께 내가 너희들을 보호해 줄게. 나와 같이 OO반 어린이들을 보호해 줄 좋은 동물 친구들을 만들어 줄 수 있니?"

[유아반에서 진행할 경우]

서술하기	분석하기	해석하기	판단하기
• 무엇이 보이는지 이야기해 봅시다. • 자세히 보니 어떤 것들이 보이나요?	• 어떤 색이 보이나요? • 선의 모양이 어때 보이나요? • 어떤 모양이 보이나요? • 어떤 움직임이 보이나요? • 실제로 만져 본다면 어떤 느낌이 날 것 같나요?	• 화가는 왜 이렇게 호랑이를 크게 그렸을까요? • 화가는 호랑이 눈을 왜 주황색으로 그렸을까요? • 화가는 왜 개를 풍선 인형처럼 만들었을까요? • 화가는 닭을 왜 이렇게 크게 그렸을까요? • 그림을 보니 어떤 느낌이 드나요? • 그림 속 동물들이 어떤 이야기를 하고 있는 것 같나요?	• 이 그림에서 가장 재미있게 본 것은 무엇인가요? • 어느 부분이 가장 마음에 들었나요? • 어느 동물이 가장 마음에 들었나요?

[영아반에서 진행할 경우]

- 개별적으로 몇 가지 동물 인형들과 짧게 이야기 나눈 다음, 나만의 동물 인형 혹은 동물 친구들을 만들어 보는 표현활동을 바로 진행한다.

③ 그림 속 동물 친구를 만든다.

- 다양한 재활용품으로 동물 인형을 만든다.
- 도화지나 두꺼운 종이에 평면으로 그려 오린 다음 막대 인형으로 제작할 수 있다.

④ **활동을 마무리한다.**

- 아이들이 만든 동물 인형들은 인형극장에서 놀이자료로 연계해서 활용한다.

연계활동

감상하기
– 동물을 표현한 명화 감상하기(본 활동)

→

탐색하기
– 다양한 동물 사진, 동물 동영상 관찰하기

↙

표현하기
– 다양한 재료로 동물을 입체로 표현하기

↖

감상하기 & 표현하기

- 앤디 워홀의 「멸종위기의 동물들」(1983)을 감상한 뒤 지구와 환경문제에 관해 고민해 보고 '지속가능한 지구'를 위한 홍보 포스터 만들기 활동으로 확장해 볼 수 있다.

[식물] 명화 속 다양한 꽃 감상 & 세밀화 그리기 영아 / 유아

활동목표

[영아] * 생활에서 아름다움을 느끼고 즐길 수 있다.
* 일상생활 경험을 표현할 수 있다.
* 일상생활의 경험을 상상놀이로 즐길 수 있다.

[유아] * 일상생활 속에서 아름다움을 느끼고 즐길 수 있다.
* 다양한 명화를 감상하며 상상하기를 즐길 수 있다.
* 나의 일상과 관련한 상상이야기를 그림으로 표현할 수 있다.
* 서로 다른 예술 표현을 존중할 수 있다.
* 우리나라의 전통예술에 관심을 갖고 친숙해질 수 있다.

0–1세 2024 개정 표준보육과정과의 연계

• 예술경험 〉 아름다움 찾아보기 〉 자연과 생활에서 아름다움을 느낀다.
〉 예술에서 아름다움을 느낀다.
〉 창의적으로 표현하기 〉 다양한 미술재료를 경험한다.

2세 2024 개정 표준보육과정과의 연계

• 예술경험 〉 아름다움 찾아보기 〉 자연과 생활에서 아름다움을 느낀다.
〉 다양한 예술에서 아름다움을 느낀다.
〉 창의적으로 표현하기 〉 다양한 미술재료와 도구로 표현한다.
〉 상상놀이를 한다.

2019 개정 누리과정과의 연계

• 예술경험 〉 아름다움 찾아보기 〉 자연과 생활에서 아름다움을 느끼고 즐긴다.
〉 예술적 요소에 관심을 갖고 찾아본다.
〉 창의적으로 표현하기 〉 다양한 미술재료와 도구로 자신의 생각과 느낌을 표현한다.
〉 예술 감상하기 〉 다양한 예술을 감상하며 상상하기를 즐긴다.
〉 서로 다른 예술 표현을 존중한다.
〉 우리나라 전통예술에 관심을 갖고 친숙해진다.

활동자료

- 꽃(식물)을 주제로 한 명화

「맨드라미와 쇠똥벌레」
신사임당, 조선시대

「큰 잔디밭」
알브레히트 뒤러, 1503

「해바라기」
빈센트 반 고흐, 1888

「해바라기」
에곤 실레, 1909

「해바라기가 있는 정원」
구스타프 클림트, 1907

「꽃」
앤디 워홀, 1964

- 영아: 꽃 도장, 한지 색종이, 꽃 모양 스티커 등
- 유아: 컬러 붓펜, 한지

활동방법

① 우리 주변의 꽃, 나무 자연에 관한 이야기를 나눈다.

- 탐색활동으로 우리 주변의 다양한 꽃 사진을 보며 이야기 나눈다.

유의점1.

'식물'을 주제로 한 명화는 매우 다양하므로 영유아들의 놀이주제, 관심사와 연관된 식물 관련 명화를 선택해서 감상활동으로 연결한다.

참고하세요

세밀화 그림책을 함께 감상해도 좋다.

『자연의 모양』
야나 세들라치코바, 슈테판카 세카니노바 글·막달레나 코네치나 그림. 김아림 역. 그린북. 2022

『튤립』
아라이 마키 글·그림, 사과나무 역. 크레용하우스. 2018

② **화가들이 표현한 꽃을 감상한다.**

[유아반에서 진행할 경우]

서술하기	분석하기	해석하기	판단하기
• 무엇이 보이는지 이야기해 봅시다. • 자세히 보니 어떤 것들이 보이나요?	• 주로 어떤 색이 보이나요? • 선의 모양이 어때 보이나요? • 어떤 모양이 보이나요? • 그림에서 제일 눈에 먼저 들어온 것은 무엇이었나요?	• 화가는 왜 이렇게 꽃을 크게 그렸을까요? • 이 그림을 보면 어떤 느낌이 드나요? • 자세히 보니 어떤 느낌이 드나요?	• 이 그림에서 가장 재미있게 본 것은 무엇인가요? • 어느 부분이 가장 마음에 들었나요? • 어느 꽃이 가장 마음에 들었나요? • 여러분이 다시 그린다면 어떤 꽃을 그리고 싶나요?

[영아반에서 진행할 경우]

- 개별적으로 몇 가지 꽃 그림을 비교하면서 짧게 이야기 나눈 다음, 다양한 재료들로 꽃 표현활동을 한다.
- 꽃 그림을 출력한 종이 위에 추가로 꽃 스티커나 꽃 도장을 찍어 꾸며 볼 수 있다.

③ **우리 주변의 꽃 중에서 그리고 싶은 꽃을 골라 디지털카메라로 찍는다.**

- 그리고 싶은 꽃을 자세히 보면서 그릴 수도 있다.

④ **활동을 마무리한다.**

- 친구들이 표현한 꽃들을 보며 이야기 나눈다.
- 완성된 작품을 어디에 전시할지 의견을 나눈 뒤 유아와 함께 작품을 전시한다.

연계활동

감상하기
– 꽃을 표현한 명화 감상하기(본 활동)

→

탐색하기
– 다양한 꽃 사진, 주변의 꽃 관찰하기(p.226)

표현하기
– 꽃 세밀화 그리기(p.290)

[건축] 명화 속 다양한 집 감상 & 내가 살고 싶은 집 설계하기 영아 / 유아

활동목표

[영아] * 일상의 아름다움을 느끼고 즐길 수 있다.
* 다양한 건물에서 아름다움을 느낄 수 있다.
* 다양한 재료와 도구로 집을 표현할 수 있다.

[유아] * 명화를 감상하면서 미술의 요소와 원리에 관심을 두고 찾아볼 수 있다.
* 일상에서 아름다움을 느끼고 즐길 수 있다.
* 다양한 재료와 도구로 집을 표현할 수 있다.
* 서로 다른 예술 표현을 존중할 수 있다.
* 우리나라 전통예술에 관심을 갖고 친숙해질 수 있다.

0–1세 2024 개정 표준보육과정과의 연계

- 예술경험 〉 아름다움 찾아보기 〉 자연과 생활에서 아름다움을 느낀다.
  〉 예술에서 아름다움을 느낀다.
  〉 창의적으로 표현하기 〉 다양한 미술재료를 경험한다.

2세 2024 개정 표준보육과정과의 연계

- 예술경험 〉 아름다움 찾아보기 〉 자연과 생활에서 아름다움을 느낀다.
  〉 다양한 예술에서 아름다움을 느낀다.
  〉 창의적으로 표현하기 〉 다양한 미술재료와 도구로 표현한다.
  〉 상상놀이를 한다.

Tip1.
놀이운영사례집 『2019 개정 누리과정: 놀이실행자료』에서 '공간의 변화를 통해 놀이를 지원한 사례: 이어지고 이어지는 길(p.99)과 연계할 수 있다.

2019 개정 누리과정과의 연계

- 예술경험 〉 아름다움 찾아보기 〉 자연과 생활에서 아름다움을 느끼고 즐긴다.
  〉 예술적 요소에 관심을 갖고 찾아본다.
  〉 창의적으로 표현하기 〉 다양한 미술재료와 도구로 자신의 생각과 느낌을 표현한다.
  〉 예술 감상하기 〉 다양한 예술을 감상하며 상상하기를 즐긴다.
  〉 서로 다른 예술 표현을 존중한다.
  〉 우리나라 전통예술에 관심을 갖고 친숙해진다.

활동자료

- 집을 주제로 한 명화

「오베르 교회」
빈센트 반 고흐, 1890

「파란 집」
마르크 샤갈, 1917

「자동차가 있는 풍경」
장욱진, 1953

「아터 호숫가의 시골집」
구스타프 클림트, 1914

「파란 집」
구스토디에프, 1920

「창문들」
에곤 실레, 1914

- 영아: 모양 조각 종이들(동그라미, 세모, 네모), 플레이콘
- 유아: 도화지, 사인펜, 만들기 재료(재활용품, 목공풀 등)

유의점1.
다양한 모양의 집 사진과 그림들을 쌓기놀이 영역에 전시해서 놀이와 연계할 수 있다.

활동방법

① 우리 주변의 집에 관한 이야기를 나눈다.

- '우리 동네 산책' 활동으로 우리 주변의 다양한 사진을 보며 이야기 나눈다.

② **화가들이 표현한 집을 감상한다.**

[유아반에서 진행할 경우]

서술하기	분석하기	해석하기	판단하기
• 무엇이 보이는지 이야기해 봅시다. • 자세히 보니 어떤 것들이 보이나요?	• 어떤 색이 보이나요? • 선의 모양이 어때 보이나요? • 어떤 모양이 보이나요? • 창문의 모양은 어떤가요? • 지붕의 모양은 어떤가요? • 지붕에 어떤 무늬가 보이나요?	• 화가는 하늘을 왜 파랗게 칠했을까요? • 화가는 왜 집 모양을 구불구불한 곡선을 이용해서 그렸을까요?	• 이 그림에서 가장 재미있게 본 것은 무엇인가요? • 어느 부분이 가장 마음에 들었나요? • 어느 집이 가장 마음에 들었나요?

[영아반에서 진행할 경우]

- 개별적으로 몇 가지 집 그림을 비교하면서 짧게 이야기를 나눈 다음 '내가 살고 싶은 집' 주제의 표현활동을 한다.

참고하세요

『이상한 집』(이지현 글·그림. 이야기꽃. 2018)과 연계해서 다양한 상상의 집을 생각해 볼 수 있도록 한다.

③ **내가 살고 싶은 집을 상상한다.**

- 상상 이야기를 나눈 다음 그림으로 표현해 본다.
- 입체로 만들고 싶어 하는 유아가 있다면 재활용품이나 쌓기놀이 영역의 블록들을 활용해서 표현해 볼 수 있다.
- 영아반에서 진행할 경우: 모양 조각 종이들을 이용한 집 꾸미기
  다양한 크기의 모양 조각 종이를 붙여 집을 만들고 플레이콘으로 꾸민다.

④ **활동을 마무리한다.**

- 영유아들이 표현한 상상의 집을 파워포인트 동화로 만들어 함께 감상한다.
- 영유아들이 만든 집 그림을 묶어 그림책으로 언어영역에 전시할 수 있다.

연계활동

감상하기
– 집을 표현한 명화 감상하기(본 활동)

→

탐색하기
– 다양한 집 관찰하기
– 우리 동네 다양한 집 모양 찾아보기

↓

표현하기
– '내가 살고 싶은 집' 상상화 그리기
– 모양으로 만든 집(모양 조각 종이) 표현하기

[건축] 우리나라의 건축물 감상 영아 / 유아

활동목표

[영아] * 일상의 아름다움을 느끼고 즐길 수 있다.
* 우리나라 전통 건물에서 아름다움을 느낄 수 있다.

[유아] * 우리나라의 전통 건축물을 감상하면서 미술의 요소와 원리에 관심을 두고 찾아볼 수 있다.
* 우리나라 전통 건축물에서 아름다움을 느끼고 즐길 수 있다.
* 서로 다른 예술 표현을 존중할 수 있다.
* 우리나라 전통예술에 관심을 갖고 친숙해질 수 있다.

0–1세 2024 개정 표준보육과정과의 연계

- 예술경험 〉 아름다움 찾아보기 〉 자연과 생활에서 아름다움을 느낀다.
  〉 예술에서 아름다움을 느낀다.
  〉 창의적으로 표현하기 〉 다양한 미술재료를 경험한다.

2세 2024 개정 표준보육과정과의 연계

- 예술경험 〉 아름다움 찾아보기 〉 자연과 생활에서 아름다움을 느낀다.
  〉 다양한 예술에서 아름다움을 느낀다.
  〉 창의적으로 표현하기 〉 다양한 미술재료와 도구로 표현한다.

2019 개정 누리과정과의 연계

- 예술경험 〉 아름다움 찾아보기 〉 자연과 생활에서 아름다움을 느끼고 즐긴다.
  〉 예술적 요소에 관심을 갖고 찾아본다.
  〉 창의적으로 표현하기 〉 다양한 미술재료와 도구로 자신의 생각과 느낌을 표현한다.
  〉 예술 감상하기 〉 다양한 예술을 감상하며 상상하기를 즐긴다.
  〉 서로 다른 예술 표현을 존중한다.
  〉 우리나라 전통예술에 관심을 갖고 친숙해진다.

활동자료

- 한옥의 아름다움을 보여 주는 사진
- 우리나라의 단청 문양 사진

• 마루에 누워 올려다본 한옥의 천장(사진작가: 차장섭)

안동 빈연정사, 2018

용인 장욱진 생가 초옥, 2017

영남대 민속촌 초가집, 2018

서울 북촌 백상정사, 2018

증평 연병호 생가, 2017

출처: 월간한옥 23호(https://hanokmag.com)

• 영아: 수수깡, 플레이콘
• 단청 문양 도장(도장이 없다면: 단청 문양 무늬지), 단청 문양 스티커, 한지

활동방법

① 한옥에 관한 이야기를 나눈다.

- 한옥이 나오는 그림책이나 한옥 관련 사진을 보며 이야기 나눈다.

유의점1.
다양한 모양의 한옥 사진과 그림들을 교실에 전시해서 놀이와 연계할 수 있다.

② 한옥의 아름다움을 찾아본다.

[유아반에서 진행할 경우]

- 미술의 요소와 원리의 관점에서 한옥을 알아본다.

"지붕의 모양이 어떤가요?"

"창문의 무늬 모양은 어때 보이나요?"

"지붕을 선으로 그린다면 어떤 선이 될 것 같나요? 손가락으로 그려 볼까요?"

"지붕 아래에 어떤 색이 보이나요?"

- 단청에 관해 소개한다.

"왜 지붕 아래에 무늬를 그리고 색을 칠해 넣었을까요?"

단청

- 목조건물에 여러 가지 색으로 무늬를 그려 아름답고 장엄하게 장식하는 것
- 단청을 칠하는 주목적은 색을 칠하는 건물이 돋보이게 하기 위함이었음
  화려한 색으로 건물의 권위를 높임
  궁궐, 사찰, 서원 건축 등 공적이고 권위를 살려야 하는 건축에 많이 사용되었음
- 실용적인 측면에선 나무에 벌레가 먹지 않게 하고 썩지 않게 하려고 사용하였음
  한국에서 건축재로 흔히 쓰이는 소나무의 균열을 감추고 건축의 결함을 가리기 위한 이유도 있음
- 대체로 30~40년 정도마다 다시 색칠했다고 함
- 단청은 오행설에 근거하여 오방색인 청색, 적색, 황색, 백색, 흑색을 기본으로 일정한 규칙에 따라 문양을 그려 넣음

출처: https://namu.wiki/w/단청

[영아반에서 진행할 경우]

- 다양한 단청 문양이 그려진 사진을 보며 이야기를 나눈 다음, 사진 위에 '단청 문양 도장'을 찍거나 단청 문양 스티커를 붙여 본다.

한옥 그림이 인쇄된 종이 위에 플레이콘으로 기와지붕을 꾸민다.

③ 단청 도장을 찍어 무늬를 만들어 본다.

- 한지 위에 다양한 패턴의 단청 무늬를 만든다.

④ 활동을 마무리한다.

- 영유아들이 표현한 다양한 단청 무늬를 감상한다.
- 영유아들이 만든 단청 무늬는 미술영역의 꾸미기 재료로 활용한다.

참고하세요

『우리가 사는 한옥』
이상현 글·김은희 그림,
시공주니어, 2017

연계활동

감상하기
- 한옥사진 감상하기(본 활동)

탐색하기
- 한옥, 단청 관찰하기

표현하기
- 플레이콘으로 기와지붕 꾸미기
- 단청 도장으로 단청무늬 만들기
- 단청무늬를 만들기 자료로 활용하기

감상하기 & 표현하기

- 아라베스크 문양과 비교해 볼 수 있으며, 출력해서 미술재료의 무늬지로 활용할 수 있다.

[건축] 세계 여러 나라의 건축물 감상 & 도시 설계하기 영아 / 유아

활동목표

[영아] * 건축물의 아름다움을 느끼고 즐길 수 있다.
* 다양한 재료로 건축물을 표현해 볼 수 있다.

[유아] * 건축물을 감상하면서 미술의 요소와 원리에 관심을 두고 찾아볼 수 있다.
* 다양한 미술재료로 건축물을 창의적으로 표현할 수 있다.
* 서로 다른 예술 표현을 존중할 수 있다.

0–1세 2024 개정 표준보육과정과의 연계

- 예술경험 〉 아름다움 찾아보기 〉 자연과 생활에서 아름다움을 느낀다.
  〉 예술에서 아름다움을 느낀다.
  〉 창의적으로 표현하기 〉 다양한 미술재료를 경험한다.

2세 2024 개정 표준보육과정과의 연계

- 예술경험 〉 아름다움 찾아보기 〉 자연과 생활에서 아름다움을 느낀다.
  〉 다양한 예술에서 아름다움을 느낀다.
  〉 창의적으로 표현하기 〉 다양한 미술재료와 도구로 표현한다.
  〉 상상놀이를 한다.

2019 개정 누리과정과의 연계

- 예술경험 〉 아름다움 찾아보기 〉 자연과 생활에서 아름다움을 느끼고 즐긴다.
  〉 예술적 요소에 관심을 갖고 찾아본다.
  〉 창의적으로 표현하기 〉 다양한 미술재료와 도구로 자신의 생각과 느낌을 표현한다.
  〉 극놀이로 경험이나 이야기를 표현한다.
  〉 예술 감상하기 〉 다양한 예술을 감상하며 상상하기를 즐긴다.
  〉 서로 다른 예술 표현을 존중한다.
  〉 우리나라의 전통예술에 관심을 갖고 친숙해진다.

Tip1.
놀이운영사례집 『놀이를 지원하는 교사의 역할: 유아의 발현적 놀이에 리듬을 맞추는 교사』에서 '새 둥지/건축물' 놀이 사례(p.273)와 연계할 수 있다.

활동자료

- 다양한 종이
- 블록(종이 벽돌 블록, 유닛 블록, 우레탄 블록 등)
- 다양한 크기의 재활용품(상자, 플라스틱병 등)

활동자료

• 세계의 특이한 건축물 사진

앵무조개 하우스(멕시코, 2006)

거꾸로 된 집(폴란드, 2007)

댄포스 유니버스 Cumulus 빌딩(덴마크, 2006)

피사의 사탑(이탈리아, 1372)

캐피털 게이트 타워(아랍에미리트, 2011)

스카이트리(일본, 2012)

롯데타워(대한민국, 2016)

선라이즈 켐핀스키 호텔(중국, 2014)

빌바오 구겐하임 미술관(스페인, 1997)

동대문 디자인 플라자(대한민국, 2014)

셰이크 포트폴라 모스크(이란, 1619)

예수의 변모교회(러시아, 1714)

셰이크 자이드 모스크(아랍에미리트, 2007)

왓롱쿤(태국, 건축 중)

사그라다 파밀리아(스페인, 건축 중)

울룬 다누 브라탄 사원(인도네시아, 1633)

브라질리아 대성당(브라질, 1970)

산타 마리아 델 피오레 대성당(이탈리아, 1296~1436)

쉐다곤 파고다(미얀마, 1453)

수원화성(대한민국, 1796)

브라이턴 파빌리언(영국, 1822)

타지마할(인도, 1648)

활동방법

① 건축물 사진을 보며 미술요소, 미술원리와 관련한 이야기를 나눈다.

- "이 건물의 지붕은 어떤 모양인가요?"

  "이 건물에는 어떤 무늬가 보이나요?"

  "어떤 색이 보이나요?"

  "무엇으로 만들었을 것 같나요?"

  "사진을 반으로 접는다면 양쪽이 똑같을 것 같나요? 왼쪽과 오른쪽이 똑같아 보이나요?"

  "실제로 만져 본다면 어떤 느낌이 들 것 같나요?"

  "무엇으로 만든 것 같나요?"

② 내가 건축가가 되어 건물을 짓는다면 어떤 모양의 건물을 지을지 상상한다.

- 내가 짓고 싶은 건물을 그림으로 그려 본다.

③ 유아가 설계한 그림을 바탕으로 입체로 만든다.

- 어떤 재료로 만들지 유아가 재료 선택부터 스스로 정할 수 있도록 한다.

  "어떤 재료로 만들고 싶나요? 만들고 싶은 재료를 미술재료장에서 골라 바구니에 담아 오세요."

  예) 재활용품, 블록, 점토 등

④ 활동을 마무리한다.

- 유아가 만든 건축물들을 모아 도시를 설계해서 전시한다.
- 유아가 만든 건축물로 도시를 설계한 뒤 놀이와 연계한다.

연계활동

감상하기
– 세계 여러 나라 건축 사진 감상하기 (본 활동)

→

탐색하기
– 다양한 건축물 관찰해서 세밀화 그리기

↙

표현하기
– 내가 짓고 싶은 건물 상상화 그리기(설계도면)
– 설계한 건물을 입체로 표현하기

↖

유의점1.
건물 사진들을 교실에 전시해서 쌓기놀이와 연계할 수 있다.

유의점2.
교실의 한 영역 혹은 기관의 한 공간을 도시로 계획해서 꾸며 볼 수 있다.

참고하세요

『비둘기 꾸꾸의 세계 건축 여행』
꾸꾸 글·세키 나츠코 그림.
김난령 역.
길벗어린이. 2016

참고하세요

그림책 『비둘기 꾸꾸의 세계 건축 여행』 영상

참고문헌

곽나연(2022). 초등학교 통합교과 교과서의 미술재료 분석 연구 - 2015 개정 통합교과 '즐거운 생활' 을 중심으로-. 서울대학교 대학원 석사학위 논문.

교육부(2019). 놀이실행자료.

교육부, 보건복지부(2019). 2019 개정 누리과정 해설서. 세종: 교육부, 보건복지부.

교육부, 보건복지부(2020). 2019 개정 누리과정 놀이운영사례집: 놀이를 지원하는 교사의 역할_유아의 발현적 놀이에 리듬을 맞추는 교사. 세종: 교육부, 보건복지부.

교육부, 보건복지부(2020). 2019 개정 누리과정 놀이운영사례집: 유아의 삶, 놀이로 물들다. 세종: 교육부, 보건복지부.

교육부, 보건복지부(2020). 2019 개정 누리과정: 놀이실행자료. 세종: 교육부, 보건복지부.

교육부, 육아정책연구소(2024). 표준보육과정(0~2세) 부분 개정(안) 공청외 자료. 세종: 교육부, 육아정책연구소.

교육부, 전국시도교육청(2024). 개정 0~2세 표준보육과정 연수 자료집. 세종: 교육부, 육아정책연구소.

교육부 고시 제2022-33호. 초등학교 교육과정.

교육부 고시 제2019-189호. 유치원 교육과정.

교육인적자원부(2005). 유아를 위한 명화감상 활동자료. 서울: 교육인적자원부.

권상구(1998). 아동미술교육. 서울: 미진사.

권준범(2005). 감상능력 신장을 위한 미술관 활용 방안 연구. 사향미술교육논총, 13, 165-198.

김광욱(2008). 스토리텔링의 개념, 겨레어문학 41호.

김미선(2021). 아이코리아 부설 새세대 유치원 사례 발표: 우리를 위한 우리에 의한 변화. 아이코리아 연수원, 2021년 학술대회 자료집, 디지털 시대로의 변화와 유아기 지속가능한 발전 교육의 방향. 서울: 아이코리아.

김병억, 이웅직(2003). 디자인 개론. 서울:태학원.

김삼랑(1992). 미술교육개론. 서울: 미진사.

김원룡(2002). 한국미술문화의 이해. 서울: 예경.

김원룡, 안휘준(2005). 한국미술의 이해. 서울: 시공사.

김은심(2019). 유아미술교육. 학지사.

김은아(2013). 명화감상에 기초한 스토리텔링 중심 예술교육활동의 효과: 유아의 그림 감상능력, 창의성, 정서지능을 중심으로. 원광대학교 대학원 박사학위논문.

김춘경, 이수연, 이윤주, 정종진, 최웅용(2016). 상담학사전. 서울: 학지사.

나혜선, 황소영, 홍은숙(2018). 예비유아교사를 위한 영유아미술교육. 고양: 파워북.

류재만, 손지현(2003). 미술과 교재 연구 및 교수법. 경기: 교육과학사.

민혜영, 유은석, 임경령(2023). 유아미술교육. 경기 : 공동체.

박은덕(2005). 은덕이의 아동화 이야기. 파주: 양서원.

박은혜, 김희진, 김현주, 박혜림, 김언경(2017) 교육지원자로서의 환경-어린이의 배움, 놀이, 생각을 바꾸다. 이화여자대학교 이화어린이연구원 총서 7. 서울: 파란마음.
박은혜, 장민영, 박세령, 김지은, 김교령(2022). 영유아교사를 위한 지속가능발전교육. 서울: 아이코리아.
박일호(2019). 미학과 미술 : 고대부터 현대까지 미술작품에 담긴 미학의 역사. 서울: 미진사.
보건복지부 고시 제2020-75호. 제4차 표준보육과정.
보건복지부(2020). 제4차 어린이집 표준보육과정 해설서. 세종: 보건복지부.
서울교대미술교육연구회(2014). 미술교육학 제3판. 파주: 교육과학사.
양연숙, 장혜자, 김현지, 김연주(2004). 영유아미술교육. 경기: 정민사.
오세권(2016). 현대 한국화의 표현과 흐름. 서울: 신원.
이성도, 임정기, 김황기(2017). 미술교육의 이해와 방법. 서울: 예경.
이소은, 권기남(2020). 아동미술. 파주: 양서원.
이숙재, 이봉선, 김경란(2003). 유아미술교육. 서울: 창지사.
이승철(2002). 우리가 정말 알아야 할 우리 한지. 서울: 현암사.
이원영, 임경애, 김정미, 강유진(2019). 자유표현과 심미감 중심의 유아미술교육. 서울: 학지사.
이정욱, 임수진(2021). 탐색 · 표현 · 감상의 통합적 유아미술교육(4판). 경기: 정민사.
이정환, 김희진(2017). 개정 영유아를 위한 미술활동. 서울: 파란마음.
이현아(2015). 초등미술교육의 이해. 서울: 창지사.
이화여자대학교 이화어린이연구원 편(2016). 영유아교육기관에서 좋은 사진 찍기. 서울: 도서출판 파란마음.
이화여자대학교 이화어린이연구원 편(2017). 함께 만들어가는 놀이터 놀이를 통한 학습. 서울: 도서출판 파란마음.
이희선, 노지영, 박옥주, 전숙희(2022). 놀이중심 영유아미술교육. 서울: 어가.
전성수, 이일우, 정옥란(2001). 친구와 함께 하는 조형탐색놀이. 서울: 예경.
전효훈, 오지영(2019). 유아 미술관련 학위논문의 동향분석: 2010~2018년을 중심으로. 육아지원연구, 14(2), 85-104.
정병모(2012). 민화, 가장 대중적인 그리고 한국적인. 파주: 돌베개.
정우석(2004). 초등학교 디자인교육의 방향, 미술교육논총, 15(2), 35-44.
조성욱, 권세경(2015). 미술 감상교육에 대한 영유아 교사의 인식 및 실태와 요구. 커뮤니케이션디자인학연구, 53, 409-417.
주봉관, 박은선, 방효국(2019). 스토리텔링을 활용한 미술감상활동이 유아의 정서지능과 그리기 표상능력에 미치는 영향, 유아교육학논집, 23(1), 265-284.
최나야, 김태연, 김도연, 김수희, 조연수, 전은옥(2021). 아동미술 이론과 실습. 서울: 학지사.
한국조형교육학회(2018). 미술교육의 기초. 파주: 교육과학사.
한국조형교육학회(2020). 창의 · 융합 미술교육. 파주: 교육과학사.
한국조형교육학회(2016). 미술교육의 기초. 파주: 교육과학사.

홍세연(2021). **명화로 읽는 미술재료 이야기**. 서울: 미진사.
홍혜경, 김명화, 김세루, 문병환, 김경숙(2022). **창의적 사고를 위한 논리논술**. 서울: 학지사.
황보성진, 박지윤, 이은희(2010). **영화교육의 이해와 실제**. 서울: 커뮤니케이션북스.
황순택, 전영순, 노은정, 조윤진, 여상우(2007). 인물화 지능검사의 타당도: 아동용 웩슬러 지능검사와의 비교. **한국심리학회지: 임상, 26**(3), 793-803.

Alschuler, R. H., & Hattwick, L. B. W. (1947). *Painting and personality*. (2 Vols.). Chicago, IL: University of Chicago Press.
Arnheim, R. (1995). **미술과 시지각**(김춘일 역). 서울: 미진사. (원전 1954 출판)
Barnes, R. (2015). *Teaching Art to Young Children*. (3rd edition). Milton Park: Routledge.
Bower, T. G. R. (1980). *The perceptual world of the child*. Cambridge, MA: Harvard University Press.
Chon, H. H., & Lee, H. J. (2016). Action research on aesthetic approach to art activities for four-year-old children. 2016 OMEP Worle Assembly and International Conference: Transforming early childhood systems for future generations, Seoul: Ewha Womans University.
Curtis, D., & Carter, M. (2008). *Learning together with young chidlren: A curriculum framework for reflective teachers*. St. Paul, MN : Redleaf Press.
Davis, J. M. (2017). **영유아와 환경: 유아기 지속가능성을 위한 교육**(박은혜, 신은수, 유영의, 이성희 공역). 서울: 학지사. (원전 2010 출판)
Egan, K. (1989). *Teaching as storytelling: An alternative approach to teaching and curriculum in the elementary school*. Chicago, IL: The University of Chicago Press.
Ellis, B. F. (1997). Why tell stories?. *Storytelling Magazine*, *9*, 21–23.
Feldman, E. B. (1994). *Practical art criticism*. New York, NY: Prentice Hall.
Gandini, L. (2012). Connecting through caring and learning spaces. In C. Edwards, L. Gandini, & G. Formao. *The hundred languages of children: The Reggio Emilia experience in transformation*(3rd Ed.) (pp. 317-341) Santababara, CA:Praeger.
Gardner, H. (1973). *The arts and human development*. New York, NY: Wiley.
Gardner, H. (1983). *Frames of mind: The Theory of Multiple Intelligences*. New York, NY: Basic Books.
Golinkoff, R. M., & Hirsh-Pasek, K. (2016/2018). Becoming brilliant [**4차 산업혁명시대 미래형 인재를 만드는 최고의 교육**] (김선아 역). 서울: 예문. (원전 2016 출판)
Golomb, C. (2004). *The child's creation of a pictorial world*(2nd ed.). Mahwah, NJ:L. Erlbaum Associates.
Gombrich, E. H. (2017). **서양미술사**(백승길, 이종승 공역). 서울: 예경. (원전 1950 출판)
Herberholtz, B., & Hanson, L. (1994). *Early childhood art*(3rd ed.). Dubuque, IA: Wm. C. Brown.
Kellogg, R. (1970). *Analyzing children's art*. Palo Alto, CA: Mayfield Publishing Co.
Kindler. A. (Ed.). (1997). *Child development in art*. Reston, VA: NAEA.
Kostner, J. B. (2001). *Growing artists: Teaching art to young children*. Albany. NY: Delmar Publisher.

Krechevsky, M. (1998). *Project spectrum: preschool assessment handbook*. New York. NY: Teahcers College Press.

Lowenfeld, V. (1952). *Creative and mental Growth*(2nd ed.). New York, NY: Macmillan.

Lowenfeld, V., & Brittain, W. L. (2011). **인간을 위한 미술교육**(서울교육대학교 미술교육연구회 역). 서울: 미진사.

Lowenfeld, V., & Brittan, W. R.(1987). **창의적 성장 8판**. 김인숙 · 신현식 옮김(2022). SGS서진교육.

Lowenfield, V.(1975). *Creative and mental growth*. N.Y.: The Macmillan Pub.co., Inc.

Lwin, S. M. (2016). It's story time!: Exploring the potential of multimodality in oral storytelling to support children's vocabulary learning. *Literacy*, *50*(2), 72-82.

Mulcahey, C. (2009/2015). **그림 속 이야기: 유아와 함께하는 탐구와 만들기**(유윤영 역). 서울: 시그마프레스. (원전 2009 출판)

OECD (2012). *Starting strong III: A quality toolbox for early childhood education and care*. Paris, France: OECD.

Read, H. (1956). *Education through art*. New York, NY: Pantheon Books.

Schirrmacher, R. (1988). *Art and creative development for young children*. Albany, NY: Delmar, Publishers. https://ko.wikipedia.org/wiki/%ED%8F%89%EA%B0%80

Roy, D., Baker, W. J., & Hamilton, A. (2015). *Teaching the art: Early childhood and primary*(2nd ed), Melbourne, Australia: Cambridge University Press.

Strickland, C. (2001/2003). **클릭, 서양건축사: 스톤헨지에서 해체주의 건축까지**(양상현 외 역). 서울: 예경. (원전 2001 출판)

Trilling, B., & Fadel, C. (2009/2012). 21st century skills learning for life in our times[**21세기 핵심역량: 이 시대가 요구하는 핵심스킬**] (한국교육개발원 역). 서울: 학지사. (원전 2009 출판)

과학백과사전(2023). 점, 색. https://www.scienceall.com에서 2023년 1월 30일 인출.

국립국어원 표준국어대사전 https://stdict.korean.go.kr/search/searchResult.do

국립국어원. 한국어 기초 사전 https://krdict.korean.go.kr/dicSearch/search?nationCode=&ParaWordNo=&mainSearchWord=%EB%AF%B8%EC%88%A0

국립중앙박물관(2021). 윤집초상. 국립중앙박물관. https://www.museum.go.kr에서 2021년 3월 31일 인출.

두산백과(2021). 선, 모양, 비례. http://www.doopedia.co.kr에서 2021년 4월 3일 인출.

심리학용어사전(2014). 도식. http://www.koreanpsychology.or.kr에서 검색.

위키백과 '정서' https://www.google.com/

위키백과(2021). 제품디자인, 시각디자인. https://ko.wikipedia.org에서 2021년 4월 1일 인출.

위키백과(2023). 사진, 영상, 비잔틴 건축. https://ko.wikipedia.org에서 2023년 1월 23일 인출.

표준국어사전(2023). 공간. https://ko.dict.naver.com에서 2023년 1월 31일 인출.

한국민족문화대백과(2021). 삼원법. 한국민족문화대백과. http://encykorea.aks.ac.kr에서 2021년 3월 31일 인출.

저·자·소·개

이영주

이화여자대학교와 동 대학원에서 유아교육 전공으로 학사, 석사, 박사학위를 받았다. 유치원 교사와 구립어린이집 원장, 아이코리아 연구개발실 연구원으로 근무하였으며, 현재는 전주비전대학교 유아교육과 교수로 재직 중이다. 영유아미술교육에 대해 2005년부터 현재까지 지속적으로 강의해 오면서 다양한 고민을 해 오고 있으며, '유아수학교육'과 '미디어교육', '교사교육'이 관심 분야이다.

곽아정

이화여자대학교와 동 대학원에서 유아교육 전공으로 학사, 석사, 박사학위를 받았다. 이화여자대학교 사범대학교부속이화유치원 및 Greenbelt Nursery School(MD, USA)에서 교사로 근무하였다. 연성대학교부속유치원 원장을 역임하였으며, 현재 연성대학교 유아교육과 교수로 재직 중이다. 영유아미술교육을 20여 년간 강의하고 있으며, '유아문학', '교사교육'에 관심을 가지고 있다.

전효훈

이화여자대학교와 동 대학원에서 유아교육 전공으로 학사, 석사, 박사학위를 받았다. 그림책 일러스트레이션, 영유아미술교육, 놀이 분야에서 다수 연구를 수행하였다. 일러스트레이터로서 영유아 그림책 및 교수매체의 삽화를 그렸으며, 주요 작품으로는 『초록 끈』, 『우리 엄빠』, 『더 크게 불어주세요』, 『김수로왕』 등이 있다. 현재 대학에서 영유아미술교육 관련 강의를 하고 있다.

장정윤

이화여자대학교와 동 대학원에서 유아교육 전공으로 학사, 석사 및 박사학위를 받았다. 이화여자대학교 사범대학부속이화유치원에서 교사로 근무하였으며, 현재 강남대학교 사범대학 유아교육과 교수로 재직 중이다. 주요 관심 분야는 '유아들의 놀이와 또래관계', '유아 놀이 안에서의 다양한 매체 활용'이고, 최근 관심 분야는 '지속적 전문성을 지닌 예비교사교육'과 '부모-교사 관계'이다.

영유아미술교육

초 판 1쇄 발행 2025년 1월 7일
초 판 2쇄 발행 2026년 1월 9일

지 은 이 | 이영주 · 곽아정 · 전효훈 · 장정윤
펴 낸 이 | 김기섭
편 집 인 | 이혜란
펴 낸 곳 | 창지사 www.changjisa.com
08589 서울시 금천구 가산디지털 1로 83 파트너스타워 1차 9층
전화 (02)719-2211~3
팩스 (02)701-9386
등 록 | 1977년 4월 28일 · 제1-421호

ISBN 978-89-426-1882-8 (93370)

값 26,000원